역사와 문화를 알면 필리핀이 보인다

이야기

필리핀사

역사와 문화를 알면 필리핀이 보인다 이야기 **필리핀사**

초판 1쇄 2013년 3월 6일

지은이 | 조병욱(21세기 역사바로알기위원회)
펴낸이 | 채주희
펴낸곳 | 해피&북스
출판등록 | 제10-1562호
주소 | 서울시 마포구 신수동 448-6
출판등록 | 제10-1562호(1985.10.29)
전화 | Tel. 02-323-4060, 02-322-4477
팩스 | Tel. 02-323-6416, 080-088-7004
이메일 | olman1985@hanmail.net

ISBN 978-89-5515-480-1
값 13,800원

잘못된 책은 바꾸어 드립니다.
무단복제를 금합니다.

역사와 문화를 알면 필리핀이 보인다

이야기
필리핀사

조병욱 지음

해피&북스

머리말

　20세기가 낳은 영국의 위대한 역사학자 토인비는 그의 저서 「역사의 연구」에서 세계 역사는 수십 개의 문명과 문화가 생성되고 소멸되었다고 주장하였다. 인류 역사는 자연 환경을 통하여 도전하고 응전문화와 문명이 발전되어 왔다.

　필리핀 민족도 자연 환경을 통하여 새로운 역사와 문화를 발전시키기 위하여 도전과 응전의 투쟁을 계속하여 왔다. 필리핀인들은 수많은 자연 재해, 태풍, 지진, 화산 폭발 등의 위험 속에서도 도전하고 응전하여 왔다. 수많은 문화 - 아시아 문화, 라틴 아메리카 문화, 스페인 문화, 아메리카 문화가 필리핀인에게 도전과 응전을 하게 하였다. 그들은 380년 동안의 굴욕적인 식민지 생활 속에서도 희망을 잃지 않았다. 그들의 사상과 정신은 결코 죽지 않았다.

　분명히 하나님은 필리핀 역사를 주관하셨다. 만일 하나님이 주관하시지 않았다면 지금쯤 필리핀은 모슬렘 국가가 되었을 것이다. 역사를 움직이고 있는 것은 인간이지만 역사의 주체는 하나님이시다.

　우리는 역사의 현장에서 살아 움직이시는 하나님을 만나야 한다. 분명히 하나님은 세계 역사를 움직이셨다. 지금 세계 역사는 급변하고 있다. 동구권이 무너지고 러시아가 무너지고 머지않아 21세기에는 중국과 북한이 무너질 것이다. 지금 역사는 마지막 자정 5분 전, 역사는 자정을 향하여 일정하게 움직이고 있다. 우리는 역사의 주체로서 역사의 현장에서 하나님의 나라를 향하여 전진해 나가야 한다.

　끝으로 「필리핀 역사와 문화」를 쓰게 하신 하나님에게 영광 돌리며 책 출판을 위하여 기도해준 주필리핀 선교사들과 필리핀 역사를 쓸수 있도록 용기를 주신 지금은 하늘나라에 계신 존경하는 나의 부친과 자료 수집을 위하여 도와준 아들 광진이에게 진심으로 감사드립니다.

필리핀 케손에서
조 병 욱

| 차례 |

제1부 필리핀의 역사

1. 필리핀 민족 … 13
2. 필리핀의 기원 … 42
3. 아시아 문화와의 접촉 … 49
4. 고대 필리핀의 문화 … 61
5. 서구 정복자의 재발견 … 77
6. 멕시코와의 관계 … 93
7. 스페인의 식민지배 … 101
8. 스페인 지배하의 필리핀 경제 … 110
9. 스페인의 유산 … 119
10. 필리핀의 스페인 봉사 … 131
11. 필리핀과 이슬람 … 138
12. 필리핀의 중국 일본과의 관계 … 149
13. 영국의 침략 … 160
14. 필리핀의 반란 … 168
15. 필리핀의 민족주의 … 176
16. 선각자 운동과 KATIPUNAN … 182
17. 필리핀의 혁명 … 190
18. 미국의 침략 … 198
19. 아시아 최초의 공화국 … 207

20. 미국 지배하의 필리핀 경제 발전 … 225
21. 미국의 유산 … 232
22. 필리핀과 제2차 세계대전 … 244
23. 일본의 점령과 제2공화국 … 255
24. 필리핀의 독립과 제3공화국 … 264
25. 계엄령과 새로운 사회 … 278
26. 제4공화국 … 291
27. 위대한 기독교 민족의 능력 … 297

제2부 필리핀의 문화

1. 필리핀 문화의 이해 … 305
2. 필리핀의 개요 … 309
3. 필리핀인의 가족과 친족 … 319
4. 필리핀의 윤리 규범 … 329
5. 필리핀인의 전달 매개체 … 336
6. 필리핀인의 특성 … 341
7. 필리핀인의 결혼과 구혼 … 351
8. 필리핀인의 다양한 일 … 364
9. 필리핀의 이주자 … 368
10. 필리핀의 크리스마스 … 376

제1부
필리핀의 역사

1. 필리핀 민족

　우리에게 필리핀의 언어를 배우는 것도 중요하지만 더 중요한 것은 이 나라의 역사를 배우면서 이 나라의 문화와 풍습을 익혀 나가는 것이다. 우리는 필리핀 역사와 문화를 배움으로 이 나라의 역사적 유산을 점검하여 나가고 이 나라의 사상, 정신, 그리고 이 나라의 국민성을 정확하게 이해하여 나갈 수 있다.

　필리핀은 380년 동안 외국의 식민지로 지배당했던 민족이다. 그들은 스페인에게 330년, 미국에게 44년, 일본에게 3년 동안 수많은 고통과 압제를 당하였다. 그들은 희망과 소망이 없는 민족이었다. 그러나 그들은 압제를 당하면서도 이에 굴하지 않고 민족의 정기를 이어왔으며, 민족의 자유와 평화를 되찾기 위하여 피를 흘리며 죽음의 투쟁을 계속하여 왔다. 역사적으로 스페인 지배시 100여 번 이상의 민족 혁명을 통하여 불굴의 의지로 투쟁하여 온 민족이다. 수많은 필리핀의 전사들이 전쟁에 참여하여 죽음을 당하였으나 고난과 고통이 그들의 희망과 소망을 말살시켰다. 그러나 그들은 영원히 죽지 아니하였다. 필리핀은 380년 동안의 깊은 잠에서 다시 깨어난 것이다.

　역사는 분명히 살아 움직이고 있다. 필리핀은 많은 압제를 당하였지만 그 반면에 얻은 이점도 많았다. 인디아, 중국 아라비아, 라틴 아메리카, 유럽, 미국 등의 다양하고 수많은 문화를 받아들였다. 그래서 필리핀은 동양 문화와 서양 문화의 교두보 역할을 하는 중요한 나라라고 볼 수 있다.

미국의 역사학자 프랑크 박사는 필리핀은 세계적인 민족임을 표명하였다. 그는 일본, 중국이 아닌 필리핀이 세계적인 민족임을 강조하였다.

필리핀의 특성

첫 번째, 필리핀은 아시아에서 유일한 기독교 국가이다. 다른 나라는 이슬람교, 유교, 힌두교, 불교 등 다양한 종교를 믿고 있지만, 오직 필리핀은 아시아에서 유일한 기독교 국가이다. 다른 아시아 여러 나라에 복음의 빛을 밝혀 주고 있다. 비록 지금은 어려운 경제적 현실로 가난한 국가로 전락하고 말았지만 찬란한 문화와 역사를 자랑하는 필리핀은 머지않아 국민 경제가 발전하여 아시아에서 중추적인 선교국가가 될 것이다.

두 번째, 필리핀은 1898~1901년까지 아시아 최초의 민주 공화국 정부를 수립하였다. 민족의 자유와 평화를 갈망하는 필리핀 민족은 비록 짧은 기간이었지만 그들의 민주 정부를 수립하였다. 또한 제2차 세계대전 이후 아시아 최초의 비식민지화를 선언하였다.

1986년 평화적 방법에 의하여 독재자 마르코스를 축출하고 민중에 의한 민주 국가를 수립하였다. 놀라운 것은 아시아 역사적 최초로 민선에 의한 여자 대통령이 탄생하였다. 필리핀이 얼마나 정치적으로 성숙된 나라임을 명백히 증명하고 있다. 마지막으로 필리핀은 아시아, 유럽, 라틴 아메리카, 미국 등 여러 나라의 문자를 통합해 자신의 언어 문자로 사용하고 있다. 역사적으로 다양한 문화, 과학 등을 받아들였으며 다른 여러

나라와 원만한 관계를 유지하였다. 필리핀은 쉽게 다른 나라의 문화를 받아들였으며 그 외부 문화를 쉽게 이해하였고 적응하여 나갔다.

역사의 3요소

지금으로부터 2,000년 전 중국의 사학자 사가슈는 주장하기를 그 나라 구성 요소 중 가장 중요한 것은 국민이요, 그 다음이 국토, 주권이라고 하였다. 국민 없는 나라는 존재할 수 없고 주권 없는 나라도 존재할 수 없다. 그러나 필리핀은 380년 동안 나라의 주권을 잃어 버린 채 굴욕의 역사를 이어 온 민족이다. 그들은 무려 380년 기간 동안 고통과 압제를 당하였다. 그 나라의 구성 요소 중 주권은 그 나라 역사에 중요한 영향을 미치게 된다.

대부분의 역사가들은 국가의 3요소에 의하여 역사를 연구한다. 그러나 기독교 역사가들은 주권에 하나님의 주권을 더하고 있다. 역사의 주관자는 분명히 하나님이시다.

특별히 하나님은 필리핀 역사를 주관하셨다. 이 민족을 구원시키기 위하여 이 민족을 380년 동안 강권적으로 역사하셨다. 만약 하나님의 강권적인 역사가 없었더라면 필리핀은 모슬렘 국가가 되었을 것이다. 이미 마젤란이 필리핀을 재발견한 것보다 150년 먼저 필리핀에 모슬렘들이 마닐라 지역에 들어와 모슬렘 왕국을 세웠던 것이다.

지역과 자원

역사에 관하여 첫 번째 알아야 할 것은 그 나라의 국토, 자연과 관습

그리고 국민의 특성을 먼저 알아야 한다. 영국의 세계적 역사학자 토인비는 그의 저서 「역사의 연구」에서 "인류 역사는 자연 환경을 통하여 역사를 창조하여 나간다."고 밝혔다.

세계 역사상 수많은 문명 - 슈메르 문명, 이집트 문명, 인도 문명, 중국 문명, 그리스 문명 - 들은 자연 환경을 통하여 생성되고, 도전과 응전을 통하여 새로운 문화로 발전되어 나갔다. 인류 역사는 자연 환경을 통하여 새로운 문화를 창조하며 나간다. 자연의 정복 없이는 새로운 역사를 창조하여 나갈 수 없다. 자연을 정복함으로 찬란한 그리스 문화가 탄생되었고 이집트 문화가 탄생되었다. 인간은 자연 환경 속에서 다양한 관습과 문화 그리고 생업을 창조하여 나간다.

필리핀은 지리학적으로 자연적으로 풍요로운 나라이다. 하나님께서 아름다운 자연을 주셨다. 현대 역사학자들은 필리핀에 대하여 동방의 보석, 에메랄드 섬, 희망의 섬, 동양의 진주, 동양의 아일랜드, 태평양의 진주 등 다양한 이름으로 묘사하고 있다. 그러나 가장 알려진 이름인 '동양의 진주'로 널리 불리워지고 있다.

필리핀의 자연적 특성

첫째, 비옥한 토지에 다양한 곡식들이 풍성하게 생산되고 있다. 쌀, 옥수수, 야자수, 담배 등 많은 작물들이 생산되고 있다.

둘째, 비록 필리핀은 열대성 온순 기후이지만 좋은 기후에 모든 사람이 건강을 유지하고 있다.

셋째, 필리핀에는 풍부한 지하자원이 매장되어 있다. 특히 금, 은, 구리, 철 등이 많이 생산되고 있다. 울창한 임산 자원과 동력 자원, 금광 자원, 특히 금은 아시아에서 가장 많이 생산되고 있다.

1. 필리핀 민족

　풍부한 식물과 동물 등, 세계의 많은 관광객들은 필리핀의 아름다운 대자연을 극찬하고 있다. 푸른 하늘 녹음이 우거진 아름다운 산, 열대 식물을 뒤덮고 있는 야자수, 푸른 초원들에 내려 비치는 태양, 늘 푸른 초원을 가로지르는 시원한 강물, 울창하게 자라나는 곡식들, 푸른 초원으로 인한 대자연의 아름다운 숲들, 수년 전 미국의 유명한 여행 작가(Andor)는 수백 개국을 여행한 작가로서 필리핀에 대한 소감을 묘사하기를 "이 민족은 친절한 민족이며 특히 대자연의 아름다움에 놀랐다."고 말하였다. 그는 18년 동안 17,000마일을 여행한 작가로서 편견없이 진실하게 얘기한다면서 필리핀은 아름다운 나라라고 극찬하였다.

필리핀의 이름

　필리핀은 옛날부터 많은 이름이 주어졌다. 그러나 스페인이 필리핀을 지배할 때까지 실제적인 국명이 없었다. 그 이전에는 외부의 나라와 접촉하여 개인적으로 국명을 불렀으며 외부적으로 국명이 알려진 것은 1543년 스페인 탐험가 Villalobos에 의하여 Felipinas로 불리워졌으며 그 후 1554년 이태리 지리학자 Ramusio에 의하여 지도상에 처음으로 Felipias로 세계에 알려지게 되었다.
　스페인 식민지 기간 동안 Felipinas로 불리웠다. 미국 식민지 시대에는 Philippines 섬으로 불리워졌으며, 1946년 독립 이후 필리핀 공화국으로 불리우게 되었다.

지 역

필리핀은 적도보다 조금 위에 위치하며 세계 지도를 한눈에 바라보면 필리핀은 아시아에서 가장 중요한 전략적 요충지임을 알 수 있다. 이로 인하여 필리핀은 운명적으로 많은 강대국들이 필리핀을 지배하기 위하여 많은 노력을 기울였다.

16세기 이후 서구 열강 제국들은 황금과 나라의 영예를 위하여 식민지 제국을 건설하기 시작하였으며, 특히 16세기에는 스페인과 포르투갈이 각축전을 벌이며 식민 지배를 위하여 세계를 탐험하기 시작하였다. 포르투갈 인 마젤란이 스페인의 지원을 받아 필리핀을 재발견 함으로써 스페인은 필리핀을 식민지화하였다.

그 이후 네델란드와 영국이 필리핀을 침략, 피비린내 나는 전투를 벌였다. 특히 영국은 1762~1764년까지 필리핀을 점령, 지배하였다. 영국군은 개신교 국가로서 마닐라를 무자비하게 공격, 수많은 인명을 살해하고 교회, 학교, 관공서를 무자비하게 파괴했다. 또한 수많은 필리핀의 보물을 약탈하였다.

1763년 파리에서 강대국 회의 결과 영국군은 철수하고 스페인이 지배하게 되었다. 그 이후 미국, 일본 등이 지배하게 되었다. 세계 강대국들이 필리핀을 지배하게 된 것은 놀라운 일이 아니다. 필리핀은 전략적 요충지이기 때문에 서구 제국 등 여러 나라의 침략을 받게 되었다. 필리핀을 지배함으로써 다른 남아시아 여러 나라를 지배할 수 있었기 때문에 서구 강대국 스페인, 네덜란드, 영국 등이 침략하게 된 것이다. 그리하여 필리핀은 운명적으로 열강의 지배 아래 놓이게 된 것이다.

필리핀의 지역적 특성

첫째, 필리핀은 동양과 서양의 문화 교류 역할을 하였다.
둘째, 국제 항해와 국제 항로의 중심지이다.
셋째, 필리핀은 고대 아시아 무역의 중심지였다.
넷째, 아시아 지역은 대부분 비기독교 국가지만 필리핀은 400년 동안, 기독교를 믿어 온 아시아 복음의 전초 기지이다. 서구 기독교는 물질 문명이 팽배하여 도덕성이 타락되고 계속 쇠퇴하고 있다. 그러나 필리핀은 소망있는 복음주의 국가로서 수만의 크리스천들이 있고, 루존에서부터 민다나오에 이르기까지 성령의 불길이 뜨겁게 타오르고 있다.

면 적

필리핀의 전체 면적은 300.780SPKM이다. 7,107개의 섬을 이루고 있는 나라이며 2,773개의 섬이 이름이 있고 나머지 섬은 이름이 없다. 1,190개의 섬만이 사람들이 거주하는 유인도이다. 5,917개의 섬에는 사람이 거주하지 않고 있다. 가장 Z는 섬은 루존 섬으로 141.395SPKM 민다나오 101.999SPKM, 비사야 56.606SPKM이다.

가장 북쪽에 위치한 섬은 YAM-I 섬으로 대만에서 78마일 떨어졌다. 가장 남쪽에 위치함 섬은 Salaag 섬으로 보르네오 북쪽 241CM에 있다

필리핀의 지형

필리핀의 지형은 편편하고 푸른 대초원, 높이 치솟은 아름다운 산, 시

원하고 광활한 고원, 온화한 계곡, 시원스럽게 흐르는 강과 평온한 호수, 울퉁불퉁하고 불규칙한 해안섬, 들쑥날쑥한 항만과 배가 자유로이 항해할 수 있는 항구, 연기를 내뿜는 활화산, 시원스럽게 떨어지는 폭포수, 필리핀은 아름다운 지형의 나라이다.

필리핀의 유명한 지리학자 Faustino는 필리핀의 지형을 묘사하기를 루존을 어깨와 머리, 비사얀 섬을 허리, 민다나오를 무릎, 수루를 뒷꿈치, 팔라완을 앞팔로 묘사하였다.

필리핀은 넓게 펼쳐진 해안선, 항만과 항구 특히 불연속적인 해안이 길게 펼쳐져 있다. 세계에서 가장 긴 34,000km이다. 60여 개의 자연적인 항구와 육지로 둘러싸인 해협 30개가 있다. 마닐라 항은 아시아에서 가장 아름다운 항구이며 세계에서 가장 큰 항구이다. 다른 유명한 항구로는 Bangul 항구, Taybas 항구, TayTay 항구가 있다. Sun Juanico 해협은 Samar와 Leyte 사이에 있는 해협으로 세계에서 가장 좁은 해협이다. 지금은 Sun Juanico 다리가 1973년 연결되었다. 필리핀의 가장 훌륭한 반도로는 역사적으로 유명한 Bataan 반도와 비옥한 루존의 Bicol 반도, 민다나오에 있는 Davao 반도가 있다. 민다나오 북동쪽에 있는 필리핀 해변은 깊이가 37,732피트로서 세계에서 가장 깊다. 세계에서 가장 높은 에베레스트 산과는 8,000피트의 표차가 난다. 에베레스트 산의 높이는 29,028피트이다.

필리핀에는 높은 산과 계곡이 많이 있다. 7개의 주요한 산맥이 있다. 가장 긴 산맥은 Sierra 산맥으로 라구나 남쪽에서 Cagayan 북쪽으로 뻗쳐 있다. 가장 높은 산은 민다나오에 있는 Apo 산으로 높이가 9,690피트이다. 두 번째 높은 산은 루존에 있는 Palog 산으로 9,680피트이다. 필리핀에서 가장 긴 평원은 Central 평원으로 루존 지역에 있으며 필리핀에서 가장 쌀이 많이 생산되는 곡창지대이다. 특히 루존에 있는 Cagayan 계곡은 필리핀의 가장 큰 계곡으로 아시아에서 담배가 가장 많이 생산되고 있다.

필리핀에는 132개의 주요한 강이 흐르고 있다. 가장 긴 강은 Cagayan 강으로 강의 길이는 352마일이다. 이집트의 유명한 나일 강처럼 매년 홍수가 이 비옥한 곡창지대를 덮치고 있다. 역사적으로 유명한 강은 Pasig 강으로 마닐라 중심부를 흐르고 있다. 지금은 이 강이 너무 오염이 되어 점점 강의 모습이 퇴색되어 가고 있다.

필리핀에는 59개의 자연적인 호수가 있다. 가장 큰 호수는 라구나에 있는 호수로서 남쪽 라구나에서 북쪽 Rizal지역으로 뻗쳐 있다. 지금은 오염이 되어서 생태계 서식을 위협하고 있다.

광천수와 폭포

광천수는 피부 질환, 류마치스성 질병, 위장병 등에 좋은 효능을 보이고 있다. 외국의 학자들은 필리핀의 광천수를 연구하고 있다. 필리핀의 유명한 광천수가 나오는 지역은 Losbanos Pag San Jan 지역이다.

필리핀의 유명한 폭포로는 꽉상한 폭포가 있다. 지금은 세계 관광객들에게 매력적인 관광 지역이다.

Rizal 박사는 1888년 3월 12일 그의 일기에서 꽉상한 폭포처럼 아름다운 폭포를 본 적이 없다고 말하였다. 필리핀에서 가장 큰 폭포는 Botocan 폭포로서 라구나 지역에 있는 이 폭포를 이용하여 수력 발전으로 건설, 그 지역과 마닐라 각 가정에 전기를 공급하고 있다.

기 후

필리핀 기후는 열대성 온순 기후이다. 일찍이 1565년 레가스피의 필리핀 지배시 총독은 스페인 왕 필립 2세에게 보고하기를 이 나라의 기후는 사람의 건강에 아주 좋은 기후라고 하였다. 미국의 유명한 법학자 Mallcolm은 노골적으로 진실하게 말한다면서 필리핀 기후는 열대성 기후로서 사람의 건강에 매우 좋고 안락한 기후라고 말하였다.

필리핀에는 두 계절이 있다. 건기 시즌과 우기 시즌이 있는데, 3월부터 6월까지는 건기 시즌이고 7월부터 10월까지는 우기 시즌이다. 가장 시원한 달은 11월, 가장 더운 달은 5월이다.

마닐라 연중 평균 기온은 27도이고, 바기오의 평균 기온은 21.5도이다. 건기 시즌에는 사람들이 바기오 시티의 소나무 숲으로 Tagaytay 시티의 산으로 더위를 피하고 있다. 이 나라는 1년 내내 충만하게 햇빛이 비친다.

태 풍

필리핀은 매년 태평양에서 일어나는 태풍으로 인하여 많은 피해를 입고 있다. 이 자연 재해로 인하여 많은 사람들이 집을 잃고 재산을 잃고 생명을 잃는다. 필리핀은 수백 년 동안 이 태풍으로 인하여 많은 고통을 겪었다. 매년 강한 태풍이 비바람을 동반하여 이 대륙을 덮치고 있다. 흥미있는 사실은 태풍에 이름이 주어진다는 것이다. 영국의 유명한 셰익스피어의 작품 중에 나오는 "지옥의 여자여 격노하지 말라."라는 문구를 인용하여 태풍에 여자의 이름을 부여하는 것으로 보인다.

가장 피해가 심한 태풍은 1947년 무려 10여 차례 이상의 태풍이 불어

1,154명이 사망하고 4,500여 명이 이재민이 발생하고 수많은 가옥과 전답이 파괴되고 유실되었다. 마지막으로 최근 수 년 동안 발생한 태풍을 열거하면 Dading(1964. 6. 29), Senihg(1970. 10. 13), Titang(1970. 10. 28), Yoling(1970. 11. 19), Meding(1980. 9. 2), Ruping(1990.11. 3)등이다.

지 진

필리핀은 화산지대로 태평양으로 펼쳐 나간다. 뉴질랜드, 인도차이나, 필리핀, 일본, 캘리포니아, 알래스카 등은 화산지대에 속하는 나라이다. 필리핀은 진동과 지진이 자주 일어난다.

역사적으로 피해가 심한 지진으로는 1863년 6월 3일 저녁 스페인지배 당시 마닐라에서 일어난 지진으로, 마닐라 성당이 파괴되고 총독의 관저와 공공 건물 등 많은 개인 주택이 파괴되었다. 그로 인해 400명이 사망하고, 2,000여 명 이상이 부상을 당하였다. 다음의 큰 지진 피해로는 1968년 8월 2일 암흑의 금요일, 마닐라에서 강도 6.5의 지진이 발생하여 많은 건물이 파괴되고, 270명(대부분이 중국인)이 죽고 261명이 부상을 당하였다. 400만 페소의 물적 재산 피해를 입었다. 필리핀은 역사상 가장 큰 피해를 낸 지진으로는 1976년 8월 17일 민다나오 Tawi Tawi에서 일어난 지진으로 강도 8.2의 지진이었다. 9,147명이 사망하고 3,500여 명의 이재민을 내고 수많은 공공 건물과 개인 주택이 파괴되었다.

화산 폭발

필리핀은 태평양의 화산지대로서 50여 개의 화산이 있다. 화산이 자주 폭발하며 사람에게 큰 피해를 주고 있다. 화산 폭발로 가장 유명한 산은 Mayon 산으로 필리핀에서 가장 아름다운 산이다. 비극적인 역사를 가져다 준 이 산은 1616~1978년까지 무려 36번의 화산이 폭발, 막대한 인명 피해와 재산 피해를 가져다 주었다.

가장 피해가 큰 화산 폭발로는 1814년 2월 1일 Mayon 산에서 화산의 폭발로 1,200여 명이 죽고 막대한 재산 피해를 냈다. 다음으로는 Batan Gas 지역 Taal Volocano로, 1572~1976년까지 무려 26번의 화산이 폭발하였다. 극심한 피해로는 1814년 1월 30일 있었던 화산 폭발로 폭발 소리가 수백 마일까지 울려 퍼졌으며, 이 폭발로 화산재가 이 산 불쪽으로 퍼져 나가 마닐라 지역과 Tagalog 지역, 루존 지역까지 떨어졌다. 13개 마을이 파괴되고 주위 Taal 호수가 파괴되었으며, 130명이 사망하였다. 최근에 발생한 화산 폭발로는 1990년 7월 16일 바기오에서 화산이 폭발(강도 8), 루존과 메트로 마닐라에서까지 피해를 주어 1,609명이 사망하고 320명이 부상당하였다. 또한 1991년 Pinaatubo 화산이 폭발, 20세기 최악의 인명 피해와 재산 피해를 냈다. 이 지역은 Zambales 지역으로 이 화산 폭발로 인하여 루존 6개 지역에 많은 피해를 주었다. 100만 명 이상이 부상을 당하였고, 25만 명의 이재민을 냈으며, 많은 사람이 사망하였다. Pinaatubo 화산 폭발 연기의 영향으로 세계의 기후에 영향을 주게 되었다. 왜냐하면 태양과 자구 사이의 오존층을 화산의 연기가 차단 시켰기 때문이다.

동 물

필리핀은 많은 종류의 동물이 살고 있다. 인도의 호랑이, 호주의 캥거루, 한대지방의 곰, 중동 지방의 낙타, 아프리카 지방의 코끼리, 사자, 기린 등을 제외하고는 거의 모든 동물이 필리핀에 서식하고 있다. 필리핀에서 가장 유용한 동물은 Carabao(물소)이다.

새는 750여 종류가 서식하고 있다. 오스트레일리아나 다른 아시아보다 더 많은 종류의 새가 살고 있다. 필리핀에서 가장 큰 새는 Sharpe Crane 새로서 학 종류이며 긴 다리와 목이 있고 사람 키와 비슷하다.

세계에서 가장 큰 독수리는 원숭이를 잡아 먹는 독수리로 민다나오 정글에서 서식하고 있다. 높이 5피트 날개 길이 7피트로서 멸종 위기에 있는 새이며 필리핀을 상징하는 새이다.

필리핀에만 유일하게 서식하고 있는 동물로는 민다나오에 살고 있는 Tamaraw(물소) 난장이 물소, Tarsius of Bonol로 세계에서 가장 작은 원숭이, 팔라완 섬에 살고 있는 쥐사슴, 자브라 반종과 당나귀 반종이 교배하여 낳은 Zebronkey가 있다.

식 물

많은 작가들이 필리핀을 '꽃의 대륙' 이라고 부르고 있듯이 필리핀에는 연중 많은 종류의 꽃들이 피고 있다. 약 10,000여 종류의 식물들이 자라고 있다. 세계에서 가장 아름다운 꽃으로는 Pangapung 꽃으로 민다나오 숲에서 야생적으로 자라고 있다. 직경이 약 70cm 정도된다. 필리핀에는 난초 꽃 만여 종류가 있다. Waling Waling 꽃은 희귀하고 아름다운 난초 꽃으로 필리핀 난초의 여왕이라고 한다.

또한 수많은 종류의 과일들이 자라고 있는데, 유명한 필리핀의 과일로는 필리핀에서 가장 유명하고 가장 맛이 있는 Lanzones로 필리핀 과일의 여왕이다. 달고 맛있는 망고는 필리핀 과일의 왕후이다. 영양가 있는 Durian은 정글의 왕이다.

필리핀의 국화

가장 유명한 필리핀의 꽃은 Sampaguita이며, 1934년 2월 1일 미국 총독 Marphy에 의하여 필리핀 국화로 지정되었다. 사랑스러운 눈과 같이 하얀 색깔의 꽃으로 우아하고 향기로운 숙녀의 향취가 난다. 미국의 국화 야생 장미의 우아함, 청초한 프랑스의 붓꽃, 일본의 광채로운 벚꽃, 열대의 매력적인 하와이의 하이버 꽃의 아름다움을 모두 지니고 있다. 이 꽃이 필리핀의 국화 Sampaguita라는 꽃이다.

농 업

미국의 여행 작가 프랑크는 필리핀은 세계에서 가장 비옥한 토지와 알맞은 기후를 가지고 있다고 했다.

농업은 필리핀의 중요한 산업이다. 경작 가능한 토지는 18,000,000헥타 중에서 1/3만 경작하고 있다. 대부분 농업으로 쌀, 코코넛, 콩, 설탕, 대마, 담배 등을 많이 재배하고 있다. 쌀은 1,000여 종이 있다. 국민들 대부분이 쌀을 주식으로 하고 있다. 고무, 바나나, 파인애플, 배추, 망고, 양파, 콩 등을 재배하고 있으며, 코코넛과 대마는 세계에서 생산 1위이며 설탕은 세계 2위 생산국이며 담배는 5위 생산국이다.

수산 자원

필리핀은 강 호수 바다에 어류, 조개, 진주, 해초, 등 수산 자원이 풍부하다. 필리핀에는 2,000여 종류의 어류가 있다. 필리핀에서 가장 많이 생산되는 고기로는 숭어, 미꾸라지, 멸치, 메기, 농어 종류이다. 특히 세계에서 가장 큰 고기와 두 번째로 작은 고기가 필리핀에서 발견되었다.

해양학자에 의하면 세계에서 가장 큰 고기는 줄무늬 상어로, 그 크기가 50피트이며 무게는 수십 톤에 이른다고 한다. 1816년 Malabon해안에서 필리핀 어부에 의하여 발견되었다. 몸 부위에 줄무늬가 있어서 줄무늬 상어라고 부르고 있다. 세계에서 두 번째 작은 고기로는 1925년 미국의 어류학자 Hewwe 박사가 Malabon 강에서 발견하였다. 평균 길이 9.66mm이다. 세계에서 가장 작은 고기는 Sinarapan으로서 그 길이가 겨우 3mm이다.

필리핀은 어류 외에도 다른 수산 자원이 많이 생산되고 있다. 조개, 거북이, 달팽이, 게 종류, 새우, 진주, 먹을 수 있는 바다 해초 등 많은 수산 자원이 있다. 특히 세계에는 60,000여 종류의 조개가 있으나, 필리핀에는 10,000여 종류의 조개를 식용으로 할 수 있다. 세계에서 가장 비싸고 귀한 조개는 '영광의 바다로 불리우는 조개'로 필리핀에서 발견되었다. 또 세계에서 가장 큰 조개는 필리핀에서 발견된 Tridacna Gigas 조개로 길이가 1m, 무게가 600파운드나 된다. 세계에서 가장 작은 조개는 Pisidum으로 길이가 1mm 미만이다.

지하 자원

필리핀은 풍부한 지하자원이 매장되어 있는 나라이다. 금, 은, 철, 구리, 납, 아연, 석탄, 시멘트, 소금, 아스팔트, 석연, 석유, 대리석, 석고 등 다른 광물질 및 비광물질이 풍부하게 매장되어 있다. 특히 필리핀은 아시아 최고의 금 생산국이다.

금 채광 산업은 필리핀 고대 산업이었다. 스페인이 필리핀을 지배하기 전부터 필리핀은 이미 금을 채광하였다. 북루존 산간지대와 민다나오와 Masbate 섬 지역은 금 생산 지역이다. 가장 유명한 구리 생산 지역은 Mankayan 지역으로 가장 오래 전 구리 생산 지역이다. 다음으로 Rapu Rapu 섬, Negro 섬, 잠발레스 지역이다.

필리핀은 가장 질 좋은 철 매장국으로 10억 톤 이상이 매장되어 있으나 아직 개발되지 않은 철 매장국이다. 매장 지역은 Angat Bulacan Larap Camarines 등이다. 세계에서 가장 많이 매장된 니켈 매장 지역을 최근 민다나오 해안 Nonoc 섬에서 발견하였다.

석탄의 매장 지역은 Cebu Poillo 섬, Sorsogon Masbate, 민다나오이다. 석유 매장 지역은 Bontoe 반도, Cagayan 계곡, Cebuvisayan, 팔라완, 수루, 주석과 아연은 Mabate이고, 주석과 수은 매장 지역은 팔라완, 아스팔트 매장 지역은 Leyte이다. 석면 매장 지역은 Ilocos Norte, 대리석 매장 지역은 Romblon, 민도로, 시멘트는 Cebu Rizal이다.

동력 자원

물은 인간에게 가장 필요한 천연 자원이다. 필리핀 정부에서는 물을 이용하여 수력 발전을 일으켜 각 가정과 공장에 전기를 공급하고 있다. 수력 발전기로는 Galirays Dam, Botocan 폭포, Ambakiao, Binga, Maria, Critina 폭포 등이 있다.

필리핀은 석유와 천연 가스가 해저에 엄청나게 매장되어 있다.

Cagayan 계곡와 민다나오에서 석유를 생산하고 있다. 예전에는 필리핀에 석유가 전혀 없는 것으로 생각하였으나, 지난 20년 동안 많은 석유 매장 지역을 발견 생산하고 있다.

자연 경관

필리핀은 세계에서 가장 아름다운 나라이다. 하나님은 아름답고 경이로운 자연을 주셨다. 하와이의 신비로움처럼 매끄럽고 아름다운 해연의 하얀 모래, 출렁이는 바다, 인도차이나 같은 낭만적이고 아름다운 전경, 하얀 아침 안개 사이로 떠오르는 듯 아름답게 높이 치솟은 산, 푸른 초원의 찬란한 대치, 매혹적으로 푸른 필리핀의 아름다운 하늘, 담청색으로 뒤덮힌 야자수의 해변, 화려하고 아름다운 꽃이 장관을 이루고 있다.

세계에서 유명한 Banaue의 계단식 논은 루존 북쪽 지역에 있으며, 2,000년 전 고대 Ipgao 인에 의하여 건설된 것으로 산의 경사진 곳에 구릉을 향하여 계단식으로 만든 거대한 집단 농장이다. 만일 평지로 펼친다면 14,000마일로 중국의 거대한 만리장성 길이의 10배 이상이다. 지구 둘레의 반 바퀴 이상의 거리가 된다. 세계 여행가들이 이 기적 앞에서 감탄을 하며 인간의 무한한 의지에 감복하고야 만다.

프랑스 인류학자 Levi Strauss는 말하기를 "이 원시민들은 낙후되지 않은 사람들이다. 천재적인 놀라운 솜씨는 우리 인류에게 영원한 발자취를 남기게 되었다."고 하였다.

필리핀의 가장 아름다운 산으로는 Mayon 산이다. 영국의 여행 작자 Landor은 1903년 Mayon 산은 아름다운 산이며, 일본의 후지 산에 비할 수 없는 아름다운 산이라고 말하였다. 다음으로 필리핀의 유명한 산은 Mini Taal 화산으로 세게 관광객들을 매혹시키는 관광지이다.

라구나에 있는 팍상한 폭포, 그리고 Hiddeen 계곡, San Pablo City의 Sampablo 호수, 바탕가스 지역의 San Juan과 Lobo 사이의 해안에 있는 해저 정원, 바탕가스에 있는 매력적인 Matabungkay 해변, Cavite의 아름다운 해지는 장면, Rizal의 장엄하고 웅대한 Montalban 동굴, Pangasinan의 Hurdred Island의 수려한 경관, 바기오 시티의 매혹적인 수정 동굴, Cagayan의 매혹적인 White beach, Sorsogon의 낭만적인 Balusan 호수, Cebu 시티의 아름다운 Talisay경관, Bohol의 전설적인 초콜렛 언덕, 민다나오의 아름다운 Lanao 호수와 매혹적인 Maria Cristina 폭포, 팔라완의 불가사의한 지하의 강, 그리고 필리핀의 장엄하고 아름다운 해지는 장면은 하나님이 필리핀 민족에게 주신 또 다른 축복이다. Worcester 박사는 필리핀 마닐라 항의 해지는 장면을 "그 어떠한 아름다운 것과도 비교할 수 없는 아름다움의 극치"라 표현하였다.

민 족

민족은 나라의 구성 요소 중 가장 중요하다. 민족 없이는 역사가 존재할 수 없다. 민족에 의한 민족의 힘으로 역사를 이끌어 나갈 수 있다. 2,000년 전 중국의 유학자 사가슈는 민족은 국가의 구성 요소 중 가장 중요한 요소이며, 그 다음이 국토이고 다음이 주권이라고 하였다.

필리핀은 혼혈 민족이다. 그들에게는 동양과 서양의 피가 동시에 흐르고 있다. 베이 교수에 의하면 필리핀 인종의 구성 분포는 피그미족 10%, 인도네시아 30%, 말레이 40%, 중국 10%, 인디아 5%, 아랍 2%, 유럽 2%라고 하였다. 필리핀은 말레이 족의 인구 분포가 많기 때문에 말레이 족이라고 부른다.

필리핀인은 고대로부터 다양한 인종인 피그미 족, 인도네시아 족, 말레이 족 등이 내부적으로 구성된 혼혈 민족이었다. 그 이후 다양한 외부 인종인 인디아, 중국, 일본, 아랍, 그리고 스페인, 미국, 영국, 프랑스와 접촉하여 혼혈 민족이 되었다.

필리핀의 나라

필리핀은 말레이 족에 속하며, 그 외 많은 인종으로 구성되었다. 사실상 필리핀은 지역, 인구, 자원 면에서 본다면 세계에서 중진국에 속한다. 비록 가난한 나라로 전락하였지만 필리핀은 380년 동안 식민지배를 받은 피압박 민족으로 결코 다른 나라에 비하여 열등한 민족이 아니다. 필리핀 전 대통령 퀘손은 말하기를 "필리핀 민족은 정신적으로, 지성적으로, 도덕적으로 탁월한 자랑할만한 민족이다."라고 주장하였다.

필리핀인은 대다수가 크리스천이다. 인구의 93%가 크리스천이며 소수의 필리핀 인이 비기독교인이다. 그들은 토착 원주민과 필리핀 모슬렘인들이다. 특별히 필리핀 모슬렘은 자유를 사랑하는 용감한 민족이었다. 스페인과 미국이 식민 지배시 그들은 완전하게 한 번도 정복해 본 적이 없다. 그들은 신앙과 자유를 위항 생명을 걸고 투쟁하여 온 민족이다. 그들은 선조들의 유산을 계속 이어 왔다.

필리핀의 인구

필리핀은 풍부한 자연 자원뿐만 아니라 많은 인구도 있다. 스페인 지배시 1565년 모슬렘과 피그미 족을 제외한 필리핀 총 인구는 약 50만 명 정도였다. 1591년 스페인 정부에서 최초의 인구 조사를 한 결과 필리핀 인구는 667,612명이었다. 스페인 식민 지배 마지막 2년인 1896년, 필리핀의 인구는 6,261,329명으로 증가되었다. 1918년 10,314,319명으로 증가되었고, 2차대전 이후 급속히 인구가 증가되어 1960년에는 2,700만 명이 되었다. 지구상에 많은 인구가 폭발적으로 증가되는 것처럼 필리핀의 인구도 폭발적으로 증가되었다. 인구 증가는 필리핀의 어려운 경제를 더욱 가중시키고 있다. 인구통계 학자에 의하면 필리핀의 풍요로운 자원으로 8천만 명 이상의 인구에 물적 양식을 공급할 수 있다고 한다. 정부에서는 점차적으로 인구 조절 정책을 펴나가고 있다.

필리핀은 아시아 국가에서 세계적인 민족

필리핀은 다른 아시아 나라처럼 아시아 문화의 유산을 이어 받았다. 또한 그들은 스페인, 미국 문화를 받아들였다. 아시아 국가에서는 유일하게 세계적인 다양한 문화를 받아들였다. 필리핀은 지리학적, 인종적으로 아시아 민족에 속하며 다른 서구 유럽 문화를 받아들인 것이다. 아시아의 유일한 크리스천 국가로서 유일하게 영어와 스페인어를 할 수 있었으며, 종교, 언어, 의복, 예절, 교육, 관습 등 동양의 아시아 민족에 속하며 다른 서구 유럽 문화를 받아들인 것이다. 필리핀은 아시아에서 특출한 민족으로서 동양과 서양의 교두보 역할을 하였다.

영국의 유명한 역사학자 토인비는 필리핀에 대하여 언급하기를, 스페인이 필리핀에 역사의 첫 장을 연 것과 똑같이 미국도 필리핀의 역사의 첫 장을 열었다고 하였다. 또한 그는 필리핀은 행운의 나라라고 말하였다. 미국의 유명한 선교사 Laubach는 필리핀 민족은 동양의 어떤 민족보다 월등한 문화 민족이라고 하였다.

언 어

필리핀은 아시아 민족으로서 하나님께서 언어의 재능을 주셔서 영어, 스페인어 등 다른 언어를 유창하게 구사할 수 있는 능력을 지녔다. 필리핀의 영웅 Rizal 박사는 그의 생애 기간(1861~1896) 동안 22개의 언어를 할 수 있었다고 한다. 미국의 언어학자 피트만에 의하면 필리핀에는 영어, 스페인어를 제외한 55개의 본토어와 142개의 지방 방언이 있다고 한다. 8대 주요 본토어 구성 분포를 보면 다갈록 24%, 시부아노 25%, 일노카노어 14%, Hiligaynon 12.7% Bieol 3.5%, 그 외 수십 종의 지방 방언이 있다.

스페인어는 지금 죽어 가고 있다. 이상한 것은 왜 스페인어가 필리핀의 국가 언어가 못 되었는가 하는 것이다. 이것은 3세기 동안 스페인 정책에 의해서였다. 다른 스페인 식민지 나라인 멕시코, 쿠바, 콜롬비아 등은 스페인어를 국가 언어로 사용하고 있다. 그러나 필리핀은 국가 언어가 없다.

1935년 퀘손 대통령의 구상으로 1937년 11.9일 국가 언어 위원회를 구성하였으며, 1959년 교육부령에 의거하여 국가 언어로 타갈록을 모든 학교에서 가르치기 시작하였다. 많은 필리핀인이 잘못된 법령이라고 하며 타갈록을 국가 언어로 사용하는 것을 반대하였다. 그러나 결국 타갈록 언어가 필리핀 국가 언어로 결정되었다. 타갈록은 국가 세계에서 가장 많은 단어 300만 단어가 있다. 영어의 백만 단어보다 훨씬 많다. 필리핀은 아시아에서 가장 문맹율이 낮다. 그들은 4세기 식민지 기간 동안 서구 문화 교육의 영향을 맏은 것 같다. 그들은 식민지 기간 동안 서구 과학과 예술을 받아들였으며, 많은 대학을 세워서 교육열을 증진시켰다.

미국의 정치가 Murphy는 필리핀 민족보다 교육열이 강한 축복받은 민족이 없다고 말하였다. 필리핀의 두 개의 대학 Sancarlos 대학(1593)과 지금 마닐라에 있는 Santo Tomos 대학(1611)은 미국의 하바드 대학(1636)보다 그 역사가 깊다.

필리핀인의 특성

세상에 살고 있는 모든 사람들과 같이 필리핀인에게도 좋은 점과 나쁜 점이 있다. 그들의 특성을 이해하므로써 우리는 그 나라의 문화와 국민성을 알 수가 있다.

먼저 필리핀인의 나쁜 특성으로는 도박병이 심하다. 그들 대부분 사람들은 어떤 것을 할 때 내기를 좋아한다. 비가 올지 안 올지, 선거 후보자가 당선될지 안 될지, 첫 어린 아이가 아들일지 딸일지, 또한 집에서 닭싸움을 하게 하여 내기를 한다. 포카, 마작 등 다양한 놀이로 내기를 한다.

그들은 또 사치벽이 심하다. 그들은 다양한 색깔의 비싼 의복과 값진 보석으로 단장하기를 좋아한다. 귀걸이, 목걸이, 금팔찌 등 그들은 사치스럽게 단장하여 파티에 참여한다. 어린이의 세례식, 자녀의 결혼식, 가족의 생일, 자녀들의 입학식, 졸업식 때는 화려한 파티를 한다. 필리핀인은 모든 그들의 인생을 숙명론적으로 생각한다. 그들은 무슨 일이 일어나든지 좋은 일이든 나쁜 일이든 운명론적으로 생각하며 또한 그대로 믿고 있다. 미래의 일어나는 일도 운명론적으로 받아들이고 있다. 필리핀인은 인내심이 부족하다. 그러나 이유는 아마 열대성 기후의 환경 때문이라고 생각된다. 그들은 처음에는 열성적으로 일을 잘 한다. 그러나 나중에는 그 열성이 점점 수그러든다. 인내심이 부족하다. 타갈록 표현은 '나가스코곤' 이라고 한다.

필리핀인은 너무 정치에 열성적인 애착을 느끼고 있다. 젊은 소년들은 정치가가 되는 것이 그들의 위대한 소망이다. 정치가가 되면 능력을 과시하고 부를 누릴 수 있기 때문이다. 정치는 필리핀 사회의 암적인 요소가 되어 가고 있다. 선거 때가 되면 후보자의 정치토론은 하지 않고 상대 후보자를 비방하고 비행을 들추어내는 토론을 하는 데 많은 시간을 낭비하고 있다. 나쁜 특성으로 필리핀인은 일을 하다가 포기하는 습관이 있다. 이러한 나쁜 결점은 아마 스페인의 유산을 받은 듯하다. 필리핀인의 좋은 점 나쁜 점 구별없이 외국의 문화를 모방하는 것을 좋아한다. 아마 380년 동안 식민지 지배의 영향을 받은 것 같다.

장점으로는 필리핀인은 친절하기로 유명하다. 그들은 외국인 및 그들의 적까지도 그들의 가정에 방문하게 하여 따뜻하게 대우하고 있다. 또한 예의 바르고 신사적이다. 필리핀 가족 구성원은 연합이 잘되어 있다. 그들의 혈족에게 충성스럽게 관계를 유지하고 있다. 피는 물보다 진한 것처럼 부모는 자녀를 위하여 잘 보살피고, 자녀를 희생적으로 교육시키고, 부모는 자녀를 위하여 애정과 희생으로 돌보고 있다. 필리핀인은 다른 아시아인처럼 점잖고 유순한 민족이다. 미국인처럼 너무 저돌적이고 무분별하지 않다. 필리핀인은 낭만적이고 정열적인 민족이다. 그들의 낭만인 품성은 아름다운 자연의 영향을 받은 것 같다. 그들은 음악과 시를 좋아한다. 서사시와 사랑의 노래, 시골의 아름다운 풍경 등, 그들은 예술을 좋아한다. 필리핀인은 감사를 잘 하는 민족이다. 그들은 어떤 사람이 그들에게 좋은 일을 베풀면 호의에 감사를 잘한다. 필리핀인은 협동을 잘 하는 민족이다. 선조때부터 협동하여 남을 도와 주는 것을 미덕으로 생각하고 있다. 시골 오두막집에서 다른 데로 이사하면 서로 도와 주었다. 필리핀인은 심리학자라고 부르는 것이 정당할지 모른다. 그들은 개인적으로 부드러운 개인 관계를 유지하고 있다. 그들은 동역자를 도와주며 의견이 불일치할 경우 다투지 않고 서로가 피한다. 필리핀인은 지구상에서 가장 용감한 민족이다. 그들은 스페인과 미국이 침략하였을 때 용감하게 저항하여 싸웠다. 용기있는 그들의 자세는 필리핀군에서 보여진다. 그들은 전쟁 중에는 최선을 다하여 싸운다. 1986년 필리핀 민주항쟁 때 탱크를 동원하여 용기 있게 평화적으로 작전을 성공적으로 수행하였다. 필리핀인은 용감하고 독립심이 강한 민족이다.

1521년 스페인과의 전투 시 용감하게 싸웠으며, 스페인 식민지 지배 시 100여회 이상의 반란을 일으켜 스페인에 대항하였다. 1899~1902년까지 3년 동안 미국에 대항해 싸웠으며 제1공화국을 탄생시켰다. 2차 세계대전시 일본군에 대항하여 용감하게 싸웠다. 1941~1944년까지의 전쟁에서 필리핀은 용감하고 놀랄만한 힘을 발휘하였으며, 맥아더 장군은 필리핀 군인을 지휘하면서 말하기를 필리핀 군인은 세계에서 가장 멋진 군인이며 용감하고 용맹스러우며, 어떤 역경에 부딪쳐도 단호하고 역량있게 대처하여 나아가 전쟁을 승리로 이끌어 나간다고 말하였다.

필리핀인은 자부심이 강한 민족이다. 그들의 선조들은 자부심있게 역사를 이끌어 왔다. 민족적으로 열등의식을 느끼지 않았다. 그들의 민족성은 만일 그들을 미워하고 경멸하면 그에 대항하여 보복공격을 한다. 필리핀인은 친구에게 온유하고 친절하고 사랑스럽게 교제를 나눈다. 그러나 그들이 어떤 모욕과 중상모략을 당하면 그들은 맹렬하게 화를 내고 그에 대한 공격을 한다. 필리핀민족은 그의 정당성과 명예를 위하여 죽음을 무릅쓰고 싸운다.

필리핀 민족은 지적인 민족이다. 미국의 교육자 사버드 박사는 말하기를 필리핀인은 지각이 뛰어나고 기억력이 좋으며 비상한 소질을 가지고 있다고 말하였다. 그들 대부분은 가르칠 수 있는 능력이 있다. 특히 과학과 예술에 뛰어난 소질이 있다. 필리핀인은 인내하며 극복할 수 있는 적응능력을 가지고 있다. 수 세기를 통하여 많은 침략을 당하고 반란, 혁명, 전쟁, 지진, 태풍, 화산, 폭발 등 수많은 고통을 겪었다. 아마 지구상에서 이스라엘을 제외하고는 러시아 중국과 같이 필리핀은 많은 고통을 당하였다. 그러나 그들은 결코 무너지지 아니하였다. 그들은 어떤 문화, 어떤 기후에도 잘 적응하고 동화될 수 있었다. 태풍으로 계속 재난을 일으켜도 그들은 다시 나무나 대나무로 그들의 주거지를 복구시켜 나갔다.

마지막으로 필리핀은 영적으로 믿음이 깊은 민족이다. 라고스타는 말하기를 하나님이 필리핀에 두 가지 선물을 주셨다. 하나는 믿음의 선물이요, 하나는 음악의 선물이라고 하였다. 필리핀인은 신앙적인 일은 무슨 일이든지 열성적으로 헌신한다. 그들은 영적인 일을 잘 감당한다.

필리핀 여성

하나님은 필리핀 민족의 위대한 축복을 필리핀 여성에게 주었다고 말할 수 있다. 스페인 이전 시대부터 필리핀 여성은 항상 가정과 사회에서 높은 지위에 있었다. 필리핀 여성들은 다른 아시아 민족의 여성처럼 남편에게 종처럼 취급당하지 않았으며 밭에서나 길에서 힘든 노역을 하지 아니했다. 필리핀 여성은 가정에서 여왕으로서의 높은 대우를 받았으며, 남편의 동반자로서, 가정의 교사로서 자녀에게 시와 미술 음악을 가르쳤다. 모든 아시아의 여성 중 가장 많은 자유를 누렸으며, 특별히 그녀들은 남성과 동등한 지위에 있었다. 사실상 필리핀 여성은 아시아 최초로 여성 투표권을 행사하였으며, 지금도 필리핀 여성들은 모든 정부 관공부서장으로 선출되고 있다.

그녀들은 좋은 교육받을 기회가 주어지고 있다. 필리핀 여성들은 모든 분야 정치, 외교, 경제, 교육, 사업, 의학, 언론, 기술 등 모든 분야에 남자보다 더 많이 진출하여 있다.

필리핀 여성들은 천성적으로 온유하고 정숙하고 매력적이고 경건하다. 필리핀 여성은 품행이 단정하고 남편에게 충성을 다하며 자녀에게 헌신을 하는 여성으로 유명하다. 스페인 지배시 Guspar 사제는 필리핀 여성에 대하여 말하기를 도덕적으로 훌륭한 여성들이며, 온순하고 상냥하며, 그들은 남편을 극진히 사랑한다고 말하였다. 필리핀 여성들은 기독교의 깊은 영향을 받아서 그녀들은 진실로 결혼을 성스러운 예식으로 생각한다. 남편과의 결혼의 맹약을 깨뜨릴 수 없다고 생각한다. 그러한 이유로 이혼이나 가정 파탄이 일어나는 경우는 극히 드물다.

필리핀 여성은 훌륭한 인격 외에 미인도 많다. 명백히 필리핀인은 혼혈 민족으로서 말레이, 인도네시아, 중국, 아랍, 일본, 스페인, 미국, 영국, 프랑스 등 식민 3세기 동안 외부 민족과 접촉하여 매혹적인 많은 미인이 배출되었다. 많은 필리핀 여성들이 국제 미인 대회에 출전하여 입상하는 것은 놀라운 일이 아니다.

사회 계층

필리핀 사회 계층은 세 부류로 분류할 수 있다. 상류층, 중산층, 하류층이다.

첫째, 상류층은 10%를 차지한다. 상류층이 거의 국민 재산의 90%를 차지하고 있다. 그들은 기업가, 대규모 농장을 소유한 지주들 그리고 고급 관리 등이다.

둘째, 중산층은 인구의 20%를 차지한다. 그들은 직업으로는 변호사, 의사, 회계사, 기술자, 공무원, 회사원 등이다. 이들은 이 나라의 중추적인 세력들이다.

셋째, 하류층은 인구의 70%를 차지한다. 이들은 국민 재산의 10%를 차지한다. 그들은 겨우 생명을 부지하며 살아가고 있는 극빈층이다. 장래 필요한 것을 위하여 저축할 수도 없다. 오직 빈곤과 가난뿐이다. 정부는 특별 정책을 써서 이들에게 고용을 증대시키고 생활 보호 대책을 마련하여 주어야 한다.

1. 필리핀 민족

필리핀은 아시아에서 유일한 기독교 국가

필리핀은 인구의 83%가 크리스천이다. 그 나머지는 모슬렘과 다른 종교이다. 83%가 카톨릭이고 그 나머지는 개신교이다.

카톨릭은 스페인으로부터 상속받았다. 미국으로부터 개신교(Episcopalian 침례교, 감리교, 루터교)가 들어왔다. 특별히 Aglipay교회는 필리핀의 유일한 개신교 중 단독 교회로서 1902년 Los Reyes에 의하여 창설되었다. 오늘날 140만 신자가 있다고 한다. Iglesia Cristo는 1914년 Manalo에 의하여 창설된 교회로서 필리핀 지방 교회이다. 다른 종교로는 불교 0.002%, Shintoism 0.008%이다.

필리핀은 아시아에서 가장 복음이 잘 전파된 국가이다. 중국, 한국의 불교, 유교, 도교 일본의 Shintoist, 불교, 인도네시아 말레이의 모슬렘, 태국, 라오스, 베트남 등의 불교, 인도의 힌두교 등을 믿고 있지만, 필리핀만이 아시아 국가로서는 유일하게 기독교 국가가 된 것은 하나님의 놀라운 영적 축복이 아닐 수 없다. 필리핀은 16세기 스페인 선교사에 의하여 기독교 복음 카톨릭을 받아들였다. 그들은 스페인의 문화뿐만 아니라 기독교 복음을 잘 받아들였다. 19세기 미국에 의하여 개신교를 받아들여 명실공히 필리핀은 아시아 국가에서 자부심 있는 기독교 국가가 된 것이다. 루존에서 팔라완 민다나오에 이르기까지 성령의 불길이 타올라 민족을 복음화시키고, 아시아를 복음화시키는 중추적인 선교 국가가 될 것이다.

필리핀의 선사 시대

스페인이 333년 동안 필리핀을 지배할 때까지 필리핀 선사 시대역사는 기록되지 아니하였다. 그러나 다행히도 미국이 필리핀 지배할 당시 베이 교수와 다른 외국의 인류학자와 고고학자에 의하여 필리핀 선사시대 역사 연구를 하기 시작하였다.

그들은 필리핀 역사의 개척자들로서 성공적으로 선사시대의 역사를 재정립하였다. 미국의 유명한 역사학자들과 다수의 필리핀 고고학자들이 연구에 참여함에 따라 필리핀 선사시대 역사 연구에 많은 도움을 주었으며, 필리핀인들의 보전된 구전을 첨가하고 중국, 인디아, 아라비아 역사의 기록을 첨가하여 필리핀 선사시대 역사를 재구성하였다. 그러나 많은 필리핀 선사시대의 역사적 사건들이 진실성이 없다. 왜냐하면 화석이나 뼈 등 고고학적 유물들이 유일한 연구 결과였기 때문이다.

역사가들은 필리핀 지난 과거의 역사를 진실로 받아들였기 때문에 선사시대 역사에 관하여 의심하지 않고 비판하지 않았다. 우리는 좀 더 관심을 가지고 필리핀 역사를 연구하여야 한다. 고고학자들과 인류학자들에 의하여 만들어진 선사시대의 역사를 우리는 좀 더 연구하여 필리핀 과거의 발견되지 않은 역사를 새로 발견하여 우리의 사상을 변화시켜야 한다. 필리핀 선조들은 자부심 있는 민족이었음을 우리는 알아야 한다.

진화론과 창조론

서구 진화론에 반대하여 창조론을 주장하는 많은 크리스천들은 진화론 주장자들과 논쟁을 벌이기 시작했다. 이 두 주장은 서로 타협하기가 어렵다. 창조론을 주장하는 크리스천은 세상의 창조와 인류의 창조를 하나님의 말씀으로 되었다는 것을 믿음으로 받아들이고 있다. 그러나 과학자들은 우주가 창조된 것은 자연 발생적으로 우주가 대 폭발하여서 해성이 생겨났고, 모든 생물은 진화되었다는 진화론을 주장하고 있다.

진화론에 의하면 인류는 수십만 년 동안 진화되어서 결국 원숭이가 인류의 조상이라는 주장을 하고 있다. 진화론자들은 하나님을 부정하고 인간은 우연히 자연 발생적으로 지구상에 나타나게 되었다는 것이다. 진화론은 물질적 이론으로 대부분 사회과학자들이 이 진화론을 받아들이고 있다. 사회과학자들은 창조론을 받아들이지 않는다. 그러나 진화론은 많은 모순점이 있다. 원숭이로부터 인간 사이의 중간 화석을 지금까지 찾지 못하고 있다. 분명히 진리는 확증이 되고 검증이 되어야만이 진리라고 인정할 수 있다. 그러나 진화론은 확증과 검증되지 못한 점을 근거로 하여 진리로 인정할 수 없다.

2. 필리핀의 기원

필리핀의 대륙 생성 과정은 지금부터 6,000만 년 전 제3빙하기 맘모스 시대에 생성되었다고 한다. 그 당시 지진이 일어나고 화산이 폭발하여 거대한 육지가 생성되었다고 한다. 이 기간 중 아시아 대륙은 대부분 무렝 잠겼었다.

빙하기 기간중 기후의 변화

빙하기 기간 중, 지금부터 백만 년 전 기후가 급격히 추워졌다. 이 기간 중 거대한 빙산이 생겼다. 빙산과 얼음이 북유럽에서 아시아 북미 쪽으로 움직여 이동하기 시작하였다. 얼음과 빙벽이 이동하는 동안 지구의 생태계에 큰 기후 변화가 일어났다. 이 당시 많은 동물들이 새로운 환경을 찾아서 이동하게 되었다. 바다에 있는 얼음이 녹으며 바다가 낮아져 강과 호수가 생성되었다. 중국 남쪽 바다의 수면은 적어도 현재보다 156피트나 낮아지게 되었다. 이 원인으로 인하여 바다가 드러나 아시아의 육지와 섬들이 서로 연결되게 되었다. 예를 들면 필리핀과 중국, 필리핀과 인도네시아가 서로 연결된 것이다. 육로로 연결되므로 선사 시대인들과 동물들이 인도차이나 섬이나 필리핀의 섬으로 들어오게 되었다. 역사가들은 이를 역사의 고속도로라고 부르고 있다. 이 기간 중에 육로를 통하여 많은 동물 코끼리, 사슴, 코뿔소 등이 필리핀의 원주민과 함께 육로를 통하여 필리핀에 들어오게 된 것이다. 지금은 이런 동물이 필리핀에 존재하지 않지만 옛날에는 존재하였다. 그러나 다른 아시아 지역 미얀마, 베트남, 라오스 등에는 존재하고 있다.

필리핀 최초의 Down Man

필리핀 고고학자에 의하여 필리핀과 최초의 Down Man은 지금으로부터 25만 년 전에 나타났다고 한다. 필리핀대학 역사학 교수 베이는 필리핀 최초로 나타난 Down Man이라고 불렀다. 검은 얼굴, 억센 근육, 긴 팔과 큰 두개골, 좁은 이마의 모습이었다. 그들은 환경에 적응하여 살았으며, 나무껍질 동물의 가죽 의복을 입었다고 한다. 불을 사용하지 못하였으며 동물은 날것으로 먹었다. 주거지는 동굴에서 살았다고 한다.

Down Man은 아시아 대륙에서 육교를 통하여 걸어 왔다. 그 당시 많은 동물 코끼리, 코뿔소, 영양 등 많은 동물들이 함께 있었다고 한다. 그들이 사용한 석기류와 다른 무기 등이 코끼리 화석, 코뿔소 화석과 함께 가가얀 계곡과 다른 지역에서 발견하였으나 Down Man화석은 발견하지 못하였다고 한다. 분명히 역사적인 진리는 고고학적으로 증명이 되는 유물이 있어야 한다. 베이 교수의 이론에 대하여 25만 년전에 나타난 Down Man은 지금까지 거의 두개골을 발견하지 못함을 근거로 역사적 사실로 받아들일 수 없다.

필리핀의 가장 오래된 유골 Tabon

1962년 3월 28일 퀴존 지역에 있는 Tabon 동굴 안에서 다른 유물과 함께 인간 두개골 화석을 발견하였다. 필리핀 최초의 인간 화석을 발견하게 된 것이다. 이 놀라운 발견으로 세계의 학계를 떠들썩하게 하였다. 미국 캘리포니아 대학 지질학 연구소에서 방사성 탄소 14공법으로 두개골을 검사한 결과 22,000년 된 것으로 판명이 되었다. Tabon은 필리핀 최초로 발견된 인간이라고 Fox박사에 의하여 선언되었다. 베이 교수와 다른 인류학자에 의하면 Tabon인은 Down Man보다 체구가 작았다고 하다. 석기를 사용하였으며 불을 사용하지 못하였다고 한다. 농사를 지을 수 없었으며, 동물을 사냥하고 동굴에서 살았다.

가장 널리 알려진 베이 교수의 이주 이론을 다시 말하면 피그미족 인도네시아 말레이 족과 다른 아시아 족들이 필리핀에 이주 정착하여 살게 되었다는 베이 교수의 이주 이론을 사회과학자들과 다른 역사학자들이 의심없이 모두 받아들이고 있다. 그러나 최근 잘 알려진 Fox 박사와 그의 동료 학자들은 베이 교수의 이주 이론을 비판하고 있다. 왜냐하면 베이 교수의 이주 이론은 그 증거 자료가 불충분하다는 것이다. 진실로 필리핀 고고학자들은 화석 등 많은 유물을 발견하였으며, 또한 22,000년 전의 인간의 두개골을 발견하여 필리핀 선사시대 역사를 재정립하였다. 그러나 중요한 것은 필리핀 선조들이 언제 왔으며, 어떻게 필리핀에 오게 되었는가를 입증하는 것이 더 중요하다.

아마 하나님은 이 시대의 고고학자들에게 필리핀 선사시대 유물을 발견하고 필리핀 선사시대의 진실한 역사를 이해하여 필리핀 역사를 재정립하는 역할을 하게 한 것으로 보인다.

필리핀의 원주민

지금으로부터 25,000~30,000년 전 남아시아의 육로를 통하여 피그미 족들이 이주하기 시작하였다. 그 당시에는 남아시아가 다른 아시아의 섬들이 육로로 연결되었다. 다시 말하면 필리핀과 중국, 필리핀과 말레이시아 인도네시아와 호주가 서로 육로로 연결되어 사람과 동물들이 자유로이 왕래할 수 있었다. 베이 교수에 의하면 그들은 여러 차례 이주하게 되었다고 한다. 마지막 이주는 12,000~15,000년 전 두 집단으로 이주하였다고 한다. 한 집단은 필라완에서 육로를 따라 민도로에 건너와 루존으로 건너가고 다른 집단은 수루로 건너와 민다나오로 가게 되었다. 피그미 족은 지구상에서 가장 체구가 작은 민족이다. 그들은 검은 피부, 검은 눈동자, 낮은 코, 검정 곱슬머리의 체형이다.

피그미족은 구석기 문화를 이루고 있었다. 그들은 영구적으로 정착지가 없으며 정글에서 과일을 주식으로 따먹고 사냥하면서 살아가는 방랑족이다. 그들의 거주지는 임시적으로 나무줄기나 나뭇잎사귀로 거주지를 마련하였다. 그들은 대나무 통으로 요리를 한다. 그들은 자기 만드는 기술이 없었다. 그들은 불을 사용하는 방법을 알았으며, 두 개의 마른 조각으로 비벼서 불을 켰다. 그들은 거칠은 석기를 사용하였으며, 연장을 만들어서 나무와 대나무를 잘랐다. 그들의 무기로는 활과 화살이 있었다. 그것으로 적을 방어하였다. 그들은 돌촉으로 화살과 화살촉을 만들어서 정글의 독소 식물의 수액을 화살촉에 담그어 화살을 쏘면 적에게 치명적인 피해를 입히게 된다.

피그미 족들은 필리핀에 아주 정착하게 되었으며, 결과적으로 그들은 필리핀 원주민이 된 것이다. 그들의 후예들은 Aetas Itas Atis Abalons 라고 부르며, 아직도 숲이나 산간 지대인 바탄, 잠발레스, 부라칸, 팜팡가, 뉴바, 버사야 등에 살고 있다. 그들은 뉴질랜드의 Maoris 족 하와이의 카나카스 족 미국의 인디언 족처럼 점점 사라지고 있다. 정부의 보호 대책이 마련되어야 할 것으로 보인다.

인도네시아 인의 이주

피그미 족이 정착한 후 지구의 기후가 온난화되었다. 거대한 빙산의 얼음이 녹기 시작하여 바닷물이 점차 불어났다. 전 세계의 바다 수면 및 중국 바다 수면이 불어나 필리핀과 다른 남아시아로 연결된 육로가 없어지게 되었다. 피그미 족은 그러한 원인으로 필리핀과 다른 아시아 섬에서 고립되어 정착하게 되었다. 그 후 남아시아 다른 이주민 인도네시아 인이 배를 타고 필리핀에 건너오게 되었다. 그들은 코카시아 인의 몽고 족의 한 분파인 인도네시아 족이다. 그들은 두 차례에 걸쳐 이주하였다.

첫 번째 이주는 BC 4000~3000년경이고 두 번째 이주는 BC 1500~500년 경이다. 인도네시아 인은 피그미 족과 체형이 다르다. 베이 교수에 의하면 인도네시아 족은 A족과 B족으로 나누어서 이주하였다고 한다. 인도네시아 A족은 첫 번째 이주한 인도네시아 족으로 체형은 키가 크고 후리후리하며 백색의 피부, 높은 코의 형이며, 인도네시아 B족은 작은 키, 검은 피부, 두터운 입술, 낮은 코의 체형이다.

문화적으로 인도네시아인은 피그미 족보다 발전되었다. 신석기 문화에 속하였으며, 돌을 사용 손도끼나 다른 도구를 만들어 사용하였다. 그들은 나무껍질과 나뭇잎으로 옷을 만들어 입었으며, 무기로는 활과 화살, 돌창과 돌칼 등의 무기로 적을 방어하였다. 마지막으로 인도네시아 B족은 BC 800~500년 사이에 이주하였으며, 그들은 청동기를 사용하였다. 필리핀에 청동기를 처음으로 도입하였다. 그들은 쌀을 재배하였으며 다양한 농작물을 경작하였다.

2. 필리핀의 기원

세계 8대 불가사의로 유명한 루존 북쪽의 경사진 산 위에 거대한 계단식 논을 건설하였다. 세계 모든 관광객들은 이 놀라운 기술을 보고 감탄을 하고 있다. 지금도 인도네시아 후예들은 필리핀에 살고 있다.

말레이 족의 이주

기원 전 말레이 해양족의 선조들은 모험심이 강한 민족이었다. 더 좋은 대륙을 찾아 밤을 비추는 별처럼 낮에 날아다니는 새처럼 그들은 태평양의 새로운 대륙을 찾기 위하여 북쪽 멀리 대만, 일본, 한국, 남태평양과 남아프리카까지 말레이 신조들은 항해를 하였다. 영국의 학자는 말하기를 말레이 족은 페니키아인보다 해양족으로 더 능력이 있었으며, 그들은 홍해나 지중해보다 더 넓은 해양권으로 진출하였다고 하였다.

말레이 해양족이 태평양을 제어하는 동안 말레이족은 BC 300~200년 사이에 필리핀에 이주하였다. 그들은 노젓는 배로 필리핀에 이주하였다. 말레이 족의 마지막 이주는 14~15세기경이었다. 말레이 족의 필리핀 이주에 대해서 역사학자들의 견해는 다르다. 베이 교수는 단순히 말레이 족들은 필리핀에 여러 차례 이주하였다고 했다. 미국의 역사가 바로는 말레이 족은 필리핀에 두 번에 걸쳐 이주하였다고 했다. 그러나 필리핀의 영웅 조세리잘 박사는 다른 미국의 학자들은 말레이 족의 첫 번째 이주는 BC 200년경이었으며, 그의 후예들은 지금 루존 북쪽, 본록, 이노곳 등에 거주하며, 두 번째 이주는 AD 100년경부터 13세기까지였으며, 세 번째 이주는 14~15세기경 말레이 족 모슬렘들이 필리핀에 이주하였다고 하였다. 그러나 역사적 자료 불충분으로 말레이 족의 필리핀 이주의 횟수를 정확하게 알 수는 없다.

말레이 족은 필리핀에 이주 정착하였다. 그들은 검은 피부로 신장은 중간 크기이며 야윈 체구이다. 그러나 체격은 강건하며 검은 눈, 검정 머리, 낮은 코의 특징을 지녔다. 그들은 문화적으로 피그미 족, 인도네시아 족보다 발달하였다.

그들은 철기 문화를 필리핀에 처음으로 들어오게 했다. 그들은 철과 구리를 제련하여 연장과 무기를 만들어 썼다. 또한 그들은 도자기장식 기술을 발전시켰다. 직조 기술을 발전시켰으며, 구슬 산업을 발전시켜 목걸이 팔찌 등 다른 장식 산업이 발전되었다. 그들은 대나무로 영구적인 집을 지었으며, 지붕은 야자수 잎으로 덮었다. 그들은 장식 산업을 발전시켜 금목걸이, 금팔찌, 진주, 색깔이 있는 돌그릇을 만들어 사용하였다. 말레이 정착자들은 필리핀에 새로운 문화를 발전시켰으며, 사회, 정치, 법률, 과학, 종교 및 관습 전통에 많은 영향을 끼쳤다.

3. 아시아 문화와의 접촉

　기독교가 필리핀에 들어오기 전 필리핀은 위대한 인도, 중국, 아라비아 문화와 서로 접촉하였다. 세 나라의 위대한 문화와 접촉하고 있는 동안 유럽은 암흑 시대를 맞이 하였다(476~1000).
　그리스의 영화로운 문화와 로마의 웅장한 문화가 야만족의 침략에 의하여 멸망의 길에 접어들게 되었다. 그러나 동양의 인디아, 중국, 아라비아는 식민지 무역을 개설 남아시아에서 무역을 하였으며, 식민지 문화를 전파하여 필리핀을 포함하고 동남아 여러 나라에 많은 영향을 끼치게 되었다.
　11세기경 인도는 식민지 지배자로서 남아시아에서 무역을 하기 시작하였다. 그들은 황금의 영화를 찾기 위하여 바다 건너 인도차이나, 미얀마, 태국, 말레이 반도, 쟈바, 슈마트라 등 다른 동남아시아에서 무역을 시작했다. 그 당시 인도는 해양 제국이었다. 그 당시 중국과 아라비아는 아직 출현하지 아니했다. 인도는 남아시아에 식민지 왕국을 확장 건설하게 되었다. 첫 번째로 인도 제국은 인도차이나 연안에 1세기 경 힌두 왕자 카운디냐가 그 지방 공주와 결혼 그 지역을 지배하였다. 그 당시 인도 왕국은 번영하였으며, 인도차이나를 6세기경까지 지배하였다. 다른 인도 제국이 남아시아에서 일어나 남아시아의 베트남, 풍틱, 미얀마, 피항, 팡가슈카, 말레이 반도, 타누마, 마타랴, 상하사리, 쟈바, 파렘방, 슈마트라, 보르네오 등 많은 다른 아시아 국가를 지배하였다. 흥미로운 것은 인도인들은 두 가지 방법으로 남아시아에 인도 문화를 전파한 것은 식민지 나라를 지배하기 위해서였다. 특히 남아시아 민족 중 말레이 족은 항해자들로서 대단히 용감한 민족이었다. 그들은 인도를 방문 인도 문화를 받아들였다. 역사적으로 남아시아 지도자들은 학자를 인도에 보내어 인도 문화를 받아들였다.

수리버자야 제국의 남아시아 지배

인디아 제국이 남아시아를 장악한 이후 말레이 인과 인도네시아인에 의한 두 해양 제국 수리버자야 제국과 마쟈파히트 제국이 남아시아에서 일어났다. 먼저 수리버자야 제국은 수도가 수마트라 남쪽 해변에 있었으며 수도 이름은 파렘방이었다. 마쟈파히트 제국과 같은 말레이 민족이며, 인디아 문화를 받아들였고, 종교는 불교를 믿었다. 수리버자야 제국은 강성한 나라로 남아시아 파렘방, 수마트라, 방카섬, 말레이 반도, 인도네시아 남동쪽 연안, 쟈바 서쪽까지 세력을 확장 AD 683년에 나라를 건설하였다.

그들은 외국 아라비아, 인디아, 중국, 말마카 등과 무역을 하였으며, 동시에 외교 관계를 유지하였다. 그들은 외국 무역을 하여 많은 부를 축적하였다. 해양왕국으로서 명예를 드높였다. 해양 제국의 상징으로서 화려한 사원으로 유명한 부로 부토 사원을 버슈 왕에 의하여 775~782년에 건축하였다. 13세기까지 수리버자야 제국은 15개 지역의 나라를 다스렸다. 모든 위대한 제국의 운명처럼 수리버자야 제국은 외부의 압력과 내부적으로 약하여짐으로 점차적으로 나라가 기울어지게 되었다. 7세기 동안 위대한 해양 제국을 이끌어 온 수리버자야 제국은 1377년 마쟈파히트 제국에 의하여 멸망당하였다.

마쟈파히트 제국의 남아시아 지배

멸망한 수리버자야 제국은 불교 제국이었으나 마쟈파히트 제국은 힌두 제국이었다. 마쟈파히트 제국 건설의 배경을 더듬어 보면 쟈바 남쪽 바란타스 강 근처에 있는 쟈바는 몽고 침략으로부터 해방되어 용감한 버자야 라펜에 의하여 1293년 마쟈파히트 제국을 건설하였다. 마쟈파히트 제국은 수마트라 지역, 보르네오 지역, 말레이 반도, 쟈바 동쪽 지역을 지배하였으며 하얌, 우룩 왕이 1389년 죽은 후 여름에 피었다 지는 장미 꽃처럼 마쟈파히트 제국은 점점 기울어지게 되었다. 기울어진 원인으로는 지도자의 부재로 인한 것이 직접적 원인이 되었다.

하얌 우룩 왕이 죽은 후 후계자로 연약한 조카딸이 왕이 되었고, 또한 다른 원인으로는 내부적인 알력과 중국의 위대한 해장 챙호가 28년 동안 남아시아 해양권을 장악한 관계로 약하여졌으나, 마쟈파히트 제국이 기울어진 이후 남아시아의 힌두 세력이 점점 무너지기 시작하였다. 마쟈파히트 제국이 아시아를 지배하는 동안 1478년 이슬람 왕국이 수도를 점령, 수많은 보물을 약탈하여 갔다. 이것이 쟈바 전통 역사에 기록되었다.

많은 역사가들은 이 사실을 받아들이고 있다. 그러나 결코 필리핀은 수리버자야와 마쟈파히트 제국의 지배를 받지 아니하였다. 그러나 1921년 필리핀에서 가장 유명한 역사학자 베이 교수는 그의 이론에서 필리핀은 수리버자야 제국과 마쟈파히트 제국의 지배의 영향권에 있었다고 주장하였다. 명백하게 이 이론은 역사가들을 매혹시킨 이론이었다. 그러나 최근에 발견된 말레이 고고학 자료에 의거해 말레이학자들은 베이 교수의 이론을 비난하였다. 역사가들은 베이 교수의 이론을 역사적 소설이라고 비난하였다. 현대 역사가들은 필리핀 역사를 진실하게 다시 진실하게 써야 한다고 주장하고 있다. 필리핀은 수리버자야 제국과 마쟈파히트 제국의 지배를 받지 않았음이 명백하게 금석학자들에 의하여 입증이 되고 증명이 되었다. 역사적으로 수리버자야 제국은 중국과 관계를 가졌으며, 당(621~907), 송(960~1280), 양(1280~1368), 명(1368~1644)과 관계를 유지하였다. 그러나 중국의 역사 기록에는 필리핀이 수리버자야 제국에게 종속되었다는 역사적인 기록이 없다. 현대 남아시아 역사가들은 필리핀이 수리버자야 제국에 지배되지 아니했다고 주장하고 있다. 저명한 역사학자 프라판카 교수는 베이 교수 이론에 반대하고 있으며, 그의 이론은 충분한 증거가 없다고 주장하였다. 프라판카는 주장하기를 마쟈파히트 제국 94개 주를 다스렸다는 것을 역사적으로 받아들일 수 없다고 주장하였다. 그러나 인도네시아 정치 지도자들은 마쟈파히트 제국이 강대한 세력의 제국이라는 것을 역사적 사실로 받아 들이고 있다.

인도네시아 수카르노 전 대통령은 마쟈파히트 제국의 거대한 세력을 회복하기 위하여 대야망을 품고, 그 꿈을 성취하기 위하여 그의 집무실에 거대한 지도를 걸어 놓고 말레이 반도, 서뉴기니아, 필리핀을 지배하는 인도네시아 제국 건설을 꿈꾸었다. 1951년 2월 필리핀 마닐라에서 명예 법학박사 학위를 수여 받으면서 그는 대학 학생들에게 거만한 어조로 필리핀은 고대 사루팅의 이름으로 마쟈파히트 제국의 영향권에 있었다고 말하였다. 분명히 수카르노는 잘못 알고 있다. 사루성은 필리핀이 아니다. 이 지역은 보르네오 서북쪽 지역의 나라이고, 마지막으로 남아시아 역사가 코세즈 박사는 마쟈파히트는 필리핀까지 그 세력을 확장하지 않았다고 주장했다.

인디아 문화의 영향

수 세기를 통하여 필리핀은 인디아 문화의 영향을 많이 받았다. 필리핀은 현저히 종교, 언어, 문학, 서예, 고대 관습 등에서 인디아의 영향을 받았다. 고대 수루 선조의 관습에서는 인디아 Vedic 신을 숭배하여 하늘신, 불신, 태양신, 바람신을 숭배하였다.

Vedic은 인도 문자(Sanskrit)의 Bnattara로 그 뜻은 위대한 신이라는 뜻이다. 민다나오 인들은 이방 종교 Mandayas를 숭배하였는데, 그 종교에는 소위 그 이름은 우주 창조신 힌두교에서는 3위로 부라마-창조신, 버슈뉴-보호자, 시비-파괴자로 구성되었다.

필리핀의 고대 우화에는 인디아에서 들어온 다갈록 이야기, 원숭이와 거북이 이야기, 사슴과 달팽이의 경주, 버사얀의 일화중 매와 닭의 일화 등이 있다. 많은 필리핀의 관습과 전통에서는 힌두 종교의 영향을 많이 받았다. 그 예로 손님이나 친구가 도착하면 목에 화환을 걸어준다. 결혼 전 신랑은 신부에게 결혼 지참금을 주며 신랑은 처가에 가서 봉사하여야 한다. 결혼이 끝난 후 손님들은 신랑 신부에게 싹을 던진다. 많은 필리핀 미신이 인도에서 들어왔다. 미신으로는 '숙녀가 결혼 전에 요리를 하면서 노래부르면 결혼하면 늙은 과부가 된다.', '별의 징조가 좋지 않으면 기근이나 전쟁 다른 재난 등이 일어난다.', '임신한 여자가 쌍둥이 바나나를 먹으면 쌍둥이를 출산한다.', '고양이가 발로 얼굴을 비비면 손님이 찾아온다.', '이가 빠지면 다른 사람이 죽는다.' 등이 있다.

인디아의 영향

고대 필리핀은 의상도 인디아의 영향을 많이 받았다. 인디아 인들의 영향을 받아 필리핀 인들은 남자는 머리에 투반을 쓰고 여자들은 사롱을 입었다. 현재 민다나오에서는 여성들이 사롱을 입고 있다. 인도의 영향을 받아 두드러지게 필리핀 산업은 생석회제조 광업과 선박제조 기술, 직조 기술, 광산, 자수, 공예, 금목걸이 기술 등이 발전되었다. 또한 음악기구, 특별히 기타 제조 기술이 발달하였다.

고문서학자들에 의하면 필리핀 고대인들은 인도로부터 글자를 들여왔는데, 수석학자 타베라 박사에 의하면 특히 다갈록은 일찍이 스페인 이전 시대부터 12글자 알파벳을 사용하였다 한다. 그는 이를 평하기를 필리핀 알파벳은 다른 어떤 글자보다 훌륭하여 그들은 이 글자를 아소카로부터 직접 들여 온 것으로 믿는다며, 그들이 이 글자를 충실하게 보존 유지하였다고 하였다. Sanskrit 글자는 필리핀 문화에 인도인들이 영구적인 업적을 남겼다. 다베타 박사에 의하면 다갈록에는 산스크리트 글자가 340개 이상 포함되었다고 하였으며, 국가 언어 연구소 국어 사전에 의하면 375개 단어 Sanskrit 글자가 다갈록에 포함되어 있다. 대략 오늘날 필리핀 인구의 5%가 인디아의 피를 이어 받았다. 필리핀 인도의 선조들은 영구적인 종교적 특성을 가진 민족이며, 금욕적인 삶을 살때 찬란한 생을 체험하고 불온한 생을 살아갔다.

중국과의 교류

필리핀은 마젤란이 필리핀을 점령하기 이전부터 중국과 접촉한 역사적 증거가 예술적 자료와 고고학적 유물 등에 의하여 많이 발견되었다. 어떤 학자는 주장하기를 고대로부터 거슬러 올라가 BC 247년부터 교류하였다고 하며, 다른 학자는 AD 3세기부터 필리핀이 중국에 금을 수출하였다고 주장하고 있다. 222~252년 선창 왕이 중국을 지배할 당시 두 명의 사절단을 남아시아에 보냈다고 한다. 두 사절단의 이름은 추잉과 간타이로 그들은 중국의 외교 사절로서 그들은 필리핀, 보르네오, 말레이 반도, 쟈바, 슈마트라, 인도차이나를 순방하였다고 한다. 베이 교수에 의하면 필리핀에서 당나라 시대의 동전을 발굴하였으며(AD 617~907) 중국 당나라 시대에 필리핀은 실질적으로 무역을 하였다고 한다.

역사적으로 중국과 필리핀이 교류를 시작한 것은 송나라 시대(960~1280), 중국이 그 당시 해양 제국으로 강성해져 남아시아로 그 세력을 넓혀 나가기 시작하였다. 확실하게 알려진 중국과 필리핀이 교류한 연대는 982년 이후부터 중국은 필리핀과 무역을 하기 시작하였다. 남송 시대(1127~1280) 양나라(1280~1368), 명나라(1368~1644) 매년 중국은 정크 선을 타고 해외로 떠났으며, 상하이 부근에 있는 가던 항을 떠나 다른 중국 항을 경유, 마닐라 항을 거처 민다나오에 가서 원주민들과 물물교환을 하였다. 필리핀인들은 중국 상인을 환영하였으며, 서로가 친밀하고 우호적이었다.

필리핀의 생산된 물물 교환품으로는 노란 초, 금, 삽, 실, 진주, 조개 등이며 중국의 생산된 교환 물품으로는 명주 무늬 직물, 철, 그물, 우산 등이다. 1225년 중국의 무역 감독자 차주가는 그 당시 물물 교환 상황을 설명하기를 배가 항구에 정착하면 원주민들이 자유로이 배에 들어와서 관습적으로 하얀 우산을 선장에게 선물하여 주었다고 하였다. 중국의 상인들은 필리핀 상인들이 서로가 정직하게 무역을 거래하였다고 하였다. 중국의 역사 기록에 의하면 필리핀 상인은 진실하였으며, 결코 계약을 어기지 않았다고 하였다.

중국과 필리핀 무역은 번창하였으며, 그와 함께 중국 상인들은 필리핀에 정착하기 위하여 이주하였다. 베이 교수에 의하면 그들 중국 상인들은 필리핀 여성과 결혼하였으며, 집을 짓고 가족과 함께 단란하게 살았다고 한다. 스페인 정복 당시 마닐라에 1,571명의 중국인이 있었다. 챙호가 있을 당시(1403~1424년) 중국은 아시아에서 가장 강한 해양 제국의 시대였다. 챙호는 일곱 번의 항해를 함으로써 중국에서 가장 유명한 탐험가로 알려졌다. 그는 중국 환관으로서 중국해로의 영웅인 그를 영로 황제가 좋아하였다. 28년 동안 (1405~1433) 일곱 번 탐험을 하여 36개국 필리핀, 보르네오, 말레이 반도, 싱가폴, 쟈바, 슈마트라, 인도차이나, 인디아 실존, 태평양 연안, 동아프리카에 이르기까지 원정 탐험을 하였다. 첫 번째 원정에서는 62척의 배가 27,800여 명의 선원들과 함께 상하이 근처 항구에서 출발하여 1405년 필리핀에 도착하였다. 챙호는 명나라 시대의 위대한 탐험가일 뿐만 아니라 세계에서도 가장 위대한 탐험가이다. 그는 1418년 동아프리카를 발견하였다. 74년 후 콜럼버스가 아메리카를 발견하였고(1492), 80년 후 바스코다가마가 인도를 발견하고 희망봉을 발견하였다.

필리핀 사절단을 정기적으로 중국에 보냄

챙호의 해양 개척으로 명나라 영로 황제는 정기적으로 필리핀을 포함한 남아시아 국가로 하여금 사절단을 보내게 하였다. 그들은 지배자로서 원주민들을 보호하였다. 명나라는 중국의 주권국으로서 필리핀, 보르네오, 쟈바, 슈마트라, 말레이 반도, 인도차이나, 다른 아시아 국가들에게 정기적으로 중국에 사절단을 보내도록 하였다. 필리핀은 명나라에 8차례 1372, 1375, 1405, 1410, 1417, 1420, 1421, 1424년에 베이징에 사절단을 보냈다.

340명의 남자와 여자로 구성된 사절단으로 특히 1417년에는 이들은 수루의 3명의 왕-동왕 파하라, 서부랑 마하라, 산왕 파라부왕이었다. 그들은 베이징에 1417년 8월에 도착했다. 그들 왕녀와 후궁들은 영로 황제를 매혹적인 차림으로 그들은 영접하였다. 그들은 황제에게 금, 훌륭한 조각품, 진주, 거북, 조개와 다른 귀중한 물품 등을 정규적인 조공으로 바치었다. 중국 황제는 필리핀 세 왕에게 사절단을 인봉하고 훌륭한 궁중의 의복, 모자, 허리띠, 말의 장신구를 주고 그들에게 계급과 포상을 달아 주었다. 그 사절단은 영로 황제와 함께 27일 동안 머물렀다. 세 왕은 명주와 일만 량의 종이 돈, 이천 량의 엽전 등 많은 선물을 황제로부터 받았다. 그러나 불운하게도 필리핀 동왕은 중국에서 병으로 죽었다. 그는 황제로부터 주상으로 상을 치루었다. 그의 무덤은 중국 래서 북쪽 지방에 있으며 오늘날도 그 무덤을 볼 수가 있다. 왕의 부인과 후궁과 수행원 19명은 왕의 무덤을 돌보았으며, 그 후 3년 동안 조의를 표한 후 그들은 영조 황제의 명에 의하여 본국으로 돌아갔다.

중국 문화의 영향

수 세기 동안 필리핀은 중국 문화의 영향을 많이 받았다. 중국은 필리핀 고대 사회의 경제와 사회에 많은 영향을 주었을 뿐 필리핀을 정복하지는 않았다. 필리핀은 중국으로부터 화약, 단검, 금의 제련 방법, 야금술, 자기, 납, 은 등 다른 광물 제련 방법을 배웠다. 연날리기 놀이와 민속놀이들의 풍속이 중국에서 들어왔다. 다양한 종류의 도박들도 중국의 영향을 받았다.

필리핀의 의상은 일찍이 중국의 의상을 많이 모방하였다. 필리핀의 고대인들은 소매없는 자켓을 입었으며 지금도 민다나오, 수루 여성들은 중국의 영향을 받아서 슬리퍼를 신고 다니고 있다. 부채와 우산이 중국에서 들어왔다. 중국은 필리핀에 요리법을 발전시켰다. 중국으로부터 돼지 고기 요리법을 배웠으며 차 마시는 법, 고기 요리법 등이 중국에서 들어왔다. 사회 관습과 풍속들에서도 중국의 영향을 많이 받았다. 가족 관계에서 형제들은 큰 형을 존경하였다. 새해 등 다른 축제에서 폭죽을 터트린다. 민다나오와 수루, 모슬렘인들은 축제에 징을 친다. 상인과 고객이 값을 흥정할 때는 마지막 고객이 도착한 후 가격이 결정되었다. 많은 필리핀인은 중국인과 결혼하여 필리핀인의 10%는 중국인의 피가 흐르고 있다. 필리핀인은 언어에서도 다른 아시아 국가 인디아, 아라비아보다 더 많이 중국의 영향을 받았다. 약 1,500개의 중국어 단어가 필리핀언어에 포함되어 있다. 이 중국어는 친족 관계, 가족 관계, 의복, 장식류, 음식, 음료수, 농업, 도구, 직업 등의 언어에 중국어가 포함되어 있다.

아라비아와의 관계

일찍부터 필리핀은 아라비아와 관계를 유지하였다. 아랍 선교사들이 필리핀에 무역을 하러 오게 되었다. 1380년 처음으로 아라비아 사람 Mukdam이 필리핀 수루에 왔다. 그는 이슬람을 전파하였으며, 최초로 모슬렘사원을 1450년 Simunul에 건축하였다. 다른 아라비아 선교사로는 아부바크로가 조로에 왔다. 그는 조로 공주와 결혼 1475년 수루에 술탄 왕국을 건설하였다. 아라비아 무역업자 카방수완버코가 가타바토 지역에 상륙, 그곳을 정복하였다. 그는 지방 공주와 결혼, 술탄마구인 다나오 왕국을 건설하였다. 이슬람교도들은 민다나오에서부터 다른 지역 바사야, 루존, 마닐라 지역까지 이슬람을 전파하였다. 마닐라에 톤도 왕국을 건설하였다. 만일 스페인이 필리핀에 기독교 복음을 전파하는 것을 지연시켰다면 필리핀은 모슬렘국가가 되었을 것이다.

필리핀 정복자 라가스피가 1565년 시부에 상륙, 필리핀에 기독교 복음을 전파하기 시작할 때 이미 이슬람교가 마닐라 북쪽 멀리 팜팡가에까지 전파되었다. 특히 Betis, Lubao 바랑가이는 3,000여 명의 원주민이 이슬람교를 받아들였다. 레가스피 스페인 군대가 도착 600여 명의 필리핀 비사얀 군과 합류하여 필리핀에 이슬람교 전파를 저지시켰다. 1571년 6월 8일 스페인의 크리스쳔 군이 필리핀의 비사얀군과 연합하여 마닐라 톤도 해안에서 맹렬한 전투를 벌였다. 이 전투에서 연합군은 모슬렘 세력을 물리쳤다. 이 전투에서 승리하였고 그 이후에도 300년 동안 스페인의 크리스쳔 군과 민다나오의 모슬렘 군은 수십 차례의 피비린내 나는 전투를 벌였다.

모가이 박사는 그의 진술에서 스페인 군이 조금 뒤늦게 필리핀에 들어왔다면 필리핀 전역은 이슬람교가 전파되었을 것이라고 하였다. 사랑의 하나님은 필리핀 민족을 사랑하시어서 스페인과 필리핀의 크리스쳔 연합군으로 하여금 이슬람 세력을 물리치게 하여 이 땅에 기독교 복음을 전파하게 하였다고 하였다.

이슬람 문화의 영향

아라비아 인들은 필리핀의 정치 종교 사회 문화에 많은 영향을 미치게 하였다. 아라비아 선교사들은 이슬람교를 필리핀에 전파하였다. 오늘날 대부분의 모슬렘들은 민다나오와 수루에 살고 있다. 오늘날 민다나오와 수루 지역의 관습과 풍속들이 아라비아의 관습과 풍속을 좇고 있다.

일본과의 접촉

일본 역사가에 의하면 13세기 경 일본은 필리핀과 무역을 하였다고 기록되었다. 저돌적이고 용감한 일본 무역상들은 해적 무역을 하면서 필리핀에 정착하였다. 일본 무역상들은 Cagayan 해변 지역 Agoo 마을에 무역 중심지를 두고 열심히 무역에 종사하였다. 스페인이 필리핀을 식민지화한 이후 스페인은 이곳을 일본인 항구로 불렀다. 1570년 고티 제독이 마닐라에 입성하여 20명의 일본인이 거주하는 것을 발견하였다.

일본 문화의 영향

일본은 중국과는 다르게 필리핀에 많은 영향을 주었다. 일본은 명확하게 필리핀의 생활 양식에 많은 공헌을 하였다. 일본은 특히 필리핀 경제와 문화에 많은 공헌을 하였다. 그들은 필리핀에 무기 제조, 도구, 사슴 가죽 제혁법, 양어 양식법 등을 가르쳐 필리핀의 산업 발전에 도움을 주었다. 일본은 필리핀 선조들에게 위대한 업적을 남겼다. 결론적으로 필리핀은 인디아, 중국, 아라비아, 일본 등으로부터 많은 영향을 받았다. 이 역사적 사실에 의하면 필리핀은 사실상 서구 문화보다는 아시아 문화를 더 오랫동안 접촉하였다. 필리핀은 아시아의 요새 지역으로서 만일 필리핀이 다른 나라와 문화 교류 등을 하지 않았다면 필리핀은 아시아에서 고립된 나라가 되었을 것이다.

인도네시아인들이 수리버자야 제국과 마쟈파히트 제국의 피를 이어받은 것과는 다르게 필리핀은 아시아 강대국 중국과 더 많은 접촉을 하였다. 중국 명나라는 필리핀과 우호적인 관계를 가졌으나 다른 중국 왕조는 필리핀을 정복하여 지배하려 하였으나 이에 실패하였다.

필리핀의 다른 이웃나라 중국, 일본, 베트남 등은 다른 이웃나라를 침략하거나 정복하였으나 필리핀은 다른 이웃나라를 침략하거나 정복하지 아니하였다. 오늘날 필리핀은 모든 아시아 국가 중 가장 온건하고 우호적인 국가로 평판이 높은 나라이다.

4. 고대 필리핀의 문화

　인류의 문화와 문명에 대하여 영국의 저명한 테일러 박사는 그의 저서에서 문화와 문명은 수많은 사회 구성원에서 얻어지는 관습과 특성, 도덕, 예술, 신앙, 지식 등 모든 것을 일컫는 생활 방정식으로 정의하고 있다. 이 기준에 의하면 스페인 이전의 필리핀 인들은 확실히 문화 민족이다. 오랫동안 필리핀에 거주하였던 미국의 법학자 말콤은 스페인이 필리핀에 들어오기 전부터 필리핀 인은 문화 민족임을 말하였다.

필리핀 고대 사회의 문화

　고대 필리핀인은 여러 다른 경로를 통하여 필리핀에 정착하며 필리핀의 고대 문화를 이끌어 왔다. 첫 번째 구석기 문화가 아시아 해안 지대로부터 피그미 족에 의해서 육교를 통하여 필리핀에 들어왔다. 다음으로 신석기 문화가 BC 4000~5000년 사이에 인도네시아인에 의하여 들어왔다. 마지막으로 청동기 문화와 철기 문화가 말레이인들에 의하여 BC 2000~ AD 1500년 사이에 들어왔다. 이 기간 중 다른 문화, 인디아의 힌두 문화, 중국의 유교 문화, 아라비아의 이슬람 문화가 스페인 이전 시대에 필리핀에 들어왔다.

고대 필리핀에 아시아의 혼합된 문화가 들어오게 된 것이다. 이것은 하나님께서 필리핀에 아시아 문화를 그 시대에 들어오게 하여 필리핀의 문화를 발전하게 역사하신 것이다.

주 택

고대 필리핀인은 정착된 집에서 거주하였다. 집은 작았으나 그들의 집들은 시원하고 아늑했으며, 열대 지방의 기후에 알맞게 집을 지었다. 스페인 역사가 모가 박사의 서술에 의하면 필리핀인들은 바닥위에 높은 기둥을 세우고 막대기를 박아 그 위에 집을 짓고 살았다. 그들은 대나무와 나무로 집을 짓고, 지붕은 야자수 잎으로 덮었으며, 각 집들은 떨어져서 있었다. 연결하여 집을 짓지 않았다. 낮은 지대에서는 막대기나 대나무로 집 주위를 둘러쌓았으며, 그곳에 가축을 길렀다. 집에 올라갈 수 있도록 두 개의 대나무로 사다리를 만들어 설치하였다. 다른 필리핀인들은 적을 방어하기 위하여 높은 나무 위에 집을 짓고 살았다. 1521년 마젤란 민다나오 수루 지역에 도착하였을 때, 그들은 바다 위에 수상집을 짓고 사는 것을 목격하였다.

의복과 장식

고대 필리핀인들은 의복을 입고 살았다. 남자들은 짧은 소매의 아마로 만든 상의를 입었다. 색깔은 푸른색 검정색의 옷을 입었으며, 바랑가이의 장들은 빨간색 상의를 입고, 기장을 착용하고, 주민들에게 봉사하였다. 여자의 옷은 작은 상의의 소매옷을 입었다.

남자 여자 모두 맨발로 다녔다. 그들은 푸통을 머리에 동여 맸다. 적어도 한 사람 이상의 적을 죽이면 붉은 푸통을 매어 주었다. 일곱명 이상의 적을 죽이면 왕관의 영예를 안겨 주었다. 모자는 야자수 잎사귀로 만들었다. 지금도 필리핀 농촌에서는 이 모자를 쓰고 다닌다.

필리핀인들은 개인 장식을 무척 좋아한다. 그들은 금으로 만든 보석, 혹은 진주 아게이트 목걸이, 색안경, 손팔찌, 목걸이, 발목 장식 등 다양한 장식으로 꾸미기를 좋아한다. 여성들은 화려한 색깔로 머리를 염색하였으며 샴푸나 로숀 등의 성능을 지닌 나무액으로 머리를 감았다.

문 신

태평양의 다른 민족처럼 필리핀인들은 그들의 몸에 문신을 새기는 것을 즐겼다. 스페인 연대기에 의하면 고대 비사얀 및 고대 필리핀인들은 각 부족의 문신 기술자들이 날카로운 칼과 다른 도구로 정글식물의 수액을 방사하여 사람의 신체에 문신을 그렸다. 필리핀인들의 문신에 대하여 로아가는 필리핀인들은 문신을 매우 아름다운 모양으로 그렸으며, 작은 철 도구 등에 잉크에 물을 들여 잉크를 피와 함께 섞이게 하면 문신을 지울 수가 없다고 했다.

음 식

쌀은 필리핀인의 주식이다. 대나무 통이나 흙으로 만든 항아리로 요리를 한다. 다른 음식으로는 고기나 작은 새우 등을 강이나 바다에서 잡아 요리하여 먹었다. 돼지, 닭, 새, 사슴, 소, 과일, 바나나, 오렌지, 레몬, 파인애플 등을 먹고 살았다. 그들은 술을 제조하여 마셨다. 그들은 술을 마신 후 좀처럼 비틀거리거나 정신을 잃지 않는다. 그들은 맑은 정신으로 말할 수 있으며, 밤에 유흥을 즐기고도 자기 집에 찾아갈 수 있다. 지금까지도 필리핀 선조의 유습은 지켜 내려오고 있다.

가족과 사회 계층

일찍부터 필리핀의 가족 제도는 부모, 자녀, 친척 등 연합이 잘 되어 있다. 다른 아시아 나라와 중국처럼 필리핀은 가족적으로 결속이 잘 되어 있다. 아버지는 가정의 주인이며 어머니는 가정의 주부로 자녀는 부모에게 복종하고 존경한다. 부모는 자녀를 의무적으로 양육시키고 교육시키고 보호한다.

사회 계층은 귀족층, 자유인, 노예 등 3계층으로 구성되어 있다. 먼저 귀족층은 정치에 참여하며 높은 사회 계층에 속한 자들이다. 이들은 많은 노예를 두고, 경제적으로 많은 부를 누리고 살며, 정치적 경제적 사회적 특권을 누리고 있는 자들이다. 자유인은 바랑가이 중간 계층의 구성원이며, 그들은 처음부터 자유인이거나 노예로부터 해방된 자들이다. 노예는 사회적으로 가장 낮은 신분이며, 노예가 된 원인으로는 출생시부터 노예가 된 것, 전쟁 포로로 노예가 된 것, 매매로 노예가 된 것, 빚을 갚지 못하여 노예가 된 것, 범죄함으로 그 형벌로 노예가 된 것 등이며, 이 제도는 인도의 카스트 제도와는 다르다. 고대 필리핀의 노예는 사회적으로 신분이 가장 낮았다.

노예의 종류

고대 필리핀 사회에는 두 종류의 노예가 있었다. 아리핑 나마마 하이와 아리핑 사구이 구리트이다. 아리핑 나마마 하이드는 집을 소유할 수 있으며, 재산을 가질 수 있으며, 주인의 허락 없이 결혼할 수 있었다. 그들 노예는 팔수가 없었다. 그러나 아리핑 사구이 구리트는 재산을 소유할 수 없으며, 그들은 주인의 집에서 살아야 한다. 그들은 주인의 허락 없이 결혼할 수 없다. 그들은 어느 때나 사고 팔 수 있다.

오 락

스페인 이전 시대 필리핀인들은 오락을 잘 즐겼다. 그들은 전쟁에 승리하거나 종교적인 예식, 결혼, 추수를 한 후 잔치를 베풀며 오락을 즐겼다. 그들은 대화를 하고 좀 더 잘 사는 것에 대하여 이야기를 한다. 파티가 끝난 후 그들은 어느 누구의 도움 없이 집에 찾아 갈 수 있다. 그들은 바랑가이에서 오락을 즐기는 것뿐만 아니라 다른 곳에서도 오락을 즐긴다. 그들은 여러 가지 놀이 돌 던지기, 경주, 칼 싸움, 레슬링, 불소 경주 등 다양한 놀이로 즐겼다.

음 악

스페인 이전 시대부터 필리핀인들은 춤과 노래를 즐겼다. 그들은 천성적으로 음악을 좋아하였다. 음악 기구로는 기타, 피리 등이 있었다.
고대 필리핀인의 전승된 노래로는 사냥송, 종교송, 쌀 수확 시기에 부르는 추수송, 노젓는 송, 전쟁송 등 다양한 노래가 있었다. 고대 필리핀인들은 모든 축제에 민속춤을 즐겨 추었다. 필리핀의 민속춤은 매력적이다. 사랑의 춤, 사교춤, 이노카노 족의 예술춤, 모로 족의 결혼 예식춤 등 다양한 춤을 즐겼다.

결혼 관습

필리핀인은 모로 족을 제외하고는 일반적으로 일부 일처주의를 지켰다. 이 경우 남자들은 많은 여자를 거느리는 것은 허용되었다. 그러나 첫 번째 부인은 법률적인 배우자이다. 중국과 같이 결혼은 일반적으로 부모의 주선으로 성사시킨다. 결혼의 두 가지 필요한 사항은 신랑은 신부 집에 가서 사랑의 노역을 감당하여야 한다. 결혼 지참금으로 신부 집에 값진 금이나 물질을 준비하여 준다. 사랑의 노력과 결혼 지참금은 두 가정의 합의 하에 결정한다.

필리핀의 고대 결혼 관습은 그들 신분 내에서 결혼하였다. 귀족 계급은 귀족 계급과, 자유인은 자유인과, 노예는 노예와 결혼하였다. 그러나 엄격하지 않아 가난한 사람이 부자와 자유인이 귀족 계급과 결혼할 수도 있었다. 자유인이 노예와 결혼할 수도 있었다.

이혼 제도에서 필리핀은 고대 사회에서는 이혼을 인정하였다. 이혼 사유로는 여자가 간통했을 때, 남편의 신체의 일부가 불구가 되었을 때, 애정이 없을 때, 잔인한 행위를 하였을 때, 정신 이상, 자녀가 없을 때 등이다.

바랑가이의 정치

스페인 이전의 필리핀 정치 제도는 고대 그리스 민주 정치 제도와 비슷하였다. 정치는 바랑가이의 연합 조직체로서 일찍이 말레이 이주자들이 필리핀 해안가에 온 이후 모조 범선의 명칭이 바랑가이란 말로 바뀌었다. 바랑가이는 30~100명 정도의 가족 구성원으로 되어 있었다. 바랑가이는 고대 그리스 도시 국가의 정치 기구와 같은 독립 기구이다.

왕의 부름을 받은 족장이 지배를 하였다. 족장의 특권으로는 그의 지위를 상속할 수 있었고, 바랑가이 법률에 의거하여 입법, 사법, 행정을 총지휘하였다. 또 족장은 장로와 협력하여 중요한 사건은 서로 의논하였으며, 법률을 공포하고 전쟁을 선포할 수 있었다. 다른 바랑가이와 조약을 체결할 수 있었다. 만일 족장이 죽고 후손이 없다면 모든 자유인을 함께 새로운 족장을 선출하였다.

바랑가이의 연합체

스페인 이전 시대에 필리핀에는 여러 곳에 바랑가이 연합체가 있었다. 마젤란이 필리핀에 입성하기 전부터 이미 필리핀에는 나라의 건설을 위하여 그들은 큰 정치 집단체를 꿈꾸고 있었다. 역사적으로 큰 연합체로는 시부 연합체, 마닐라 연합체, 나구나, 팜팡가 연합체 등이 있었다. 모든 연합체는 복리를 증진시키고, 그들은 하급 족장으로부터 상급 족장에 이르기까지 전체 족장에게 지휘권이 있었다.

바랑가이의 교제

일반적으로 고대 필리핀 바랑가이 조직 구성원들은 서로가 평화적이고 우호적인 관계를 유지하였다. 그들은 대화를 통하여 서로 함께 일을 하였다. 사람들은 바랑가이에서 다른 바랑가이 사람들과 결혼 할 수 있었다. 바랑가이인들은 서로 다른 친구간에 결연을 맺고 맹약을 하였다. 전통적인 예식인 피의 맹약으로 인을 친다. 가끔 바랑가이와 바랑가이 사이에 전쟁이 벌어졌다.

바랑가이에 전쟁의 원인은 Captain miguel de Loarca의 법률에 따르면 인도의 후손이 다른 촌과 싸울 때는 이유없이 죽였다. 두 번째는 부인을 강탈당했을 때, 세 번째는 화해를 하러 갔으나 그들에게 잘못하거나 그르칠 때 전쟁을 하였다.

법 률

일찍이 필리핀 법률은 구두법과 문서법으로 된 법이 있었다. 구두법은 그들의 관습이 세대에서 세대로 전하여 내려왔다. 필리핀 전설에 의하면 여자가 최초의 입법자였다고 전하여진다. 성문법은 족장에 의하여 공포되고 바랑가이 조직들에 의하여 법을 공포한다. 불운하게도 필리핀은 스페인 식민지가 되고부터 성문법이 없어졌기 때문에 우리는 필리핀의 성문법의 명확한 것을 알 수가 없다. 그러나 다행스럽게 두 개의 법은 알 수 있다. 1250년 제정된 마라타스 법과 1433년 제정된 키란타스 법이다.

고대 필리핀의 법은 현대 법률과 같은 것을 많이 찾아볼 수 있다. 가족 교제, 부의 권리 상속, 계약, 협동, 대부, 고리 대금 등 스페인 이전 필리편은 공적 사적 소유권을 가질 수 있었다. 범죄는 중대한 범죄가 경미한 범죄로 구별한다. 중대한 범죄는 살인, 방화, 강탈, 신성 모독, 밤에 족장 집에 찾아가는 것 등 벌칙으로는 형법을 가하였다.

경미한 범죄로는 절도, 간통, 위증, 사기, 잠잘 때 노래부르는 것 등이며, 위반 죄에 대해서는 태형으로 벌을 가하고, 개미 노출, 1시간 반동안 계속 수영하기 등의 벌을 가하였다. 그때 필리핀의 법률에 대하여 필리핀 법률학자 이라내태는 필리핀 고대 법률은 고대 로마법과 그리스법과 비교할만한 훌륭한 법이라고 말하였다.

종 교

스페인 이전 시대부터 필리핀인들은 민다나오와 수루 지역 주민을 제외하고 그들은 일찍부터 우상을 섬겼다. 최고의 신 Betis 신이 하늘을 창조하였으며 지구와 사람을 창조하였다고 믿었다. 그의 아내는 다른 여신이었다. Idianles는 다갈록 농업의 여신이며 Lakam, pati는 추수의 신이며 Kidul은 천둥의 신이고 Dallang는 미의 여신, Sidapa, Visayan는 죽음의 신, Apolaki, Pangasian은 능력의 신, 그 외에도 Poko는 바다의 신, 등등 많은 신들이 있다.

일찍이 필리핀인들은 영들을 믿었다. 영에는 나쁜 영과 선한 영이 있다. 그들의 조상들은 선한 영들이라고 믿었으며, 그들의 적들은 나쁜 영으로 믿었다. 조상신 Anitos에게 희생의 제사를 드렸다. 예식은 제사장들에 의하여 수행되었다. 필리핀인들은 고대 앗시리아 이집트인과 같이 자연을 숭배하였다. 그들은 태양, 달, 별, 무지개, 산, 바다 등을 숭배하였다. 그들은 중국인들처럼 그들의 조상을 섬겼다. 그들은 조상신을 믿었으며 조상신이 다른 세계의 중재자들이라고 생각하였다.

미래의 세계를 믿음

일찍이 필리핀인들은 미래의 세계를 믿었다. 그들은 육체는 죽어 없어지지만 영혼은 존재한다고 믿었다. 악한 영은 지옥에서 뜨거운 풀무 속에서 고통을 당하고 선한 영은 죽어서 하늘나라에 간다고 믿었다.

소의에 관한 관습

필리핀 고대인들은 미래의 세계가 있다는 것을 믿었기 때문에 일찍부터 그들은 사람이 죽으면 무덤을 잘 관리하였다. 시체를 고대 이집트인들처럼 향료로 썩지 않게 처리하여 보존하였다. 매장지는 집에서 가까우며 바다에서 전망 좋은 굴 속에 시체와 함께 노예, 무기, 음식, 의복 등을 함께 매장하였다. 장례 행렬에는 많은 사람이 슬퍼울며 영구 행렬을 따라 간다. 일반적으로 중국과 같이 직업적인 영창갈글 고용하며 죽은 사람의 덕을 영창하였고, 가족과 친지는 흰 옷을 입고 따르며 음식과 술 마시는 것을 금한다. 다리나 팔, 목에 그들의 상복을 두른다. 죽은 사람을 애도하는 것은 다갈록으로 'Maglahe' 라고 한다.

미 신

필리핀은 이 지구상의 모든 나라 민족과 같다. 그들은 미신을 믿고있다. 그들은 마녀를 믿었으며, 마녀는 다른 짐승, 개, 새 등 다른 동물과 인간의 육체를 먹는다고 믿었다. 마녀의 장난으로 따끔따끔 찌르므로 아프고, 그 원인으로 인하여 사람이 죽는다고 믿었다.

필리핀인은 고대 로마나 그리스인처럼 예언과 점복술을 믿었다. 그들은 닭이나 개, 돼지의 내장을 조사함으로 새가 노래하고 날아가는 것을 해석함으로 미래의 일을 예언하였다. 그들은 손금을 보고 미래를 예언하였다. 필리핀인들은 수백 가지의 미신을 믿었다. 그들은 쥐가 찍찍거리거나 개가 짓고 도마뱀이 울면 불운이 다가올 징조로 믿었다. 한밤중에 오래된 나무가 무너지면 사람이 죽는다는 불운의 징조이다. 여행을 출발할 때 재채기를 하면 불운의 징조로 사람이 죽거나 사고를 당한다고 믿었다. 숙녀가 요리하는 동안 불을 피우기 전 노래하면 그녀는 결혼하여 과부가 된다. 한밤중에 닭이 울면 미혼 여자는 사생아를 낳는다. 임신한 여자가 머리를 감으면 출생한 어린이는 머리가 안 난다. 고양이가 발톱으로 얼굴을 비비면 집에 손님이 찾아온다.

언 어

고대 필리핀에는 국가 언어가 없었다. 현재까지 필리핀에는 142개의 방언과 55개의 언어가 있다. 주요한 언어로는 다갈록, 비사얀, 일로코, 비콜, 시부아노 등 많은 언어가 있다. 필리핀어는 태평양 인종의 모국어인 오스톨로내시아어가 근본 언어의 본산이다.

필리핀 국어는 다갈록이며, 이 언어는 매우 잘 발달된 언어이다. Chirino는 필리핀어의 특성에 대하여 다갈록은 세계에서 가장 위대한 언어라고 말하였다. 신비하고 난해한 히브리어, 예술적이고 정밀한 그리스어, 충만하고 우아한 로마어, 세련되고 매끄러운 스페인어의 특성을 다갈록은 다 갖추고 있다고 말하였다.

서 예

고대 필리핀인들은 서예 시스템을 갖추고 있었다. Chirino에 의하면 대부분의 사람들이 읽고 쓰는 방법을 알았다. 그들은 알파벳을 bay-bayin이라고 불렀으며, 인도의 알파벳 Asokan이 그 어원이다. 17개의 문자로 구성되었으며, 14개의 자음과 세 개의 모음으로 구성되었다. 그들은 날카로운 철필펜을 사용하였다.

그들은 대나무통에 문자를 새기고 나무판 잎사귀에 종이 대신 글을 썼다. 그들은 중국, 일본, 한국처럼 오른쪽에서 왼쪽으로 수직적으로 글씨를 쓰지 않았다. 왼쪽에서 오른쪽으로 수평적으로 글씨를 썼다. 고대 필리핀인들의 서예는 거의 대부분이 소실되었다. 오직 민다나오의 Mangyan과 팔라완 Tagbsanuas에 고대 알파벳의 기록이 남아있다. 필리핀의 고대 서예는 지금 공공 박물관과 고서 수집상에 의하여 마닐라, 베를린, 런던, 시카고 등 여러 곳에 수장되어 있다.

문 학

일찍이 필리핀에는 구두 문학이 발달되었으며, 글자의 문학이 없었다. 다행히도 구두 문학은 세대와 세대를 걸쳐 귀중히 보존되어 왔다. 노래, 수수께끼, 속담, 신화, 전설, 서정시, 서사시 등……. 그러나 불운하게도 문예 문학은 세월이 지나가는 동안에 거의 다 훼손되었다. 구두 문학으로서 서정시는 필리핀 고대인들의 음악 도구를 사용하며 즐겼다. 그들은 사랑, 전쟁, 승리, 노젓는 것 등의 민족 노래를 불렀다. 신화와 전설은 스페인 이전부터 매우 발전되었다.

그들은 세계의 기원을 신화적인 것으로 믿었으며, 우화로는 동물의 이야기, 왜 원숭이는 꼬리가 있는가, 왜 까마귀는 검은가, 왜 바다에 소금이 있는가 등이 있다. 신화적인 것들이 고대 히브리인들의 것과 흡사한 것이 매우 많았다.

교 육

고대 필리핀에서도 기본적으로 자녀들을 가르쳤다. 교육은 직접 교육과 학원 교육이 있었다. 아버지는 아들에게 전쟁, 사냥, 고기 잡는 것, 채광, 제재업, 선박 제도 등을 교육시켰으며 어머니는 딸에게 요리를 가르치고 정원가꾸기, 바느질, 성 위생 등을 가르쳤다. 고대 필리핀인은 바트란이라고 하는 바랑가이 학교에서 연장자들이 학생들을 가르쳤다. 바랑가이 학교에서 어린이를 가르치는 것은 읽고 쓰기, 산수, 무기 사용 등을 가르쳤다.

예 술

필리핀인들은 스페인 이전 시대부터 자연적인 예술의 생활을 하였다. 열대 기후에 알맞은 대나무 야자수 잎 등으로 집을 짓고 살았다. 이집트의 거대한 피라밋과 로마 제국의 장엄한 신전에 비하면 영구적이지 못하지만, 그들은 열대 생활에 알맞게 집을 건축하였다.

필리핀은 옛날부터 문신 예술이 발달되었다. 문신 기술자는 칼이나 단도로 나무를 문지르고 검게 그을려서 재갈을 넣어 조각한다. 사람의 신체나 팔에 그들은 태양, 달, 별, 꽃 등의 다양한 것을 고안하여판다.

스페인 이전 시대부터 필리핀은 점토 예술이 발달되었다. 이 나라에서는 진흙으로 항아리를 아름답게 장식하여 유골을 보존한다. 최근 팔라완 마뉴인 동굴에서 항아리를 발견하였다. BC 890년 경의 것으로 판명되었다.

과 학

고대 전부터 필리핀인들은 의학, 천문학, 기술 과학 등을 알고 있었다. 그들은 종교를 믿음에도 불구하고 많은 의학 지식이 있었다. 그들은 식물로 좋은 약을 만드는 방법을 알았다. 그들은 모든 독을 식물로써 치유하였다.

그들은 신비한 우주 변화와 천문학에 강한 호기심을 가졌었다. 그들은 태양을 숭배했고 달, 별, 무지개 등을 숭배하였다.

그들은 현대 과학의 놀랄만한 지식을 가지고 있었다. 그들은 이미 운하를 건설해 관개 시설을 하였다. 세계에서 유명한 계단식 논이 루존 북쪽 지역에 있으며, 이것은 Riee terraces로서 구름과 산 사이에 거대한 계단을 만들어 농사를 지었다. 세계의 학자들과 과학자들은 필리핀 고대인이 만들어 낸 이것을 보고 감탄하고 있다.

그들은 산수도 알고 있었다. 스페인 이전 시대 그들은 1억까지의 숫자를 셀 수 있었다. 더하기, 나누기, 곱하기, 빼기 등 그들은 숫자를 정확히 계산하였다.

중 량

일찍이 필리핀인들은 중량을 척도로 사용하였다. 중량은 Talaro를,

측정하는 길이로는 Dipu를 사용하였다.

달력

옛날부터 필리핀인들은 달력을 사용하였다. 옛날 Bisayan 달력은 일주일 7일, 12달, 1년 355일, 각 달은 30일, 오직 1달은 26일이었다. 또 선조들은 Ifgaos 달력은 1년에 364일이다. 이 경우 1년에 하루를 더하여 1년을 365일로 계산했다.

무역

외국의 무역은 고대 필리핀에서도 하였다. 바랑가이와 바랑가이 사이의 무역을 하고, 섬과 섬 사이의 무역을 하였다. 일찍이 무역은 외국과 물물 교환 무역을 하였다. 필리핀은 쌀, 무명, 고기, 어류 등으로 다른 지역 사람들과 무역을 하였다. 그들은 중국, 일본, 타일랜드, 말레이, 인디아, 보루네오 등 다른 아시아 국가와 무역을 하였다. 보통 무역하는 방법은 자국의 생산물을 다른 나라 생산물과 직접 물물 교환하는 방식이었다.

활폐 제도

필리핀은 스페인 이전 시대부터 물물 교환 무역을, 특별히 중국과 많이 하였다. 이 경우 그들은 교환 매개물로서 금, 은을 사용하였다. 많은 고대 금화가 1887년 마닐라 근처 만달루용 밭에서 밭을 갈고 있는 한 농부에 의하여 발견되었다. 조사하여 본 결과 항아리에서 중국에서 사용된 금화가 나왔다.

그 후 1914년 필리핀 다른 지역에서 농부가 밭을 갈다가 큰 항아리에서 금화를 발견하였다. 고대 필리핀의 금화는 수집상들에 의하여 보존되고 있다. 현대 필리핀인과 외국 화폐학자들은 고대 필리핀의 금화를 작은 원추형 지폐라고 불렀다. 왜냐하면 화폐가 작고 날카롭기 때문이다. 그것은 특별히 바나나 껍질을 접어서 금을 녹인 결과 특별히 날카롭게 된 것이다. 금화의 직경이 9mm, 높이 6mm이며, 돈 주위에 필리핀 알파벳이 새겨져 있다.

농업과 산업

필리핀의 농업은 주요한 산업이다. 두 가지 방법으로 작물을 재배하였다. 첫째 방법은 Kaingin 방법으로 관목이나 숲에 불을 질러 땅을 파고 구멍을 판다. 그리고 씨앗을 뿌린다. 두 번째 방법은 물소로 써레질하고 쟁기를 사용, 경장하는 방법이다.

일찍이 필리핀의 땅은 개인 소유와 공공 소유를 인정하였다. 경사진 산 중턱의 어려운 땅은 대부분 공공 소유, 바랑가이의 땅이라 할 수 있다. 개인의 땅은 가족마다 다르게 주인이 있다. 개인의 땅은 상속이 되거나 구입하여야 개인땅을 얻을 수 있다. 일찍이 필리핀에는 다른 산업, 어업, 무기 연장을 만드는 제조업, 광업, 직조업, 금속 산업 등이 발전하였다. 스페인 이전 시대부터 필리핀은 농업 산업 등 필리핀 선조들은 높은 경제학 기술을 발전시켰다.

5. 서구 정복자의 재발견

스페인의 필리핀 정복 역사적 배경

서유럽 스페인이 바다 건너 세계를 탐험, 필리핀을 재발견하였다. 마젤란이 1521년 필리핀을 재발견하였으며, 역사적으로 유럽은 해외 팽창주의로 식민지화를 꿈꾸었다. 르네상스 이후 십자군이 중세의 성지 순례, 여행자들이 콘스탄티누스 정복에 실패하였으며, 해양의 탐험과 세계 지도 작성법이 발달하였다. 이후 대담한 해양 제국이 일어났으며, 유럽의 기독교 지역들이 바다 건너 부를 추구하기 위하여 정치적 영달을 추구하며 해외 팽창주의로 발전하기 시작하였다.

고대

오랜 옛날부터 이미 항해술이 역사적으로 발달하기 시작하였다. BC 1600년 이집트 해양인들은 홍해 건너 Medernsomeli 섬을 발견하였다. 동시에 페니키아 해양국들은 지중해와 홍해를 왕래하였으며, 아프리카,

스페인, 이태리, 영국, 아라비아, 인도 등을 방문하였다. BC 15세기 이후 그리스 선원들은 지중해 건너 흑해 동쪽과 대서양 서쪽을 왕래하였으며, 소아시아, 이태리 남쪽 지역의 식민지 지역을 찾았다. BC 330년 경 Pythea masilia가 영국을 발견하였다.

중세기 유럽인들의 항해 기록이 발견된 것은 없다. 그러나 지리학적으로 점점 항해술을 발전시켜 나갔다. 고대의 항해가들은 점점 과학적 지식을 알게 되었으며, 일찍이 바벨론 피니키아인들은 지구가 평평하다고 믿었다. 그리스 학자 아리스토텔레스가 과학적 지리학을 처음으로 발견하였으며 지동설을 주장하게 되었다.

그 후 그리스 학자 Erathosthenes(BC 275~194)는 알렉산드리아 학파로서 지구가 태양의 주위를 일정하게 돈다는 이론을 주장하였다. 고대 지리학이 발전된 시대는 그리스 지리학, 알렉산드리아 학파(AD 90~168) 때였다. 그는 위대한 지리학자였다. 그는 지중해 지역 홍해와 흑해, 북유럽, 영국, 중국, 말레이 반도를 정확히 알게 되었다.

르네상스 시대에는 지리학, 과학 등 예술꽃이 피기 시작하였다. 고전 문학이 활기를 띠기 시작하였으며, 특히 1267년 베이컨은 영국의 수도사로서 경험론을 주장하였다.

십자군 전쟁(1096~1291)

역사적으로 십자군 운동은 의미있는 전쟁이었으며, 크리스천인 유럽 세력과 아시아의 모슬렘 세력이 성지 회복을 위해 싸우게 되었다. 크리스천들은 그 자신들을 십자군이라 외쳤다.

모슬렘 세력들은 알라의 전사로서 전투를 벌였다. 1차 전쟁은 1096~1099년, 마지막 전쟁은 1270~1291년에 끝났다. 십자군의 역사는 유럽 크리스천의 실패로 끝났다. 거의 2세기 동안 맹렬한 싸움을 벌였으며 거대한 인명 피해와 재산의 손실을 가져왔다. 성지는 지금 모슬렘에 남아있다. 명백히 아시아는 피의 살육장이 되었으며, 전사들은 활과 창으로 싸움의 행진을 계속하였다.

크리스천은 모슬렘 세력으로부터 성지 회복에 실패하였다. 그러나 그들은 인류 역사에 좋은 영향도 주었다. 그것은 첫째, 그들은 2세기 동안 콘스탄티노블 회복을 실제 지연시키므로 그들의 공격으로부터 유럽을 구원할 수 있었다. 둘째, 십자군이 쇠약해지면서 봉건 호족들의 세력이 약하여져 스페인, 영국, 프랑스, 다른 나라가 세워지게 되었다. 셋째, 십자군 영향으로 유럽이 아시아에 알려지게 되었다. 아시아 문화가 쉽게 그들 유럽 문화를 일깨우게 되었다. 마지막으로 십자군전쟁으로 동양의 향료, 장식 예술, 직조 기술, 외국의 음식 등은 서양에 들어오게 되었으며, 동양과 서양의 무역이 증진되기 시작하였다.

포르투갈의 탐험

포르투갈은 처음으로 유럽에서 지리상 탐험을 시작하였으며, 일찍이 1336년 탐험을 시작, 리스본에서 Malocello Lanzarotto에 의하여 카나리아 제도를 발견하게 되었다. 1418년 두 젊은 기사에 의하여 포트센토 섬은 발견되었다. 그 후 1419년 Zarco Vaz Teixeira에 의하여 Madeira 섬은 발견되었다. 1488년 Dias에 의하여 희망봉이 발견되었다. Dias는 남동아프리카 해륙을 횡단한 후 보고하기 위하여 본국에 되돌아왔다. Dias의 희망봉 발견은 포르투갈의 바다 탐험의 획기적인 장을 이루게 된 것이다.

인도의 문이 열렸다. 1497년 7월 3일 Vasco da Gama에 의하여 발견되었다. 그는 해군 1,600명을 4척의 배에 태운 후 리스본을 떠났다. 그는 케이프타운 일주 후 1498년 5월 20일 인도의 Calicut에 도착하였다. 마지막으로 포르투갈은 동아시아 항로를 발견하였다. 1499년 9월 10일 리스본에 돌아온 Vasco da Gama는 국민들과 포르투갈 왕으로부터 열렬한 환영을 받았다. 그에게 Doom이라는 높은 칭호가 주어졌다. 그는 매년 10,000 Cruzado의 연금을 받게 되었다. 포르투갈 왕과 Vasco da Gama에게 해상의 정복왕이라는 칭호가 주어졌다.

스페인은 1492년 콜롬버스에 의하여 아메리카 대륙을 발견하였다. 콜롬버스는 1492년 120명의 선원과 3척의 배로 스페인 Pares 항을 떠났다. 대서양을 건너 1492년 바하마 섬에 도착하였으며, 이것이 그 유명한 아메리카의 발견으로 역사에 기록되어지고 있다. 콜롬버스는 원주민들을 인도인들이라 잘못 생각하여 그들은 인디언이라고 불렀다. 그는 4차례에 걸쳐 1492~1493, 1493~2496, 1498~1500, 1502~1504년까지 탐험하였다. 불운하게도 그는 1506년 신대륙을 발견했다는 것을 깨닫지 못하고 죽었다.

그 후 1513년 10월 25일 Bulbou에 의하여 태평양을 발견하였다. Bulbou의 태평양 발견은 지리상의 위대한 발견이었다.

마젤란의 필리핀 재발견

마젤란은 지리상의 위대한 업적을 성취한 해양의 영웅이다. 그는 Mino에서 태어났다. 그는 Dom Ruy 마젤란 3세의 막내아들이었다. 그의 가족은 포르투갈 귀족 계급에 속했다. 그는 리스본의 왕의 궁전에서 교육을 받았으며 기사 학교에서 음악, 천문학, 해양, 군사 과학을 공부하였다. 1505년 3월 25일 인디아의 초대 포르투갈 총독을 알게 되어 인디아 탐험을 위하여 포르투갈과 조인하게 되었다.

마젤란은 1511년 여름 인디아의 포르투갈 총독의 지휘를 받았다. 포르투갈은 Malacca 전투에 승리하였다. 마젤란은 그 전쟁에서 말레이인 노예를 얻었으며, 1513년 이후 8년 동안 포르투갈 해군에 충성 봉사하였다. 마젤란은 그 후 리스본에 되돌아왔다. 그는 집도 없고 재산도 없었다. 오직 항해의 경험자로서, 선장으로서 전투에 참여하여 부상당한 육체, 그리고 전쟁에 참여하여 얻은 말레이 종뿐이었다. 그는 1513년 10월 Morocco 전투에 참여하여 왼쪽 무릎에 창을 맞아 관통상을 입었다. 그 이후 그는 일생 동안 다리를 절름거렸다. 그러나 그는 육체적 악조건을 극복하고 계속 전투에 참여하였다. 그는 왕에게 충성 봉사를 다하였다.

그는 경제적으로 어려움을 겪자 왕에게 연금 인상을 요구하였다. 그러나 그는 왕에게 거절당하였다. 마젤란은 왕의 배은망덕한 처사에 매우 큰 충격을 받았다. 생명을 걸고 왕을 위하여 충성 봉사하였으나 결국 왕에게 배신을 당한 것이다. 마젤란은 이후 옛 친구인 천문학자 Faleo를 만났다. 그러나 두 사람은 성격이 서로 반대였다. 그들 두 사람은 새로운 항해로 Moluccas 항로를 개척하기로 하였다. 마젤란은 왕의 배은망덕한 행위에 마음이 변하여 포르투갈인으로 스페인에 가게 되었다. 그는 스페인에서 다른 친구들을 만났다. Diego, Barbosa로 이들은 포르투갈 국적을 포기하고 이곳에 왔으며, 마젤란은 그의 집에서 거주하였으며, 동시에 그의 아들 Duarte와 친구가 되고, 그의 딸 Beatri와 결혼하였다. 그는 장인과 다른 친구의 도움으로 스페인 왕 찰스 1세에게 충성하기로 맹세하였다. 마젤란은 새로운 항해 노선을 계획, 연구하였다. 그의 친구 Tuleiro와 함께 포르투갈을 떠났다. 열대성 기후의 악조건을 무릅쓰고 전투에 참여한 결과 남은 건 상처뿐이었다.

마젤란은 스페인 왕실의 영화를 위하여 스페인 왕실에 Moluccas의 새로운 항로 계획을 설명하였다. 그는 동양 탐험자들의 경험을 인용하면서 그의 새로운 탐험 노선을 설명하였다. 스페인 왕실에서는 마젤란의 계획에 대하여 의견이 서로 나누어져 있었다. 그러나 다행히도 스페인 왕실은 마젤란의 새로운 탐험 노선을 신임하였다. 스페인 정부는 마젤란에게 탐험을 준비하도록 완료하였다. 대다수 선원들은 스페인인이었으며, 23명은 포르투갈인, 30명의 이태리인, 19명의 프랑스인, 1명의 독일인, 나머지 영국인과 말레이 종 Enrido로서 그는 말레이어 통역자이었다. 선원들은 항해 출발하기 전 산타마리아에서 장엄한 미사를 드렸다. 그들은 스페인 왕에게 충성을 맹세하고, 배의 선장들과 선원들은 마젤란의 명령에 복종할 것을 엄숙히 선서하였다. 1519년 8월 10일 산타메사 교회에서 미사를 마친 후 마젤란은 선원들과 함께 머나먼 항해의 길에 오르게 되었다. 배는 남서쪽을 향하여 출발, 10월 26일 카나리아에 도착하였다.

배에서 메시지가 전하여졌는데, 그의 장인은 마젤란에게 선원들의 음모에 주의하라고 경고하였다. 그들은 대서양을 횡단 남아메리카 해안 브라질에 11월 29일 도착하였다. 그 후 항해를 계속, 1519년 11월 13일 리오데자네이로에 도착하였다. 마젤란은 그곳 산타루시아에서 13일간 머무르면서 배를 수리한 후 원주민들과 접촉하였다. 그 후 11월 26일 계속 남쪽으로 항해 Platu에서 정박하였다. 그 후 남하를 계속하였으나 심한 비바람과 폭풍으로 배가 파선, 3월 31일 배를 수리한 후 Julian항구에 대피하여 여기에서 겨울을 보냈다. Sun Julian에서 마젤란은 그의 장인으로부터 선원들의 폭동에 주의하라는 경고를 받은바 있었다.

선장 Cartagena는 마젤란의 항해 명령에 마침내 불복종하게 되었다. 그러나 마젤란은 비상수단을 써서 그의 폭동자들을 엄중 처벌하였다. 폭동 모의자 Quesuda를 추방하였다. 마젤란은 Sunjulian에서 5개월 동안 머물렀다. 마젤란은 8월 24일 4척의 배를 출동 Sun Julian 떠났다.

1520년 9월 21일 한 해협을 발견하였다.

마젤란은 이후 태평양을 횡단, 세계 일주의 신기원을 이루기 시작하였다. 3개월 20일 동안의 태평양 횡단을 하면서 선원들이 경험한 것은 하나의 전설적인 인간 고통의 이야기이다. 선원들은 악취가 나는 물을 마셨으며 그들은 배고픔에 지쳐 인간이 먹을 수 있는 모든 것, 쥐, 곤충, 톱밥, 가죽, 고무장화를 먹었다. 배가 고프고 목이 마르고 그들은 대부분 괴혈병에 걸렸다. 19명이 죽고 30명이 병에 걸렸다. 망망대해 어디를 가도 물은 보이지 않았다. 그들의 눈은 흐릿하였다. 가도가도 육지는 보이지 않았다. 그들은 오직 마지막 죽음을 기다리고 있었다. 절망하고 낙심하였다. 그들은 고향에 가기를 고대하였다. 그러나 마젤란은 선원들에게 이 어려운 역경을 극복하라고 명령하였다. 태평양 항해 중 두 바위섬을 발견하였다. Paul 섬과 Tiburones 섬으로 이 섬들은 사람이 거주할 수 없었다. 그들은 실망하였다. 항해자들은 그 섬을 '불운의 섬'이라고 불렀다.

1521년 3월 6일 마젤란은 괌 섬에 도착하였다. 원주민들은 Chamorros로 불렀으며, 친절하게 신선한 물을 제공하여 주었다. 불운하게도 못된 원주민에 의해 배에서 국기를 도난당했다. 마젤란은 분노하여 선원 40명과 함께 40~50여 채의 가옥에 불을 질렀다. 그리고 7명의 원주민을 살해하였다. 4월 9일 괌을 떠나 서쪽으로 행진을 계속하였다.

필리핀에 도착

1521년 3월 16일 동트는 새아침 Samar 지평선 너머에서 자욱한 안개가 올라오는 것을 보았다. 마젤란은 Samar에서 내린 후 배를 정박시키고 선원과 함께 Suluan 섬에 도착하였다.

필리핀의 역사

그는 처음 상륙 후 Leyte Gulf, Homonhon 섬에 상륙하였다. 원주민들은 그들에게 물을 공급하여 주었다. 그들은 빛나는 금장식을 하였으며, 그들은 오랜 항해 기간 동안 처음으로 금을 보았다. 마젤란은 해변가에 텐트를 쳤다. 매일 아침 원주민들은 그들을 방문하였으며 오렌지, 코코넛 등의 과일과 신선한 물을 주었다. 마젤란은 친절하게 원주민들과 교제를 나누었다.

필리핀에서의 첫 미사

1521년 3월 25일 마젤란은 Homonhon을 떠났다. 강한 비바람을 동반한 태풍을 피하기 위해서였다. 3월 28일 함대가 Butuan에 도착, 왕을 만났다. 왕은 마젤란을 환영하였다. 그들은 1521년 3월 28일, 피의 맹약을 하였다.

1521년 3월 31일 Masao 해변에서 바젤란에 의하여 필리핀 최초의 카톨릭 미사를 드렸다. Valderrama 신부의 인도 하에 마젤란과 Kolambu왕, Siagu왕, 스페인 선원과 필리핀 인들은 미사를 드렸다. 미사가 끝난 후 필리핀인들은 펜싱 묘기를 스페인 인들에게 보여 주었다.

해가 진 후 마젤란은 거대한 나무 십자가를 땅에 세웠다. 마젤란은 스페인의 이름을 이 땅에 심어 준 것이다. 필리핀인은 마젤란이 무엇을 하는 것인가 알 수 없었다. 사실상 마젤란이 십자가를 세운 것은 이 나라에 스페인 국기를 세운 것과 같은 의미가 있다. 마젤란은 필리핀이 스페인의 왕국이 되는 것을 원하였다.

마젤란 Cebu로 가다.

　스페인인은 시부로 향했다. Kolambu왕이 인도하였다. 그들은 시부에 4월 7일 일요일 도착하였다. 처음 시부 왕 Ruha Hamabu는 마젤란의 시부 상륙을 거절하였다. 그러나 그는 Kolambu왕의 설득으로 스페인과 우호적인 관계를 갖게 되었다.

　스페인인들은 상륙이 허락되었으며, 시부인들은 그들을 환영하였다. 스페인 인들은 세부의 훌륭한 문화에 깊은 감명을 받았다. 시부는 훌륭한 도시였다. 중국, 타일랜드, 모두카스 등 다른 나라와 무역을 하였다. 스페인인들은 여기에서 대접을 잘 받았다. Cebu 왕은 마젤란과 피의 맹약을 하였다. 1512년 4월 14일 해변가에서 미사를 드렸다. 마젤란은 이곳에 십자가를 세웠다. 아직도 시부에 이 유적이 남아 있다. 미사가 끝난 후 시부 인들은 크리스천으로 개종하였다. 세례는 왕의 아들과 부인을 포함 800여 명의 시부 인들에게 세례를 주었으며, 그들은 필리핀 최초의 카톨릭 세례를 받았으며, 그녀는 신자가 되었다. 여왕도 세예수의 아름다운 자녀라는 Sunto Nino라는 세례명을 받았다. 그 이후 세부 왕의 형제가 병 고침 받은 놀라운 기적의 역사가 일어났다. 수천 명의 세부인들이 우상을 던져 버리고 세례를 받고 카톨릭 신자가 되었다.

Lapulapu에 마젤란 패배

　마젤란은 모든 필리핀 왕들이 스페인에게 항복하기를 원했다. 그러나 필리핀의 용감한 지도자들은 스페인을 경멸하였다. 그 왕은 Lapulapu 왕으로 시부 근처 가까운 지역의 왕으로서 필리핀이 마젤란에 도전하여 그들을 물리치기를 원하였다. 이 소식을 보고받은 마젤란은 Macton을 침략하였다. 마젤란은 마탄 왕과의 싸움에 시부인의 도움이 필요없다고 생각하였다. 오직 60여명의 병사와 3척의 범선과 시부 명사 천여 명의 병력으로 싸웠다.

그는 자랑스럽게 Humabon에게 스페인의 군대가 어떻게 싸우는가 주시하라고 말하고, 그는 스페인 병사와 함께 Mactan을 공격하였다. 마탄의 전사들은 용감하게 그들의 자유를 수호하기 위하여 싸웠다. 마젤란은 그 전투에서 패배하였다. 마지막으로 퇴각 명령을 내렸다. 마젤란은 팔과 다리에 관통상을 입고 스페인군은 퇴각하였으며, 라푸라푸군대는 마젤란을 사살하였다.

Lapulapu는 필리핀 최초의 영웅

진실로 라푸라푸는 필리핀 최초의 영웅이다. 최초의 스페인과의 전투에서 필리핀은 첫 승리를 거두게 되었다. 라푸라푸는 필리핀의 자유를 수호하였다. 그는 필리핀 역사의 한 페이지에 영원히 기록되고 있다. 그 후 Mactan은 라푸라푸 시가 되었다.

스페인으로 되돌아가다

스페인은 Mactan에서 패배한 후 시부에서 스페인으로 되돌아갔다. 시부인들은 스페인인들을 조금도 존경하지 아니하였다. 스페인인들은 전쟁에 패배해 필리핀인들에게 수모를 당했다. 1521년 5월 1일 스페인인들은 Humabon왕의 잔치에 초대받았다. 그들은 잔치에서 음식과 술을 먹고 즐기던 중 갑작스럽게 시부인들의 공격을 받았다. 많은 스페인

인들이 죽었다. 이 사건이 있은 후 나머지 스페인 생존자들은 남쪽으로 피신하여 Moluccas로 항해, 티도래 섬에 1521년 11월 8일 상륙하였으며, Elcano의 명령 아래 희망봉을 거쳐 스페인에 1522년 9월 6일 되돌아오게 되었다.

생존자는 18명뿐이었다. 그 해 11개월 16일간의 인간에 의한 세계 최초의 세계 일주였다. 마젤란의 세계 일주는 세 가지 이유에서 위대한 탐험의 업적을 남겼다. 첫째, 세계 최초의 세계 일주이다. 그들은 세계 일주를 마치고 지구는 평평하지 않으며 배가 바다 끝에서 추락하지 않는다는 것을 입증하였다. 둘째, 지리상의 발견의 지식을 더하였다. 태평양이 가장 큰 대양이라는 것을 유럽 사람이 알게 되었다. 마젤란은 남아메리카 해협을 발견하였다.

유럽인들은 아시아의 다른 4대륙을 발견하였다. 마젤란은 부단히 아시아의 다른 서구 항로 개척하였다. 마지막으로 스페인은 필리핀을 기독교화하였다.

스페인의 다른 탐험

마젤란 이후 스페인은 서구 항로를 통하여 1525년부터 1564년까지 5차례 원정대를 필리핀에 보냈다. 첫 번째 원정대는 1525년 선장 Loaisa는 7척의 배와 450명의 원정대는 필리핀 도착에 실패했다. 두 번째 원정대는 1526년 선장 Sebastian Cabot는 4척의 함대와 250명의 선원과 함께 마젤란 해협 정복에 실패했다. 세 번째 원정대 1527년 선장 Sauvedra는 3척의 함대 110명의 선원과 함께 민다나오 도착에 실패했다. 네 번째 원정대는 1542년 선장 Villalobos는 200명의 선원과 6척의 함대는 민다나오 식민지화에 실패했다. 다섯 번째 라가스피 원정대는 4

척의 함대에 380명의 선원으로 성공적으로 필리핀을 식민지화하였다.

레가스피의 탐험 1564

1556년 찰스 왕이 퇴위하고 그의 아들 필립 2세가 왕이 되었다. 1556~1598년까지 재임한 필립 2세는 멕시코의 부와 명예를 위하여 Velasco에 필리핀을 정복하라고 명령하였다. 이 명령에 레가스피는 멕시코 부왕의 명령을 받아 필리핀 원정을 준비하였다. 멕시코 정부에서는 자금을 염출, 레가스피는 원정의 준비를 끝냈다. 4척의 배에 380명 선원으로서 대부분 멕시코인이며, 1564년 11월 21일 멕시코 출발, 1565년 태평양을 횡단, 12월 13일 필리핀에 도착하였다.

시부 정복

레가스피는 그 후 Bohol에 상륙, 두 원주민 왕을 만나 서로 친밀한 관계를 유지하였다. 1565년 3월 16일 레가스피는 Katuna와 피의 맹약을 하였다. Bohol에서 레가스피는 시부로 향하여 1565년 4월 27일 도착하여 시부 왕 Tupas를 만났으나 왕은 스페인인들을 적대시하였다. 레가스피 군대는 대포를 동원, 시부 성을 맹렬하게 공격하였다. 스페인은 이 전투에서 승리하였다. Tupas왕과 원주민들은 이 전쟁에서 패배하였다. 이 전쟁에서 승리한 후 레가스피는 매력적인 우호 정책을 쓰게 되었다. 이 우호 정책으로 Tupas왕과 레가스피와의 관계는 적대 관계에서 우호 관계로 변화되었다.

스페인 선교사들의 친절하고 사랑스러운 인간 교제로 많은 원주민들이 기독교를 믿게 되었다. 이후 Tupas왕의 가족도 세례를 받았다. 다른 시부인들도 세례를 받았다. 1565년 레가스피는 처음으로 시부시를 평정하였다. 스페인은 아시아 최초로 시부 항구에 카톨릭 교회를 세웠다. 스페인인들에 의하여 원주민들은 예수 그리스도를 영접하게 되었다.

다른 섬의 정복

시부에 식량이 부족하여 1569년 Panay로 옮겼다. 레가스피는 필리핀에서 제2의 평정을 하게 되었다. 처음 그들은 스페인인들을 적대시하였다. 그러나 다른 선교사들의 노력에 의하여 그들은 레가스피와 친구가 되고, 거기서 평화를 회복하였다. 시부와 Punay를 근거지로 하여 정복자들과 선교사들은 성공적으로 다른 섬에 기독교를 전파하게 되었다.

스페인은 지배를 확장 시키기 위하여 1570년 레가스피는 손자를 보내어 민도로에 있는 Moro 해적을 격퇴시켰다. 30명 스페인 병사와 수백 명의 비사얀 필리핀 군대와 연합하여 Manburao를 점령하고 Lubang과 Moro항구를 파괴하였다. 마닐라에 인접한 섬 민도로는 스페인 침략군에 의하여 함락되었다.

처음으로 마닐라 정복

1530년 스페인 군은 Goti제독의 지휘 아래 마닐라를 원정하게 되었다. 120명의 스페인, 600명의 비사얀 필리핀군은 전투에 참전 Pancipit에서 레가스피의 손자 Salcedo 장군은 왼쪽 다리에 부상을 당하였다. 그 당시 마닐라는 모슬렘 왕국이 지배하였으나 스페인이 침략하였다.

제 2차 마닐라 정복

제1차 승리 후 Goti 제독은 마닐라를 떠났다. Panay로 되돌아왔다. 레가스피 당시 마닐라는 모슬렘이 지배하였고, 이 왕국은 그 당시 중국, 보르네오 등 다른 나라와 무역을 한 부유한 왕국이었다. 레가스피는 마닐라를 식민지화하기로 결심하였다.

다음해 27척의 함대, 280명의 스페인인, 비사얀 필리핀군은 Panay를 떠나 1571년 3월 중순 마닐라에 입성하였다. 제2차 원정은 무혈 원정이었다. 당시 Sulayman은 스페인 침략군에 대항하려 하였으나 Tondo는 그의 삼촌을 설득시켜 스페인에 대항하는 것은 무모한 짓이라고 말하고 항복할 것을 요구하였다. 왕은 항복을 결정하였다. 스페인 군대가 마닐라에 입성하자 그들은 레가스피를 환영하였다. 레가스피는 무혈로 마닐라에 입성하게 된 것이다. 1571년 4월 19일 마닐라는 스페인에 의하여 지배하게 되었다.

마닐라 시의 창설

1571년 6월 24일 마닐라 시를 새로운 식민지로 선포하였다. 매년 이 날을 기념하여 현재까지 마닐라 시민의 날로 기념하고 있다.

모슬렘 왕국이 무너지고 레가스피에 의하여 스페인 왕국에 역사적으로 세워지게 되었다. 레가스피는 마닐라를 스페인 식민지화한 이후 마닐라에 스페인 식의 집, 항구, 교회 등 도시를 재건설하였다.

그 이후 마닐라는 오늘날까지 필리핀의 수도이다. 6월 24일을 지금까지 마닐라 시민의 날로 기념하고 있다.

루존의 정복

스페인은 루존 등 다른 지역도 지배를 넓혀 갔다. 많은 다른 루존 지역 원주민들은 스페인의 필리핀 침략에 강하게 저항하여 나갔다.

Cainta와 Taytay의 두 바랑가이 왕국은 스페인 공격에 강경히 대항하였다. 그러나 결국 그들은 무력 앞에 굴복하고 말았다.

라구나 항 지역 정복

레가스피의 손자인 Salcedo는 라구나 항 지역에 입성하였다. 그곳은 2,400~2,600명이 거주하는 바랑가이 왕국이었다. 라구나에서 가장 큰 바랑가이를 평정하였다.

레가스피의 죽음

레가스피는 필리핀 총독으로 마닐라 정복 후 1572년 8월 20일 죽었다. 그의 죽음으로 필리핀 원주민들은 깊은 애도의 뜻을 표시하였다.

그는 왕에게 충성을 다하였을 뿐 아니라 하나님에게 희생적으로 봉사하였다. 그는 청렴결백하여 가난한 재산으로 살다 간 위대한 인물이다. 그는 필리핀을 지배한 스페인 정치인으로서 성공적인 식민지배를 하였으며, 필리핀에 크리스천 왕국을 세운 선구자로 아시아 역사가들에 의해 높은 찬사를 받고 있다.

필리핀 정복의 위대한 영웅 Salcedo

레가스피의 손자인 Salcedo는 필리핀 정복의 위대한 영웅이다. 그는 멕시코 태생의 젊고 유능한 전사로서 저돌적인 용맹을 갖춘 전사이다. 그는 영웅적인 전투를 하며 승리를 계속하였다. 그는 라구나 항 지역을 정복하였으며 또한 Paracale 금광을 발견하였다. 북쪽으로 올라가 Llocandia 지역을 평정하였으며 Cagayan 지역을 평정하였다. 그는 스페인군의 영예를 위하여 봉사하여 위대한 업적을 남겼다. 그는 그 후 야전제독으로 승진되었다. 그는 마지막으로 1574~1575년 까지 중국이 필리핀을 침략하였을 때 전투에 참가하여 격퇴하였다. 그는 27세의 일기로 1576년 Vigan에서 열병으로 죽었다.

레가스피, Goti, Salcedo 등의 위대한 세 영웅과 다른 많은 정복자들의 도움으로 스페인은 필리핀을 정복하게 되었다. 선교사들의 희생적 도움 없이, 고결한 사랑과 가르침 없이는 성공적인 정복을 하지 못하였을 것이다. 스페인군과 필리핀 연합군의 결정적 승리는 그들의 도움으로 이루어진 것이다. 그 결과 필리핀이 기독교를 받아들이게 되었다. 놀라운 역사적 사실은 다른 나라에 비하여 필리핀은 빠르게 스페인과 우호 관계가 정상화되어 기독교가 빨리 전파되었다. 무력의 힘보다는 신앙에 의한 힘에 의하여 정복되었다고 볼 수 있다.

레가스피가 있을 당시 스페인 군은 겨우 300명뿐이었다. 1590년에는 400명으로 증가되었다. 1634년 1,700명으로 증가되었지만 1707년까지는 2,000명을 초과하지 못했다. 그 숫자의 군대로는 도저히 필리핀을 정복할 수 없었다. 300명의 군대로 그 당시 필리핀 인구 백만과 싸운다는 것은 기적적인 일이 아닐 수 없다.

6. 멕시코와의 관계

　필리핀은 스페인 지배시 멕시코와 밀접한 관계를 유지하였다. 1565년부터 1821년까지 256년 동안 필리핀은 스페인 왕명에 의하여 멕시코의 지배를 받았다.
　그러므로 필리핀의 역사적 유적은 라틴 아메리카 멕시코의 영향을 받게 된 것이다. 멕시코가 스페인으로부터 독립할 때까지 필리핀은 멕시코와 밀접한 관계를 유지하였다.

필리핀의 정복과 멕시코의 지배

　레가스피 정복 당시부터 1821년까지 필리핀은 멕시코 부왕이 필리핀을 다스렸다. 멕시코 부왕은 스페인 왕명으로 다스렸다. 해마다 필리핀 정부를 보강하기 위해서 군인, 선교사, 정부 관리 등을 보냈다. 스페인 지도자들은 필리핀 상황을 고려하여 다스렸다.

필리핀 정부와 멕시코

멕시코는 스페인에 의하여 필리핀을 정복하게 되었다. 마젤란의 원정 후 4차례 다른 원정을 시도하였으나, 결국 1563년 레가스피가 필리핀을 성공적으로 식민지화에 성공하였다. 필리핀은 멕시코 군대가 멕시코 세력에 의하여 필리핀을 원정하게 된 것이다.

레가스피는 Urdaneta 주교의 도움을 받아 스페인이 필리핀을 정복하게 된 것이다. 레가스피와 Urdaneta는 둘다 스페인 태생이다. 실제적으로 그들은 멕시코에서 살았다. 진실로 레가스피와 Urdaneta 주교의 도움으로 성공적으로 멕시코는 필리핀을 식민지화하였다. 레가스피는 멕시코 군대와 선교사들 없이는 필리핀을 성공적으로 원정할 수 없었다. 멕시코의 군인들은 필리핀에 지원되었으며, 음식 무기, 군수품 등이 함께 멕시코에서 지원되었다. 또한 멕시코 선교사도 함께 지원 되었다.

그러나 중요한 문제는 스페인이 필리핀을 지배하기 위해서는 많은 자금이 필요하였다. 스페인 정부는 재정이 어려워서 자금을 지출할 수 없었다. 자금 부족으로 인하여 필리핀의 자연 자원을 개발할 수도 없었다. 그 당시 필리핀은 가난한 경제적 상황이었다. 스페인은 그 당시 매우 어려운 짐을 지고 있었다. 그 당시 스페인은 필리핀의 재정적자를 메우기 위하여 멕시코 도움을 받아 메우기로 하였다. 1565년부터 1821년까지 매년 멕시코 부왕은 정기적으로 정부 보조금을 필리핀에 지출하였다. 이는 스페인 왕 필립2세의 명령에 의하여 이루어진 것이다.

멕시코의 필리핀 지배

1565년부터 1821년까지 스페인 왕의 명령으로 멕시코 부왕이 필리핀을 다스렸다. 멕시코 부왕은 멕시코 식민 관청의 스페인 최고 관리이다. 그는 스페인 정부에서 임명하였다. 그는 스페인 왕명으로 식민지 재정을 관리하였다. 멕시코 부왕은 필리핀 재정의 부족금을 메우기 위하여 국고 보조금을 보냈다.

많은 멕시코인들은 필리핀에 거주하게 되었다. 레가스피의 용감한 두 손자 Felile와 Salcedo는 멕시코의 필리핀 정부에 크게 공헌하였다. 두 사람의 멕시코인이 마닐라에서 대주교로 봉사하였다. 그는 Poblet와 Rojo주교이다. 특히 Rojo주교는 영국이 필리핀을 침략할 당시 스페인 총독으로 봉사하였다.

처음 멕시코 카톨릭 선교사 Felipe가 멕시코에서 마닐라에 도착하였으며, 그는 복음을 전하다가 1567년 일본 나가사키에서 일본 기독교인 26명과 함께 십자가에 처형되었다. 많은 멕시코 선교사와 군인들이 스페인 지배시 필리핀에와 희생적인 봉사를 하였다.

마닐라와 Acapulco의 무역

매년 마닐라에서는 아시아 생산물을 멕시코 Acapulco에 실어 날랐다. 그들은 필리핀 생산물을 멕시코로 수출하였다.

처음 마닐라와 Acapulco 무역은 1565년 레가스피가 필리핀을 원정할 당시 처음으로 Galleon 선이 멕시코와 마닐라를 왕래하기 시작하였다. 멕시코와 필리핀 상인간의 무역 활동은 잘 진행되었다. 마닐라와 Acapulco의 무역으로 아시아의 좋은 생산물이 멕시코 사람들에게 공급하여 멕시코 인들은 많은 도움을 받았다. 이후 스페인 정부에서는 이를 단절시켰다. 이에 불만을 품은 상인들은 스페인 왕에게 건의, 1593년부터 무역을 다시 시작하였다. 마닐라와 Acapulco의 무역을 엄격히 제안하였다. 이로 인하여 정부의 수입이 증가하였다. 스페인 왕은 칙령에 의하여 정기적으로 정부가 무역을 운송하고 감독하도록 지시하였다.

Galleon의 선적

Galleon 선에 많은 수출 물품을 선적하였다. 그들은 마닐라에서 Acapulco로 항해하는 동안 그들은 중국의 도자기, 비단, 향수, 인디아의 직물 필리핀의 진주와 도자기 등을 선적하여 아시아의 상품이 Acapulco로 수출되었다. Acapulco에 도착한 동양의 산물들은 멕시코 다른 도시에 하선되고 다시 마닐라에 되돌아온다.

Galleon선의 무역의 이익금으로 매년 멕시코에서 필리핀에 정부 보조금을 주었다. 멕시코에서의 필리핀 수출품으로는 유명한 명주, 카카오, Tabaco를 수출하였다.

멕시코 보조금

매년 필리핀 재정 적자를 메꾸기 위하여 멕시코 부왕은 필리핀에 정부 보조금을 보냈다. 보조금 액수는 고정 액수가 아니었다. 평균 25만 페소 정도이다. 가끔 더 많을 때도 있었고, 더 적을 때도 있었다. 스페인 왕은 필리핀의 재정적인 어려움을 알고 있었다. 그래서 필리핀 정부는 예산이 충분하지 않아서 지출을 충분히 할 수 없었다. 따라서 스페인 왕은 정부 보조금을 필리핀에 보내라고 하였다. 이 정부 보조금으로 필리핀 정부는 나라 경제를 운영하였다. 이 자금은 멕시코와 필리핀의 Galleon선의 무역의 이익금을 멕시코 재정에서 염출하였다.

필리핀과 멕시코와의 관계

많은 필리핀 선원들은 Galleon선 무역을 하는 동안 영구적으로 멕시코에 정착하게 되었다. 그들은 멕시코 여인들과 결혼하였으며 이 결과 새로운 필리핀의 후예가 멕시코에 태어나 지금 그 후예들은 멕시코에 살고 있다.

필리핀인들은 멕시코인에게 코코넛술을 담는 방법을 가르쳤다. 그 당시 코코넛술이 멕시코의 유명한 술이 되었다. 스페인은 자국의 술을 보호하기 위하여 스페인 왕의 명령으로 모든 필리핀의 멕시코 주조업자를 체포하도록 하여 그들을 마닐라에 되돌아오게 하였다.

Galleon 무역

18세기 Galleon 무역이 기울기 시작하였다. 아시아의 좋은 상품이 Acapulco와의 무역 상품량이 줄어들었다. 스페인왕 찰스3세는 1785년 왕의 칙령으로 필리핀에 무역회사를 세우고 멕시코의 좋은 상품은 아시아에 가져 오게 했다. 이 기간 동안(1790, 1791~1793) 45만 페소 가치의 물건이 아시아 항구로 선적되었다. 더불어 멕시코에서 다른 나라로 좋은 상품이 수출되었다. 1804년 마닐라 식민 정부는 왕에게 Acapulco에 선적된 상품을 팔기 어렵다고 건의하였다.

그 해 선적된 상품을 팔지 못하고 멕시코에 되돌아갔다. 필리핀인들은 Acapulco의 상품을 부분적으로 팔았다. 1811년 마닐라 Galleon San carlos 항에서는 Acapulco에서 선적된 상품을 하선할 수 없었다. 왜냐하면 멕시코 애국자들이 항구를 포위하였기 때문이다. 그들은 선원을 내쫓고 선적된 물건을 임의로 처분하였다. 이와 같은 많은 폐단으로 인하여 1813년 9월 25일 Ferdinand Ⅶ 스페인왕은 정부의 수입을 증대시키는 Galleon 무역을 폐지하였다.

멕시코의 필리핀에의 기여

멕시코는 필리핀의 문화 발전에 많은 기여를 하였다. 필리핀은 멕시코로부터 새로운 식물을 도입하여 재배하였다.

식물로는 카카오, 옥수수, 상추, 토마토, 콩, 용설란, 땅콩, 담배 등을 도입하였다. 동물로는 소, 양, 싸움닭, 말, 오리를 도입하였다. 멕시코에서 필리핀에 들어온 새로운 산업으로는 제본술, 벽돌 제조법, 설탕 제조법, 담배 제조법, 모자, 담요 제조법이다. 멕시코에서 필리핀에 들어온 음식과 의복으로는 옥수수, 초콜렛, Cassuva 가루, 하얀 감자, 음식으로는 고기 절이는 법, 과일 절이는 법 등이 멕시코에서 도입되었다. 서구 관습이 멕시코를 통하여 필리핀에 들어왔으며 의복으로는 코트와 바지, 여자의 스커트, 드레스 등이 들어왔다.

새로운 서구 음악인 바이올린, 기타, 하프, 드럼, 트럼펫 등의 악기가 멕시코에서 들어왔다. 많은 필리핀의 음악과 춤이 멕시코에서 들어왔다.

카톨릭 유물

많은 카톨릭 상이 멕시코에서 들어왔다. 지금 필리핀의 유명한 유물의 예를 들면 Black Vazarene Qiapo, Good Vayage Antipolo, Our Lady Guadalupe 등이다. 카톨릭 종교의 상은 하나님의 계명에 반한 것이다. 우리는 다른 형상을 조각하거나 섬기지 아니해야 한다. 그 우상에 무릎을 꿇고 예배드리는 카톨릭 종교는 우상의 종교가 되고 말았다. 많은 카톨릭 신도들은 세대를 통하여 우상을 섬기고 있다. 필리핀의 많은 카톨릭 신자들은 주일날 우상을 섬기며 예배를 드리고 있다.

많은 카톨릭 교회들이 스페인 지배 기간 동안 멕시코 인에 의하여 교회가 건축되었다. 멕시코의 사제들은 많은 교회를 필리핀에 건축하였다. 멕시코 인들이 건축한 교회가 아직도 많이 남아 있다. 가장 유명한 교회로는 팜팡가에 멕시코인이 건축한 교회가 있다. 많은 필리핀인들에게는 멕시코 선조들의 피가 흐르고 있다. 멕시코인들이 군인으로, 성직자로, 선교사로 필리핀에서 봉사하다가 필리핀 여성과 결혼하여 필리핀에는 많은 멕시코 후예가 살고 있다.

멕시코는 필리핀에 독립심을 고취시켜줬다. 멕시코는 스페인으로부터 독립할 때 필리핀인들에게 자주 독립심을 고취시켰다. 필리핀은 과테말라, 코스타리카, 브라질, 멕시코 등의 독립국가의 영향을 받아 1898년 아시아 최초로 민주 공화국 정부를 수립하였다.

필리핀의 멕시코에의 기여

필리핀은 멕시코에 문화적으로 많은 기여를 하였다. 멕시코는 필리핀으로부터 새로운 식물을 도입하였다. 고추, 코코넛, 망고, 바나나 등이 있다. 많은 고대 골동품이 마닐라에서 Galleon 무역을 통하여 멕시코에 들어갔다. 타파얀으로 불리우는 항아리도 그 당시 멕시코에 들어갔다. 필리핀의 나무 조각품, 항아리, 일본의 칠기, 중국의 양탄자, 상아 세공품, 비단, 항아리 등이 Acapulco로 들어갔다. 오늘날에도 멕시코의 여러 도시에서는 필리핀과 무역을 통해 들어온 유물들을 볼 수 있다. 오늘날 멕시코 국립 박물관에는 옛날 중국의 항아리, 상아로 만든 테이블과의자, 양탄자, 비단걸이 등을 볼 수 있다.

　마닐라 지역의 중국 시장을 모방한 쇼핑센터가 멕시코 시티에 있다. 1700년 경 멕시코 정부에서 멕시코 시티에 쇼핑센터를 건설하였다. 이 쇼핑센터는 중국시장이라고 부르며 멕시코 시티 대성당 근처에 있다. 멕시코 중국 시장에는 마닐라 겔론 선에 의해 들어온 동양의 좋은 상품이 판매되었다. 그 중국 시장은 1843년 폐쇄되었다. 언어에서도 많은 단어가 필리핀에서 들어갔다.

　마지막으로 필리핀은 멕시코가 독립운동을 하는 동안 필요한 자금을 공급하여 주었다. 마지막 3년 동안 재정적으로 어려움을 겪고 있는 멕시코 혁명 세력들에게 혁명 자금을 공급하였다. 수 개월 동안 군인들에게 봉급을 주지 못하여 폭동이 일어났다. 2년 후 1812년 총독 Lturbide는 다시 멕시코 Acapulco에서 마닐라로 화물을 운송하면서 수백만의 멕시코 은화를 징수하였다. 운송된 선적 화물은 마닐라 상인 Escura의 것이었다. 수 년 후 1859년 Escura의 아들은 경기가 침체되자 멕시코에 있었던 아버지의 재산을 찾으러 갔었다. 그러나 그는 재산을 찾지 못하고 멕시코의 부유한 여자와 결혼 영구적으로 정착하였다.

7. 스페인의 식민 지배

스페인은 위대한 세계의 강국으로서 식민지 제국을 건설하였다. 16세기에 가장 위대한 영광의 식민지 제국으로서 전성기를 이루었다. 스페인은 필립2세에 의하여 태양이 지지않는 세계의 위대한 강국으로 성장하였다. 스페인은 신대륙과 아프리카 아시아에 역사적인 위대한 세계의 식민지 제국을 건설한 것이다. 스페인은 식민지 제국으로서 그의 영토를 확장하지는 않았다. 스페인은 세계 최초로 식민지 법전을 편찬하였으며, 식민지 제국으로서 가장 현실적으로 훌륭하고 인도주의적인 현대의 법전을 편찬하였다. 필리핀 지배 당시에도 스페인 법전으로 필리핀을 다스렸다. 그러나 그 당시 필리핀은 스페인으로부터 멀리 떨어져 있었기 때문에 스페인 정부 관리와 무도사들이 타락하게 되었다. 특히 19세기에는 식민지 법을 불공정하게 다루어 식민지 나라에 많은 피해를 주게 되었다.

스페인의 식민지 지배 목적

스페인의 식민지 목적을 세 가지로 요약한다면 하나님, 금, 영예로 요약할 수 있다.

첫째로 스페인의 필리핀 식민지 지배 목적은 기독교 복음을 전파하기 위한 것이었다. 스페인 이사벨 여왕의 유언에 의하여 공언된 것처럼 모든 스페인의 전사들이 필리핀을 탐험하고 정복하는 것은 기독교 복음을 전하기 위한 것이었다. 독일의 유명한 정치가 Roser는 스페인의 식민지 지배의 중요한 목적은 필리핀을 우상의 나라에서 기독교 국가로 전환하기 위한 것이었다고 말하였다.

둘째로는 경제적 부를 추구하기 위해 필리핀을 정복하였다. 스페인은 그 당시 동양과 무역을 독점으로 하여 유럽에서 최강국이 되는 것이 그들의 목적이었다.

셋째로 스페인은 필리핀을 정복하므로 세계에서 가장 위대한 식민지 제국이 되어 스페인 왕국의 영예를 획득하기 위해서였다.

첫 번째 목적은 성취되어 갔다. 모든 식민지 나라들은 스페인의 기독교 복음화 정책에 의하여 기독교 국가가 되었다. 그러나 스페인은 다른 나라가 필리핀을 식민지배함으로부터 제국이 되는 데는 실패하였다. 수많은 나라를 정복, 지배하여 식민지 제국을 누려 스페인 왕실의 영예를 드높이려 하였으나 그 영예를 영원토록 지속할 수 없었다. 그 원인은 19세기에 세계 대제국의 열강들이 서서히 무너지고 기울어졌기 때문이다.

경제적인 어려움에도 필리핀 지배

스페인은 필리핀을 지배하는 데 재정적으로 큰 부담이 되었다. 그 이유로 왕실에서 충고자들이 스페인 왕 필립2세에게 필리핀을 지배하는 것을 포기하자고 건의하였다. 그러나 왕은 그의 충고를 받아들이지 않았다. 그 이유로는 스페인은 기독교를 온 세계에 전파하기 위해서 필리핀

7. 스페인의 식민 지배

을 정복하였기 때문이다. 1619년 왕실에서는 다시 왕에게 충고를 하여 결국 필리핀은 포기하기로 왕이 결정하였다. 이 소식을 전해 들은 Fernando는 연약하고 연로한 몸인데도 불구하고 스페인왕실 필립3세에게 직접 찾아가 스페인 왕실이 필리핀을 포기하지 말것을 청원하였다. 이 청원을 들은 필립3세는 깊이 깨닫고 왕은 하나님과 함께 한 대주교며 나는 하나님 아버지가 정복하게 한 이 필리핀을 결코 포기하지 않을 것이라고 말하였다.

필리핀 식민지

필리핀은 스페인 제국의 식민지에 속하게 되었다. 1821년 멕시코가 스페인 제국으로부터 독립되기까지 스페인 왕으로 멕시코 부왕의 행정적 명령을 받았다. 멕시코는 스페인으로부터 독립, 1821년부터 1898년까지는 직접 스페인으로부터 명령을 받았다. 그 당시 스페인 왕은 총독을 임명하였다.

평의회

왕은 식민지 지배 독립 기구로 찰스1세에 의하여 평의회의 기구를 창설하였다. 평의회는 강력한 가구로서 스페인 지배시 필리핀의 모든 기관을 다스렸다. 기구 조직에는 4개의 위원회가 있었으며, 변호사와 성직자, 비서관, 회계관, 천문학자, 수학교수 등이 구성되었다. 그 후 1863년 식민 내각 기구를 창설하였다.

총독

스페인 지배시 총독은 필리핀 행정의 총수로서 필리핀을 다스렸다. 그는 식민 지배시 군대를 총지휘하였다. 그는 왕이 임명한 사람을 제거하고는 관리를 배치하고 임명하였다. 1864년까지 식민지 왕의 대표자로서 실권을 행사하였으며 종교의 문제에도 관여, 성직자도 임명하였다. 필리핀은 스페인에서 멀리 떨어져 있었기 때문에 대신 총독이 스페인 와의 실권을 대신 행사하였다. 그는 다른 나라에 전쟁을 선포도 할 수 있으며 평화 협정을 체결할 수도 있었다. 그는 대사도 임명할 수 있었으며, 다른 나라에서 오는 사절단도 받을 수 있는 권한도 있었다.

총독은 필리핀의 행정뿐 아니라 Marianas, Caroline, Palaus 등의 다른 군도도 다스릴 수 있었다. 이 섬들은 스페인 지배시 필리핀 영토에 속하였다. 마지막으로 총독은 스페인으로부터 오는 법이나 왕의 칙령을 거부할 수도 있었다. 이 거부할 수 있는 능력은 Cumplase라고 부른다.

Royal Audiencia

스페인 지배시 최고의 법원이다. 1583년 5월 15일 왕의 칙령에 의하여 세워졌다. 최초의 법원장은 Santigorera이었다. 스페인 지배시 최고 법원은 하급 법원에서 상소한 모든 사건을 처리하였으며, 입법 기능과 사법 기능을 수행하였다. 회계, 감사라 할 수 있었다. 지방 조례도 제정할 수 있었다. 총독이 부재중이거나 사망시 총독의 권한을 대행할 수 있었다.

7. 스페인의 식민 지배

법률

필리핀 법률은 스페인에 의하여 만들어졌다. 스페인에게 이로운 법을 제정하였으며, 필리핀인에게는 이롭게 하지 않았다. 그러나 어떤 법은 크리스천에게 좋은 법도 있었다. 스페인 성직자들은 정치적으로 많은 권세를 누렸다.

일부다처제와 이혼을 금지하였다. 대다수의 법은 법전에서 편집하였다. 때때로 스페인왕은 법을 강화하기 위하여 왕의 칙령을 공포한다. 다른 스페인 법으로는 형법, 공법, 상법, 민법 등이 있었다.

조공

필리핀은 식민지 국가로서 종주국 스페인에 조공을 바쳤다. 조공은 가족 구성원의 수에 따라 바친다. 남편, 아내, 자녀 등의 조공을 바쳤으며, 미혼 남자나 여자는 1/2의 조공을 바쳤다. 처음에는 8REUL을 바쳤다. 그 후 1851년부터 12REUL로 인상하게 되었다. 조공은 1884년 폐지되었다. 필리핀인들은 조공을 바치는 것을 싫어하였다.

필리핀인들의 싫어하는 이유는 첫째, 그들이 스페인의 속국으로 남아 있었기 때문에, 둘째 스페인인들이 권리를 남용하여서 조공을 징수하고 관리들이 잔인하게 사람을 다루고 고통을 주고, 집을 늑탈, 협박하여 그들의 닭, 소, 돼지를 잡아 갔다. 그 후 많은 폐단의 결과 1859년 Ilocos와 Gagayan계곡 주민들은 조공을 바치는 것에 반대하여 반란을 일으켰다.

Poro

스페인 지배 당시 필리핀의 모든 남자는 16세에서 60세까지 의무적으로 국가의 노력을 감당하였다.

노역은 연간 40일 봉사하였다. 1884년 이후 15일로 단축되었다. 노역은 다양한 일을 하였으며 건축 공사, 수리, 공공건물, 공사, 교회 신축, 나무 벌목, 배건조 선원으로 근무, 군 원정 등에 사람들이 동원, 노역에 의무적으로 봉사하였다. 그러나 이 노역은 돈을 지불함으로 노역을 면제될 수 있었다. 필리핀인들은 Poro를 싫어했다. 그들은 노역을 강제적으로 하였다. 그러나 스페인 메스티조와 중국인들은 노역이 면제되었다.

필리핀 인들에게 부과되던 강제 노역은 법에 따라 하루에 주는 임금의 액수에 따라 그들은 필수적으로 참여하여야 한다. 심한 경우 그들은 나무를 자르고, 조선소에 나가 배를 건조하였다. 심한 노동으로 많은 사람이 죽었다. 가끔 그들은 강제적으로 끌려가 배를 건조하고, 스페인 원정대에 끌려가 배에서 노를 저었으며, 추수 기간에는 모를 심었다. 일찍이 필리핀에서는 강제 노역으로 인하여 많은 반란이 일어났다.

노예 제도의 폐지

스페인은 노예 제도를 폐지하였다. 일찍 필리핀 선교사들이 왕에게 노예 제도 폐지를 건의하여 노예 제도를 폐지하였다.

1581년 Salazer 교구장과 다른 종교 지도자들이 Tondo에서 만나서 이 문제에 대하여 논의한 뒤, 그들은 스페인 왕 필립2세에게 노예제도는 하나님의 율법에 잘못된 것이라고 말하고 노예 제도 폐지를 건의하였다. 필립 2세는 Salazer의 건의를 받아들여 스페인 왕의 칙령에 의거하여

1589년 모든 노예 제도를 폐지하였다.

지방 정부

행정상 목적으로 특별 지역과 일반 지역으로 분할하였다. 각 지역을 시장에 의하여 다스려졌다. 특별 지역은 불안정한 지역으로 각각 Corregidor 지도 아래 군에서 다스렸다.

시장은 각 지역에서 입법 기능과 사법 기능을 수행하였다. 그는 적은 봉급을 받았으나 관청에서 무역에 종사할 수 있는 특권이 있어서 그것으로 돈을 벌었다. 그러나 그런 특권이 남용되어서 1884년 법률에 의하여 폐지되었다. 그 후 1886년부터는 결국 단순히 사법의 기능만 수행하였다.

스페인 지배 당시 19개 지역으로 나뉘어 각 지역은 시장에 의하여 다스려졌다. 그는 총독이 임명하였다. 스페인은 필리핀의 바랑가이를 없애지 않았다. 그 당시 총 마을을 Poblar로 불렀다. 각 마을은 관리가 다스렸다. 그는 마을에서 선출되었다. 가가 바랑가이 장은 그 마을의 우두머리 지도자이며 세습이 허용되었다.

선교사와 스페인의 식민화

선교사들은 스페인 식민 당시 중요한 역할을 감당하였다. 그들은 종복자와 함께 필리핀에 오게 되었다. 그들은 용감하게 전도를 하였으며, 죽음과 고통을 두려워하지 않고, 위대한 인내심으로 탐험을 하고, 험난한 열대의 정글을 헤치며 복음을 전했다. 결국 예수 그리스도의 십자가로서 스페인이 필리핀을 정복하여 필리핀 복음화에 성공하였다. 필리핀에 처음으로 오게 된 선교사는 필리핀의 정복 레가스피와 같이 왔다. 이와 함께 1577년 선교사 Francican이 도착하였으며, 1581년 Jasuit인들이, 1587년에는 Dominican이, 1606년에는 Recollect인이, 1895년에는 Benedictine인들이 필리핀에 도착, 선교를 하게 되었다.

성직의 기관

정부에서는 성직의 기관을 조직하였다. 최고의 기관 마닐라 대주교이며, 스페인 왕의 추천으로 로마 교황이 임명하였다. 주교는 교구의 우두머리나 그 아래 주교는 교구의 성직자들이다. 마닐라 교구는 1578년 로마 교황 죠지 7세에 의하여 세워졌다.

첫 마닐라 주교는 DOMINGO DE SALAZAR 주교이다.

교회의 연합

스페인의 필리핀 지배 기간 동안 필리핀의 카톨릭 교회는 정치적으로 연합하였다.

스페인 왕은 하나님의 봉사자로서 성직자들의 권세를 인정하였다. 성직자와 정치가가 연합함으로 정치적으로 식민지 기간 동안 성직자들은 많은 권세를 누렸다. 마을과 촌에서 교회 성직자들의 세력이 강해졌다. 그들은 스페인을 대표하였다. 그들은 도덕, 교육, 지방 선거, 과세, 조세 징수를 감독하였다. 1762년까지 주교는 총독 부재시 총독 권한을 대행하였다. 총독 부재시 대행을 한 주교를 역사적으로 살펴보면

1719~1721년에는 Cuesta 대주교, 1745~1750년에는 Arrechederra, 1759~1761년에는 Espeleta, 1761~1762년에는 Rojo 주교 등이다.

결 론

스페인 식민 정부는 정치, 경제, 사회, 문화 모든 부분에서 많은 영향을 끼쳤다. 그러나 그 반면에 모든 분야에서 많은 폐해도 있었다. 과다한 세금 징수와 강제 노역 등으로 많은 필리핀인들의 재산을 착취하는 등 수많은 위법 행위를 하였다. 이러한 폐단으로 스페인의 333년의 식민지 지배 기간 동안 100여 회 이상의 반란이 일어난 것이다.

8. 스페인 지배하의 필리핀 경제

스페인은 필리핀 지배시 경제 발전은 소홀히 하고 식민지 종교에 대해서 큰 역점을 두었다. 그리하여 필리핀의 경제는 날로 쇠퇴되어가고, 결국 스페인 제국은 기울기 시작하였다. 19세기에 와서야 스페인은 경제가 성장되었고, 정치 발전으로 생활수준이 윤택하여졌다.

스페인의 경제 정책

스페인의 경제 완화에 따라 지배하의 필리핀 역시 발전되었으나, 점차적으로 영국, 네덜란드, 미국 등의 나라에 상품전을 빼앗기게 되었다. 그에 따라 스페인은 자금이 부족하게 되었고, 그것을 만회하기 위하여 많은 필리핀 자원을 외국으로 수출하는 등 필리핀의 자원을 고갈시켰다.

스페인인들에게는 큰 수확이 될 수 있었지만, 필리핀은 그로 인하여 많은 어려움을 겪게 되었고, 스페인은 식민지의 미래 자원을 고갈시키고, 산업 발전에는 기여하지 않아 나태한 경제 발전을 하게 한다는 오명을 쓰게 되었다.

식민지 정부에서 필리핀에 매년마다 지출되는 정부 지출을 감당할 수 없었다. 그 재정을 보충하기 위하여 1606년 필리핀 국고 보조청을 마닐라에 설립하였고, 매년 평균적으로 25만 페소 정도의 멕시코와의 무역을 통하여 얻은 수익금을 필리핀 정부가 받게 되었다.

동물과 식물 도입

식물로는 카카오, 커피, 콩, 옥수수, 땅콩, 용설란, 파파야 등을 도입하였는데, 이 식물들은 필리핀에서 무성하게 자라 필리핀 주산물이 되었다.

동물로는 소, 염소, 말, 양, 싸움닭, 물소, 닭, 거위, 오리, 비둘기 등을 중국으로부터 도입하였다.

새로운 산업

일찍부터 스페인 선교사들은 새로운 산업을 필리핀에 도입시켰다. 그들은 필리핀 농사 짓는 법, 가축 기르는 법, 비누와 초 만드는 법, 도로 건설, 댐 건설, 술 제조법, 벽돌 제조법, 모자 제조 기술 등을 습득시켰다.

스페인은 담배, 대마, 코코넛 산업을 육성시켰다.

아시아 무역의 중심지 마닐라

스페인은 일찍이 마닐라를 아시아 무역의 중심지로 육성하였다. 최초로 스페인 정부는 멕시코와 더불어 아시아에서의 필리핀 무역을 증진시켰다. 자유 무역의 항으로서 수출과 수입의 제한이 없었고, 아시아 무역의 중심지인 필리핀은 놀랄만한 발전을 하게 되어 동양의 진주로까지 불리게 되었다.

그 당시 필리핀은 멕시코 Acapulco와 마닐라간의 무역으로 번영을 누리게 되었지만, 스페인 상인은 아시아의 좋은 상품과 중국의 비단을 멕시코 시장에서 값싸게 유통시키는 것에 대하여 항의하였다.

Galleon무역

마닐라와 멕시코의 Acapulco간의 무역을 Galleon 무역이라고 불렀다. Galleon 선이란 산품을 선적하여 태평양을 횡단, 멕시코와 마닐라를 왕래하며 무역을 하는 배의 이름이다. Galleon 무역으로 인하여 멕시코와 필리핀의 양국에 많은 이익을 남겼으나, 스페인 정부는 무역의 이익금으로 자금을 축적하는 데 전념하였다. 그러나 19세기에 와서는 무역으로 인해 경제적 손실을 더하게 되어 1815년 이를 폐지하였다.

Galleon 무역의 영향

스페인은 Galleon 무역을 통해 자금을 축적하는 데만 전념하였고, 다른 산업 활동은 게을리 하게 되었다.

Galleon 무역은 오직 스페인만을 위한 도박 경제라 일컫게 되었다.

경제의 발전과 바스코(Basco)

1778년에서 1787년까지 바스코 정책으로 인해 필리핀의 경제는 발전하였다. 스페인 정부는 이 정책에 최선을 기울였다. 이 정책으로 멕시코를 재정적으로 독립시켰으며, 필리핀의 산업, 무역, 농업을 발전시켰다. 모든 사람들이 목차, 뽕나무 그리고 다른 작물을 경작, 생산할 수 있었으며, 생사, 자기, 삼, 아마, 목차 등을 재배 수공업을 할 수 있다. 또한 금, 철, 구리 그리고 다른 금속 제련 산업을 발전시킬 수 있었다.

총독 바스코는 면화, 실, 설탕과 다른 상품들을 순차적으로 생산 발전시켰으며, 특히 면화 정책에 중점을 두고 그 산업을 육성하기 위하여 뽕나무 400만 그루를 심으라고 명령하였다. 바스코가 정책을 쓰는 동안 필리핀 경제는 발전하였다. 1781년에는 필리핀 경제 사회청 신설하였고, 1782년에는 담배 독점 산업, 1785년에는 필리핀 왕실 회사를 창설하였다.

경제 사회청

경제 사회청은 총독 바스코에 의하여 설립되었고 농업 발전에 많은 기여를 하였다. 1824년 메뚜기 떼로 인해 필리핀의 농작물에 많은 손실이 생기자 중국으로부터 새를 수입하고, 1829년에는 스페인으로부터 정미 기계를 도입하였다. 1853년 필리핀의 발명왕 Lopez Diaz는 섬유 세척 기계를 발명, 금메달을 획득하였고, 2,000페소의 상금을 받았다. 1861년 마닐라 농업학교를 설립했으며 차, 면사, 양귀비, 뽕나무 재배법을 도입하였다. 마지막으로 미국으로부터 실 짜는 기계와 농업용 도구를 수입하였다. 경제 사회청은 1809년 폐지되었다.

담배 독점 산업

찰스 왕의 칙령과 바스코 정책에 의하여 1782년 정부가 담배를 독점 산업화하였다. 필리핀 가가얀 계곡 Nueva Bcija Maindique 지역과 이노코 지역에서 담배 경작권을 얻어 재배를 하게 하였다. 담배 재배를 하는 농부들에게는 매년 엄격하게 행동을 제한 하였다.

담배 수입으로 정부 재정수입을 증대시켰으며, 담배 정부 독점은 1782~1882년까지 시행하였다. 정부 재정 수입이 증가하였고, 담배 생산 증가로 필리핀은 동양에서 최고의 담배 생산국이 되었다.

그러나 나쁜 결과로는 정부에서 권리를 남용 위법 행위를 하였으며, 이로 인하여 담배 생산 지역에서 반란이 자주 일어났다. 정부 관리들은 뇌물을 받고 밀수출을 하였다.

스페인과 직접 무역

일찍이 1753년 성직자이며 경제학자인 Jose Calve 대주교는 필리핀 경제를 발전시키게 하였다. 스페인과 직접 무역을 스페인 왕에 건의하여 이루어졌다. 스페인에 의하여 스페인 쾌속 상선은 유럽의 좋은 상품을 싣고 스페인을 떠나 희망봉을 거쳐 마닐라에 도착하게 되었다.

처음에는 스페인 쾌속 상선이 스페인 Cadiz 항을 출발, 희망봉을 거쳐 마닐라 항에 도착하는 데 5개월이 소요되었다. 불운하게도 마닐라 상인들은 겔른 무역을 싫어하였기 때문에 이 새로운 제도의 무역에 필리핀 인들은 협력하지 않았다. 이러함에도 불구하고 1784년까지 계속 운행하였다. 마지막에는 쾌속선이 마닐라에서 Cadiz 항까지 직접 오게 되어 직접 무역을 하였다.

필리핀 회사

스페인 왕은 찰스3세의 칙령에 의하여 1785년 필리핀 회사를 설립하였다. 회사 설립의 목적은 첫째 스페인과 필리핀의 무역 증대를 위하여, 둘째 필리핀 농업 산업 증대를 위해서였다. 일찍부터 필리핀 회사는 성공적으로 운영되었다.

그러나 1792년 이후 회사의 운명이 점점 기울어지기 시작하였다. 이로 인하여 찰스6세는 1803년 12,500,000 투자하여 이득권을 부여하였다. 상품을 구입하는 외국인의 입국을 허용하였고, 스페인에서 마닐라 항에 입항하지 않고 직접 중국이나 다른 아시아에 입항할 수 있도록 하였다. 마닐라에서 동양의 좋은 상품을 가져다가 외국에서 입항 허용, 자본을 투자하고, 정부의 특권을 부여함에도 불구하고 필리핀 무역은 계속 퇴보하였다. 실패하게 된 원인으로는 무능한 스페인 관리에 의하여 경영되었다는 것과 마닐라 상인들은 멕시코의 무역에 특권을 부여하는 것을 싫어 했다는 것을 들 수 있다.

필리핀 회사의 필리핀 경제의 공헌

재정 정책에 실패함에도 불구하고 필리핀 회사는 필리핀 경제에 위대한 역할을 하였다. 유럽과 필리핀 교역의 문을 열었다.

첫째, 마닐라와 Cadiz 자유 무역의 시초가 되었다. 두 번째, 필리핀회사는 필리핀 경제 발전에 필요한 자본을 공급하였다. 예를 들면 1785~1790년에는 총 1,600만 페소를 투자하여 다양한 농업 산업에 투자하였다. 마지막으로 식민지 빈약한 산업을 양육시켰다. 일로카노의 방직업, Bulacan의 염색업, 라구나의 조각 기술, 비콜 지역의 대규모 삼

재배,팜팡가 네그로스 지역의 설탕 산업을 육성시켰다. 돈 벌리는 겔론 무역과의 경쟁과 불충분한 경영 관리로 이 회사는 실패하였다. 마지막으로 이 회사는 왕의 칙령에 의거하여 1834년 폐지되었다.

마닐라 세계 무역

19세기 유럽은 세계 경제 열방의 경제 원칙에 의하여 자유 무역을 받아들였다. 스페인은 중상주의 정책의 제한이 완화되었다.

이후 Maria Cristina가 여왕으로 등극하여 왕의 칙령을 공포 필리핀 회사를 폐지하였다. 마닐라를 세계 무역항으로 개항하였으며, 왕의 칙령에 의하여 필리핀 경제 발전에 영향을 주었다. 마닐라 세계 무역항이 개항함으로 외국 회사가 설립이 되었다. 1856년까지 13개의 외국 상사, 미국 둘, 영국 셋, 스위스 하나, 독일 하나, 프랑스 등이 있었다.

은행

경제 발전을 위하여 은행이 설립되었다. 필리핀 은행은 일찍이 설립되었다. 필리핀 첫 은행으로는 Rodriguez가 1835년 마닐라에 로드라게즈 은행을 세웠다. 그러나 얼마 후 그는 불운하게도 Novales 폭동 사건에 관련되어 추방되었다. 그 후 로드리게즈는 두 명의 필리핀 제벌과 은행 사업을 하여 Gorricho는 Gorricho 은행을, Tuazon은 Tuazon 은행을 설립하였다. 최초의 정부 은행은 Banco Espanol 필리피노 은행이다. 왕의 칙령에 의하여 이사벨 여왕이 1851년 8월 1일 세웠다. 이 은행은 잘 알려진 정부 은행으로서 1852년 5월 1일 최초로 업무를 개시하였다.

스페인 이사벨 여왕의 돈에 페소라고 명칭했는데 이것은 필리핀 최초의 종이 돈이다. 지금까지 이 필리핀 은행은 존재하며, 이 은행은 아시아의 가장 오래된 은행이다. 그 후 외국 은행이 마닐라에 들어왔다. 인디아, 오스트레일리아, 중국 은행이 1873년 홍콩 은행, 상하이 은행이 1876년 들어왔다.

교통 통신

19세기 교통과 통신이 필리핀 경제 발전에 큰 공헌을 하였다. 스페인은 많은 도로와 다리를 건설하였으며, 특별히 해군의 도움으로 1846년 파식 항 입구에 등대를 건설하였다. 태양열 주택을 곳곳에 건축하였다. 처음으로 1848년 마닐라 항에 기선이 입항하였으며, 1891년 처음으로 마닐라와 다구판 사이를 연결하는 철도가 착공되었다. 영국 회사가 건설하였다.

마닐라에 1893년 전화가 들어왔다. 2년 후 처음으로 마닐라에 전기가 들어왔다. 통신을 소개하면 1854년 홍콩과 마닐라 사이에 우편을 배달하는 우정국이 설립되었다. 1854년 처음으로 스템프를 사용하였으며, 1873년 스페인과 마닐라 사이의 기선이 정기적으로 운항되게 되었다. 1880년 처음으로 외국과 연결되는 케이블 시설을 하였다. 처음으로 1880년 마닐라에 전화가 개통되었다.

농업의 발전

필리핀 세계 무역항이 개설됨으로 농업 발전에 자극을 주었다. 세계 시장에서는 필리핀에서 생산된 농업 생산품 특히 아마, 담배, 설탕, Copra 등의 생산품을 요구하였다. 바탕가스는 커피 생산지로 유명하고 이사벨라는 담배 생산지, 라구나는 코코넛 생산지, 까마리네스는 아마, 네그로스는 설탕 생산지로 유명하다. 1851년 국제박람회가 개최되었으며, 그 당시 출품된 가가얀 담배가 영예의 금상을 수여받았다.

현대 과학적인 농업 재배법이 도입되었다. 1836년 Deotaduy는 처음으로 정미 기계를 도입하였다. 그 후 영국인에 의하여 설탕 제조기가 도입되었다. 농장에는 다양한 새로운 식물 재배법, 동물 사육법, 토지 경작 방법들이 들어왔다.

인구 증가율

경제 발전으로 복지가 증진되어 인구가 증가하게 되었다. 1591년 레가스피의 필리핀 정복 20년 후 필리핀 인구를 조사한 결과 667,612명이었다. 그러나 1829년에는 2,593,287로 증가되었다. 1879년에는 5,437,218로 두 배 증가되었다.

새 중진국

마닐라 세계 무역항이 개항함으로 이 나라는 중진 국가로 번영할 수 있게 되었다. 이에 속한 사회 계층으로는 지주, 농민, 변호사, 교사, 공무원 등으로 그들은 책과 정기 간행물을 출판하였으며, 문제점을 토론하고 자녀들을 마닐라 중심 대학에 보냈다. 새로운 중산층 지도자들은 선각자로서 운동을 전개, 필리핀 혁명의 새로운 씨앗을 뿌렸다. 그들은 Rizal, Pilarm Jeana, Panganiban, Ponce 등 다른 수많은 사람이 이에 동참 민속 운동을 전개했다.

9. 스페인의 유산

스페인은 필리핀을 3세기 동안 지배하였다. 지배하는 동안 스페인은 종교, 언어, 관습, 예술, 과학 등에 많은 영향을 주었었다. 그러나 스페인은 필리핀의 경제 생활에는 발전에 큰 기대를 하지 아니했다. 스페인은 경제적 이익의 부여보다는 정치적인 것에 좀 더 포괄적 노력을 하였다고 공정하게 말할 수 있다.

기독교적인 위대한 스페인의 유산

스페인의 위대한 유산은 기독교로서 특별히 로마 카톨릭이다. 아시아 지역 팔레스타인에서 기독교가 예수 그리스도에 의하여 창설되었다. 예수 그리스도의 십자가의 종교는 온 유럽에 전개되었다. 16~17세기 스페인은 대서양 건너 신대륙과 태평양을 건너 필리핀에복음을 전파, 위대한 제국의 명예를 드높였다.

필리핀의 복음화는 진실로 스페인 선교사의 위대한 성과이다. 선교사들은 스페인 정복자와 함께 오게 되었다. 그들은 필리핀 원주민들을 개종시켰다. 그들의 노력의 댓가로 필리핀은 아시아에서 유일한 기독교 국가가 되었다.

음식과 의복

스페인은 새로운 식물, 밀, 콩, 감자, 카카오, 커피, 배추, 파피나, 상추 등을 도입하여 국내 식생활을 개선시켰다. 밀과 함께 감자를 갈아서 빵을 구워 먹었다. 필리핀인들은 빵을 좋아했다. 카카오씨로 초콜렛을 Meriend로 음료수를 만들어 저녁 식사 후 마셨다. 사람들은 커피마시는 법을 배웠으며 다른 음식 재료로는 쇠고기, 양고기, 소시지, 햄, 정어리, 올리브 기름과 영국으로부터 야채 통조림을 도입하여 먹었다. 스푼과 포크를 사용하였다. 필리핀은 유럽으로부터 통조림 식품 만드는 법을 배웠다.

스페인 지배시 사람들의 의상이 현저하게 발달되었다. 서양인의 바지와 코트를 입는 대신 남자는 Jacket을 입었다. 코트는 멕시코로부터 도입하여 입었다. 사람들은 푸롱대신 모자를 쓰기 시작하였으며, 맨발대신 슬리퍼를 신었다. 여자들도 의복의 형태가 많이 바뀌었다. 그들은 스페인 이전 시대에도 보석으로 장식을 계속하였으며, 그들은 금귀걸이, 금팔찌, 목걸이 등으로 몸 장식을 하였다. 그들은 슬리퍼, 구두 양말, 머리 빗는 것등도 스페인의 여성과 같이 하였다.

가정 생활

기독교의 고결하고 경건한 영향을 받았기 때문에 스페인 지배시 필리핀의 가정 생활은 정숙하였다. 아버지는 가정의 가장으로서 인정 받으며 난폭하게 가정을 다스리지 않았다. 어머니는 자녀를 교육시키고 가사일을 돌본다. 가족은 친밀하게 연합되어 있었다. 부모와 자녀들은 매일 저녁 기도하고 찬송을 했다.

그들은 식사 전에 함께 기도한다. 그들은 교회에 축제가 있을 때 의무적으로 교회에 나가 축제에 참석한다. 가정은 단란하되 필리핀의 가정은 남편과 아내가 좀처럼 말다툼하거나 싸우지 않는다. 부모는 많은 시간을 자녀와 함께 지내며 자녀를 사랑하고 자녀들은 부모를 존경한다. 존경의 표시로 자녀들은 저녁 기도가 끝난 후 부모의 손에 키스를 한다. 여행을 하고 집에 들어올 때도 자녀들은 부모에게 존경의 표시를 한다.

스페인의 성(姓)

일찍이 필리핀을 식민지 지배 기간 동안 스페인으로부터 성을 받았다. 필리핀 방언이 친숙하지 아니하여서 스페인 지도부에서는 주민들의 이름과 성에서 큰 혼란이 되었다. 총독 Claverin은 1849년 11월 21일에 명령을 내려 필리핀의 가족에게 성을 부여하였다.

스페인 지도부에서 가족의 성을 명단으로 작성 각 마을에 보냈다. 그들은 명령을 받아들여 오늘날 필리핀 가족은 스페인 성을 따르게 되었다. 많은 필리핀 가족은 스페인 성으로 개종하는 것을 반대하여 필리핀 성을 따랐다. 필리핀 성은 말레이 성과 같은 Buta, NG, Bukal, Kalum 등이 있었다.

스페인 언어와 라틴 알파벳

라틴 알파벳 스페인 언어는 필리핀의 마지막 스페인의 유산이다. 하나님은 이들에게 천재적인 언어의 재능을 주어 그들은 쉽게 스페인어와 라틴 알파벳을 배웠다.

Jesuit 선교사 Chirino는 1604년 역사의 저서에서 "그들은 스페인 언어를 배우고 스페인보다 잘 쓰고 읽었으며, 그들은 너무 영리하여 모든 것을 쉽게 배울 수 있었고 필리핀은 국가 언어가 없음에도 불구하고 멕시코 및 다른 아시아 나라에서는 필리핀은 풍성한 국가 언어가 있는 나라"라고 인정하였다.

언어학자에 의하면 필리핀 언어 중 5,000단어가 스페인 언어를 사용하였었다. 그들은 라틴 알파벳과 스페인 언어를 다 알고 있었다. 필리핀인들은 서구인과 밀접한 관계가 있었다.

필리핀 언어의 보존

스페인 수도사들은 복음을 전하기 위하여 본토 언어를 공부하였다. 본토 언어를 공부함으로 그들은 복음 활동을 활동적으로 하기 위해서였다. 그러므로 스페인 수도사들은 쉽게 원주민어를 보존할 수 있었다.

라틴 아메리카의 식민지의 경우 선교사들은 스페인어를 가르쳤다. 멕시코, 쿠바, 칠레, 페루 등 다른 식민지들의 언어는 거의 사멸되었다. 그러나 필리핀은 선교사들의 노력에 의하여 그들의 언어를 보존 할 수 있었으며, 선교사들은 쉽게 필리핀 사전과 문법을 썼다. 처음 다갈록 문헌은 1601년 스페인 선교사 San Jose에 의하여 쓰여졌다.

교육

스페인은 유럽의 교육 제도를 도입하였다. 처음 학교는 선교사들에 의하여 교구 학교는 선교사들에 의하여 세워졌으며, 선교사들이 가르쳤다. 필리핀의 어린이들은 카톨릭 원리, 읽기, 쓰기, 산수, 음악, 예술, 무역들을 배웠다.

소년 대학은 1589년 Jesuit에 의하여 세워졌으며, 마닐라 대학이라 불리웠다. 그 후 그들은 Sun Ignacio대학을 세웠다. 1859년 그들은 공공 학교를 마닐라에 세웠다. Domincans 선교사들도 1611년 마닐라 Rosary 대학을 세웠다. 그 후 대학명이 산토스 토마스 대학으로 바뀌었다. 1630년에 그들은 마닐라에 다른 대학을 세웠다. San Juan de Letran 대학이다. 남자 대학의 교육 과정은 유럽의 대학을 모방하였다. 그리스 어, 라틴 어, 윤리학, 철학, 자연, 과학, 인문 과학을 배우는 이 과정은 5년 과정이며, 졸업을 하면 문학사 학위가 수여되었다. 이 대학을 졸업한 후 남자들은 학업을 계속하여 종합 대학에 갈 준비를 하였다.

필리핀의 대학은 미국의 대학보다 더 역사가 깊다. 필리핀 최초의 대학은 San Ignacio 대학이다. 1589년 단과 대학으로 설립하였으나, 1621년 교황 그레고리 6세에 의하여 종합 대학으로 승격되었다. 1768년 Jesuit 선교사들이 필리핀에서 추방되는 것과 함께 이 대학은 폐교되었다. San Lldefonso 대학은 1595년 세부에 세워졌으나 폐교되었다. 다시 1783년 개교 San Carlos 대학으로 바뀌었으며, 1948년 San Carlos 종합 대학으로 바뀌었다. 두 번째 종합 대학은 산토스토마스 대학으로 Dominican 선교사에 의하여 1611년 세워졌다. 스페인 왕 필립6세는 1645년 종합 대학으로 승격시켰다. 마닐라에 현존하고 있는 대학은 미국에서 가장 오래된 하바드 대학보다 역사가 25년 더 깊다. 세 번째 대학은 San Felipe 대학으로 정부의 지원에 의하여 세운 대학이다. 스페인 왕 필립5세의 칙령에 의거 대학은 설립하였으나 대학의 명성을 얻지 못하고 1726년 폐교되었다. 대학 중 산토스 토마스 대학은 유럽 대학과 같은 학위 과정으로 교육학, 법률학, 의학, 약학, 철학, 신학, 윤리학 등이 있었다.

스페인 지배시 종합 대학은 남자들만 다니게 되었다. 스페인 지배시 두 종류의 여자 학교를 세웠다. 정규 학교인 Colegio와 수녀학교 Deaterio이다. 스페인 지배시 마닐라 여학교로는 Santa Potenciana 대학으로 1594년 설립되었고, 1632년 설립된 San Isabel 대학 등이다. 산타 이사벨 대학은 산타 Potenciana 대학을 흡수하여 현존하는 필리핀 여자 대학 중 가장 오래된 대학이다.

첫 공립 학교는 1863년 교육부령에 의거 스페인이 세웠다. 이 법에 의하여 모든 마을에 소년, 소녀 학교를 세웠다. 소년과 소녀들은 분리하여 학교에 들어갔다.

직업 학교

스페인 정부는 직업 교육을 증진시키기 위하여 선교사들은 종교 교육 뿐만 아니라 직업 교육도 하였다. 농사 짓는 방법, 외국의 식물 재배법 등 다양한 기술을 가르쳤다. 19세기에는 다양한 직업 교육자를 양성하기 위하여 스페인은 직업 학교를 세웠다. 1820년에 국립 예술 학교, 1840년에 무역 학교, 1949년 미술 학교, 1889년에 농업 학교, 1890년에 예술 학교와 무역 학교를세웠다. 모든 학교는 마닐라에 세웠다.

9. 스페인의 유산

스페인 지배시 교육의 발전

스페인은 필리핀에 학교를 세워 지적인 민족으로 만드는 데 공헌하였다. 1843년 Sinbuldo는 필리핀의 낮은 문맹율에 대하여 논평하기를 필리핀인은 다른 어느 민족보다 잘 읽고 쓸 수 있다고 말했다.

1867년 193개 초등학교에 학생 수는 133,000명이었다. 1898년에는 2,150개의 학교에 200,000명 이상의 학생이 있었다.

신 문

최초의 신문이 1811년 8월 11일 마닐라에서 발간되었으나 1813년 폐간되었다. 1859년 최초의 일간 신문, La Esperanza가 발간되었다. 최초의 정기 간행물 La Illastaction Pilipin이 1859년 발행되었으며, 최초의 종교 신문 El Catolilco Pilino가 1862년 발행되었다. 최초의 정치 신문, La Opinion이 1887년 발행되었다.

문 학

필리핀의 문학은 일찍이 종교적인 특성을 많이 지녔다. 기도문의 서적, 성인들의 전기, 다른 종교 서적으로 선교사들은 기독교 복음을 전하기 위하여 대중적인 서적을 읽게 하였으며, 다른 서적으로는 종교적 시, 전설, 영웅 전기 등을 읽게 하였다.

음 악

필리핀은 스페인 지배시 음악에서 멕시코의 영향을 많이 받았다. 유명한 민속춤 Polka, Lanceros, Carifiosa, Sartido는 멕시코에서 들어왔다. 필리핀의 음악은 스페인의 영향을 많이 받았다. 바이올린, 피리, 피아노, 기타 등 다른 유명한 악기들이 유럽을 경유 멕시코에서 들어왔다.

필리핀의 음악 기구는 외국의 음악 기구를 모방하여 만들었다. 수많은 마을과 촌에서 밴드를 동원하여 음악을 즐겼다. 연주하거나 악보를 볼 줄 몰랐지만 그들은 어떤 음악을 연주할 수 있었다. 그들은 실질적으로 귀로 음악을 감상할 줄 알았다. 스페인 선교사는 필리핀 음악 발전에 위대한 공헌을 하였다. Francisan 선교사는 필리핀 역사상 최초로 선교사로서 음악을 가르쳤다. 많은 재능있는 소년들은 공부하게 하여 유명한 음악가가 되게 하였다.

그 중 Adonay(1848~1928)는 라구나 Pakil 태생으로 교회 음악 오르간 연주가로서 그의 명성을 날렸다. 세계에서 가장 오래된 대나무로 만든 오르간이 Laspinas에 남아 있다. 100년 이상 보존된 이 오르간은 지진, 태풍, 반란, 전쟁 등이 이 땅을 휩쓸고 갔지만 완전한 상태로 보존되어 관광객들에게 매혹을 주고 있다.

건 축

마닐라는 다른 세계의 유명한 도시에 비하여 건축이 발전하여 스페인식으로 잘 건축된 집들이 많다. 다른 조각 작품으로는 교회들을 스페인 건축 양식으로 지었다. 지금까지 남아 있는 교회가 많이 있다.

교회 건축 양식으로는 Doric Lonian, Corinthian, Grace Romac, Byzantine 양식 등이다.

미 술

스페인 선교사에 의하여 필리핀에 유럽 미술이 도입되었는데, 필리핀 최초의 화가는 Father of Filipino를 그린 Domingo이다. 1820년 경 그는 마닐라에 미술 학교를 최초로 세웠는데, 그 후 이 학교는 예술 학원으로 되었다.

필리핀의 위대한 두 명의 화가는 Juanluna와 Hidalgo이다. 그들은 스페인에서 미술 공부를 하여 학위를 땄는데, 그들은 필리핀에서 뿐만 아니라 유럽에서도 명성을 떨쳤다. 다른 필리핀의 화가는 Malantic Enriqiez, Guerrero 등이다.

조 각

스페인 선교사들이 활동하는 동안 필리핀인들은 선교사들로부터 서구 조각 기술을 배웠다. 많은 필리핀의 조각가들이 배출되었다.

Tumpingco는 정교한 나무 조각을 하여 Jesuit Church를 봉헌하였다. 조각가로는 Asuncion Arevalo와 다른 유명한 조각가들이 아름답게 필리핀의 예술을 빛냈다. Jose Rizal 박사도 재능 있는 조각가이다.

과 학

스페인 선교사들은 필리핀에 현대 과학을 도입하여 생물 재배법을 가르쳤으며, 많은 유명한 서적을 썼다. 가장 유명한 식물학자로는 수도사인 Blanco이다. 그는 최초로 1837년 「필리핀의 식물」이라는 서적을 출판하였다. 필리핀의 과학자들은 유명하여 화학자로 이름있는 사람은 Rosario로 필리핀 최초로 마닐라 실험실의 연구소장이 되었다. 그는 필리핀 화학의 제왕이라 불리웠다. 과학적 과학자를 양성하기 위하여 산토스 토마스 대학에 제약과 과정을 설치하였다. 최초의 필리핀의 물리학자, 제약학자, 화학자, 식물학자, 동물학자 등이 이 대학에서 배출되었다.

   스페인 지배시 마닐라 측후소는 필리핀 과학의 영광의 면류관의 자리를 차지했으며, Jesuit들이 필리핀에게 그 유산을 물려주었다. 측후소는 1865년 창설되었다. Faura는 최초의 측후소장으로서 과학적으로 지진 기록, 태풍에 주의보를 측후소를 통하여 하였기 때문에 사람들이 이목을 집중시켰다. 마닐라 측후소는 아시아에서 가장 오래 된 측후소로 지금도 있다.

스페인

   스페인은 3세기 이상 필리핀을 지배함에 따라 그들은 자유로이 필리핀 여성과 결혼하였다. 영국 네덜란드와는 다르게 스페인은 편견없이 아시아인 및 라틴 아메리카 원주민과 결혼하였다. 후예들은 혼혈족으로 알려져 Mestizas로 알려져 있으며, 그들은 매력적이고 아름답기로 유명하다.

   스페인들은 필리핀인과 결혼하여 필리핀 인종을 발전시켰다. 필리핀인들은 스페인의 피를 이어 받았기 때문에 그들은 정신적으로 스페인화 되었다. 필리핀인들은 스페인의 특성에 동화되었다. 그들은 스페인의 영향을 받아 신앙에 헌신하며, 낭만적인 기질이 있으며, 가정에 충실하고, 훌륭한 도덕성을 지닌 민족이 되었다고 말할 수 있다.

병원과 고아원

기독교의 인본주의 영향을 받아 사회 복지 시설이 발전되게 되었다. 16세기 경 필요한 병자를 간호하기 위하여 1578년 Clemente에 의하여 최초로 마닐라에 병원을 세웠다. 이 병원은 Dios 병원과 San Lazaro 병원으로 이 두 병원은 남아시아에서 가장 오래된 병원이다. 다른 병원으로는 1588년 설립된 Gabriel 병원과 1612년 설립된 Real 병원이다. 지방에 세운 병원으로는 Los Banos 병원으로 1602년 설립하였으며, 1641년 San Jose 병원을 Cavite에 세웠다.

일찍이 스페인 지배시 대학이나 수도원에서 고아들을 돌보았다. 1810년 최초로 마닐라에 Real Hospicio 고아원을 세웠다. 지금도 이 고아원이 현존하고 있다. 다른 고아원으로는 1885년 Asylum세운고아원으로 지금 마닐라에 있다. 1882년 만달루용에 Hsylum For Girl을 세웠으며, 1883년 Malabon에 Asyium for Boy 고아원을 세웠다.

축 제

유명한 축제와 휴일이 스페인으로부터 필리핀에 들어와 모든 마을에서 매년 축제를 즐겼다. 축제에는 즐거운 음악, 춤, 스릴 넘치는 불꽃 놀이, 종교의 행렬 등과 전통적인 모토 족과 크리스천과의 전쟁을 풍자적으로 묘사하는 음악극을 보여 주었다. 스페인의 지배 기간동안 공식적인 휴일로는 1월 1일 신정, 1월 6일 Epiphany 성령 강림 주일, 11월 1일 All Saint Day, 11월 30일 Andrew Day(스페인이 중국의 해적 임하홍과의 전쟁 승리를 기념), 12월 8일 Reast Day of the Immaculate Conception, 크리스마스, 교황의 탄생일 등이다.

사순절 시작은 2주 수요일 시작하여 부활절 주일에 끝난다. 연중 가장 엄숙하게 보낸다. 이 기간중 모든 축제를 할 수 없다. 사람들은 이 기간에 몸소 예수 그리스도의 십자가의 고통을 체험하여 경건한 생활을 한다. 가장 행복한 계절은 크리스마스 계절이다. 필리핀 크리스마스는 세계에서 가장 그 기간이 길다. 12월 16일부터 1월 6일날 끝난다.

닭싸움

닭싸움은 스페인 이전 시대부터 전하여 내려온 필리핀 고유한 풍속이다. Pigutetta가 팔라완 원정 당시 닭싸움을 즐기는 것을 처음 목격하였다. 스페인 시대 닭싸움은 매우 인기가 있었다. 지금도 매우 인기가 있어 현재까지 필리핀 인들은 닭싸움을 즐기고 있다.

마닐라의 복권

스페인 시대 정부 수입을 증대하기 위하여 도박의 일종인 복권을 도입하였다. 1850년 1월 29일 왕의 칙령에 의거하여 정부에서는 정부복권을 관리하게 되었는데, 복권 추첨은 매달 복권 빌딩 사무소에서 하였다. 복권표는 마닐라와 지방, 홍콩, Amoy, 상하이, 싱가폴 등 다른 도시에서도 판매하였다. 정부에서는 매년 백오십만 페소의 이익을 올렸다.

10. 필리핀의 스페인 봉사

필리핀은 지난 3세기 동안 많은 봉사를 하였다. 그들은 협력 없이는 스페인은 아시아의 기지인 필리핀을 지배할 수 없었다. 스페인들은 가장 좋은 집에서 좋은 환경에서 살고 있었다. 그리고 그들은 이 나라를 지배하고 필리핀인들은 그들에게 복종하였다. 필리핀인들은 지난 3세기 동안 지배당하였으며 충분히 그들의 지배에서 벗어날 수 있었으나 연합하지 못하였기 때문에 독립할 수 없었다. 필리핀은 333년 동안 스페인의 지배하에 살았다. 왜 필리핀은 스페인에 봉사하게 되었는가. 필리핀인들은 세 가지 이유에 의하여 스페인에게 지배당하였다.

첫째, 필리핀인은 연합하지 못하였다. 그들은 이 나라를 자기 나라로 생각하지 아니하였다. 그러하므로 다른 지역 주민이 대항하여 공격하면 다른 종족으로 하여금 물리치게 하였다. 예를 들면 필리핀인의 반란이 일어나면 스페인들은 비사얀 족으로 하여금 진압하게 하였다. 크리스천의 필리핀 군대는 필리핀의 모슬렘과 이방 소수족과 전투를 하였다.

둘째, 필리핀인들은 로마 카톨릭 종교로 개종하였으며, 필리핀인들은 스페인에게 충성하기 가르쳤다. 필리핀인들은 스페인 인 카톨릭 편으로서 모슬렘에 대항하여 영국과 네덜란드의 개신교에 대항하여 싸웠다.

셋째, 필리핀인들은 스페인 정부로부터 봉급을 받았다. 스페인인들은 그들에게 알랑거리며 충성하는 필리핀인에게 특권을 부여하여 주었다. 그러므로 그들은 반란을 하거나 배신을 하면 그들에게 죽이거나 벌을 주고 충성한 필리핀인들은 지방의 장, 바랑가이 장의 직책을 주었다. Laksamana는 원주민으로서 스페인 정부로부터 육군의 가장 높은 직책인 대장의 영예를 얻게 되었는데, 1662년 6월 그는 군대장이 되어서 하루 동안 작전 지휘를 하여 1662년 중국의 3차 반란군을 진압하여 위대한 전과를 울렸다.

어떻게 필리핀은 스페인에게 봉사하였는가.

첫째, 필리핀은 스페인에 필요한 음식을 제공하였다. 둘째, 필리핀은 스페인의 산업 활동에 종사하였다. 셋째, 필리핀은 포르투갈에 대해 스페인에 연합하여 싸웠다. 넷째, 필리핀은 보르네오와 Moluccas를 원정하였다. 다섯째, 필리핀은 스페인과 함께 영국과 네덜란드의 전투에 참전하였다. 여섯째, 필리핀은 스페인과 함께 인도차이나를 원정하였다. 일곱째, 필리핀은 스페인과 함께 타이완을 원정하였다. 여덟째, 필리핀은 Marianas Palaus Caroline 섬을 식민지화하는 데 도움을 주었다. 아홉 번째, 필리핀은 중국인의 반란을 진압하였으며, 임하홍의 침략을 분쇄하였다. 열 번째, 필리핀 크리스천은 필리핀 모슬렘과 대항 스페인과 함께 싸웠다.

필리핀의 농민들

스페인들이 필리핀의 모든 토지를 수탈하였다는 것은 진실이 아니다. 필리핀인들은 많은 토지를 가졌는데 비하여 필리핀의 외국인들은 종교법에 의하여 적은 토지를 소유하였다. 다른 외국인에 비하여 필리핀 농민들은 정당한 대우를 받았다. 스페인 인들은 수공의 노동을 싫어하였다. 그들은 무거운 짐을 부리고 농부가 땅을 파는 일은 더러운 직업으로 수치스럽게 생각했지만, 필리핀인들은 모든 힘든 일을 다하여 공동체 생활에 기여했으나, 모든 스페인 관리, 성직자, 군인과 시민들에게 만일 필리핀인들이 음식을 공급하여 주지 않았다면 굶주려 죽었을 것이다.

필리핀의 산업

필리핀인들은 스페인 지배 기간 동안 성능 좋은 배를 건조하였다. 그들은 마닐라와 Acapulco의 무역에 사용하는 배와 적군을 무찌르기 위하여 쾌속선과 Galleon 선 등 수많은 배를 건조하였다. 배는 천연 조건이 좋은 필리핀의 조선소에서 나무를 건조하였다. 조선소는 Cavite Albay Camarines Masbate 등이 유명하다.

포르투갈과의 전쟁

포르투갈은 일찍이 1568~1570년 경 최초로 스페인을 공격하였다. 포르투갈은 식민지배국인 Moluccas에서 총독 Pereira의 지휘 아래 스페인을 공격했으나, Raha와 시부아노 전사들은 스페인과 함께 포르투갈에 대항하여 싸워 승리했다. 만일 그들의 스페인에 합류하여 대항하지 않았다면 필리핀은 포르투갈의 식민지가 되었을 것이다.

필리핀 보르네오와 Moluccas 전투

1578년 Srilela가 Sultan 왕국을 지배하자 Sultan Lela는 스페인 총독 Sande에게 형이 왕권을 찬탈한 것에 불만을 토로하자, 총독 Sande는 Srilela의 잃어 버린 왕권을 되찾아 주기 위하여 원정대를 보냈다. 40척의 배, 1,500명의 필리핀 전사, 400명의 스페인, 300명의 보르네오 전사를 동원하여 보르네오 섬에 상륙하였다.

그들은 전투를 벌여 Brunei 시를 점령 Sutan Lela는 그의 왕권을 되찾았다. 그의 승리는 필리핀인의 용감한 전투로 승리하게 된 것이다. 16세기 경에는 Moluccas를 원정하였으나, 그 후 Moluccas는 네덜란드에 정복당하였다.

필리핀의 네덜란드와의 전쟁

네덜란드는 1600~1747년 동안 함대로 필리핀을 자주 공격하곤했다. 네덜란드는 스페인을 패배시켜 필리핀을 식민지화하기를 원하였다. 네덜란드는 함대를 동원 마닐라에 상륙하여 영국군과 동맹하여 1621~1622년 마닐라 항 봉쇄를 시도하였으나 실패하였다. 네덜란드 군대는 상륙하여 Cavite 마을 점령을 시도하며 해안 주민들을 몹시 괴롭혔다.

결국 그들은 필리핀과 우호 관계를 맺으려고 성사를 시도하였으나, 필리핀인들은 오직 스페인에 충성, 영국과 네덜란드 개신교 세력에 대항하였다.

네덜란드 전쟁 결과

스페인은 네덜란드에 승리한것은 네덜란드의 침략에 많은 필리핀인이 대항하여 싸웠기 때문에 필리핀은 스페인의 식민지로 남아 있게 되었다. 이 전쟁으로 필리핀은 엄청난 고통과 고난을 겪게 되었다. 필리핀은 네덜란드와 전쟁하는 동안 필리핀 인구가 많이 감소되었고, 필리핀 경제가 침체되어갔다. 멕시코의 무역과 중국 무역 등 다른 무역 활동이 마비되어, 필리핀인들은 그들의 농장을 떠나 전선에서 전투를 하면서 그들은 피를 흘려 값비싼 댓가를 치루었다.

필리핀과 인도차이나

흥미있는 사실은 19세기에 인도차이나를 식민지로 지배하기 위하여 필리핀은 유럽, 프랑스를 도왔다. 1858~1863년에 스페인과 필리핀의 연합군이 프랑스를 도와 베트남을 정복하였다.

그 전쟁에서 필리핀군은 용맹을 떨쳤다. 많은 필리핀 군인들은 전쟁이 끝난 후 그 곳에 잔류, 그들은 베트남 여인과 결혼 그 후세들이 지금 베트남에 살고 있다.

필리핀과 타이완

스페인이 타이완을 식민지화하려 할 때 (1626~1642) 필리핀은 원정대를 보냈다. 필리핀과 스페인 군대는 타이완 북쪽 지역을 점령하였었지만, 그후 네덜란드 군대가 1624년 8월 24일 타이완을 점령하였을 때 스페인은 항복하고 말았다.

필리핀과 Marianas, Palunso Carolines의 이 섬은 태평양의 섬으로서 민다나오 근처에 있다. 스페인의 지배를 받은 섬들이다. 필리핀은 스페인이 이 섬을 지배하는 동안 필리핀인들이 섬에 가서 영구적으로 정착하여 그 지방 여인과 결혼, 가정을 이루고 살았다. 필리핀 병사들은 스페인과 협력하여 그 지방반란을 진압하며 정착하고 살았다.

필리핀, 중국에 대항

필리핀은 스페인 지배시 중국과의 무역항으로 훌륭한 상품이 들어왔기 때문에 중국인을 무척 환영했다. 스페인 지배 기간 동안 중국은 경제적으로 중요한 역할을 하였다.

불운하게 스페인 지배 기간 동안 중국의 빈번한 반란을 이유로 스페인인은 중국인을 거북하게 취급했는데, 중국의 모든 반란은 필리핀이 스페인과 연합하였기 때문에 성공하였다. 위대한 필리핀 영웅 Laksamana는 24시간 동안 Santiago 항 전투를 지휘하여 필리핀 군인으로서의 최고의 영예를 얻었다. 1574년 중국 해적 임하홍이 침입하였을 때 필리핀은 스페인 군과 함께 필리핀을 방어하였다.

그 후 Laksamana와 그의 아들은 필리핀인 1,500여 명과 함께 제독 Salcedo를 도와 Pamgasinsn에서 임하홍 군대를 물리쳤다.

필리핀과 모로와의 전쟁

스페인에 의하여 Moro와 민다나오를 정복하지 못하였다. 수차례

Moro와의 전투에서 스페인은 패배하였다. 스페인에 충성하여 필리핀의 크리스천 군대는 Visayas와 Luzon지역에서 필리핀의 모로 족에 대항하여 전투를 하였다. 그들은 모로 족에 대한 모든 스페인의 원정 전투에 참여하였다. 스페인의 공격에 대하여 필리핀 모로 족은 Llokos와 다른 섬에서 맹렬한 반격을 가하여 그들은 교회를 불지르고 주민을 약탈, 살해하였다. 그들은 노예 시장 Malaccas와 Celebes, Djakarta 시장에 필리핀의 크리스천을 노예로 팔았다.

필리핀 지배시 스페인의 아시아 제패의 꿈

스페인은 라틴 아메리카에서처럼 아시아 식민지 제국의 원대한 꿈을 꾸고 있었다. 그러나 스페인은 동양에서는 그 꿈이 불가능하였다. 스페인은 1588년 영국의 무적 함대와의 전투에서 패배하였기 때문이다.

위대한 해양 제국은 오래 가지 못하였다. 더구나 다른 식민지 제국 영국, 프랑스, 네덜란드와 다른 아시아 제국이 급부상하였기 때문이다. 필리핀은 아시아 식민지 제국을 꿈꾸고 있는 스페인에게 많은 고통을 당하였다. 수천의 필리핀 전사들이 스페인 군과 함께 원정에 참전하여 먼 외국의 바닷가에서 비참하게 죽어 갔다. 제국주의자들은 아시아 제국을 꿈꾸어 수백만 페소의 국고를 탕진하고, 수만 명의 필리핀인을 희생시키는 값비싼 댓가를 치루었다.

Jose Rizal 박사에 의하면 필리핀인들은 스페인의 영예를 위하여 보르네오 전투, Malaccas, 인도차이나 전투에 참여당하였다. 네덜란드의 적을 물리치고 수십 번에 걸쳐 노젓는 사람, 활쏘는 사람을 원정군에 참전시켰지만 참전한 필리핀의 전사들은 영원히 집에 돌아올 수 없었다.

II. 필리핀과 이슬람

중세기 성지 회복을 위하여 모슬렘과 십자군 용사가 전쟁을 벌인 것처럼 필리핀의 십자군 용사들이 필리핀 모로 족과 전투를 벌였다. 300년 동안 십자군의 용사들은 민다나오와 수루를 정복하기 위하여 용감하게 싸웠다. 모슬렘 필리핀 용사들은 선조들의 유산을 지키기위하여 크리스천 용사들에게 저돌적으로 저항하였다.

모로 족

스페인이 필리핀을 정복하였을 때 모로 족이 민다나오와 수루 마닐라 팜팡가에 모슬렘이 있는 것을 보고 놀랐다. Raha Sulayman 마닐라 왕국은 이슬람 왕국으로 불렀다. 모로의 용감한 전사들은 바다에서 육지에서 전투를 잘하였다. 미국의 역사학자 Hurley는 모로 족은 용감한 사람들이다. 모로 족은 담대하여 그들은 죽음을 두려워 하지 않았다. 죽음을 무릅쓰고 전투에 참가하여 그들은 생존권을 보존하기 위하여 열심히 싸웠다고 말하였다.

주요 필리핀 모슬렘 지역은 민다나오의 Lanad, Cotaboto, Zamboanga, Davao, Sulu 등이다. 원래 모슬렘 필리핀은 크리스천과 한 형제이다. 그들은 같은 말레이 족속에 속하나 문화와 종교가 다르다. 그들은 한 민족으로서 말레이의 피와 관습과 전통을 이어 왔다. 엄밀하게 말하여 필리핀의 모슬렘 족은 야만족이 아니다. 잔인한 민족이 아니다. 그들은 우정이 있고, 친절하고, 용감하고, 애국심이 있는 필리핀의 크리스천 형제와 같은 민족성을 가지고 있다.

이슬람의 신앙과 모슬렘의 관습

필리핀 모슬렘에 대하여 인식하고 알아야 할 것은 그들의 종교와 관습, 문화이다. 이슬람의 의미하는 뜻은 신에게 절대 복종하는 것이다. 그들은 하나님은 알라이며 모하멧은 알라의 예언자이다. 우리는 이슬람교를 잘못 알고 있다. 모하멧은 이슬람교를 창설하지 않았다.

다섯 가지의 준수 사항

첫째, 알라 외에 다른 신이 없다. 모하멧은 그의 예언자이다.
둘째, 하루에 다섯 번 이상 메카를 향하여 기도하여야 한다. 기도하는 시간은 동틀 때, 점심, 중오후, 해가 진 후, 초저녁이다.
셋째, 가난한 사람은 구제하여 주어야 한다.
넷째, 9월달에 1개월간 금식을 하여야 한다.
다섯째, 메카에 성지 순례를 일생에 1번 이상하여야 한다.

모슬렘

모슬렘의 구혼 방법은 크리스천의 구혼 방법과 다르다. 그들은 여자 친구와 말할 수 없다. 결혼은 부모의 주선에 따른다. 결혼하기 전까지 신랑과 신부를 볼 수 없다. 모슬렘은 일부다처주의를 허용하고 있다. 코란은 네 명의 부인까지 거느릴 수 있다고 하였다. 이혼도 허락이 된다. 모슬렘은 담배나 술을 먹지 않는다. 그들은 종교는 돼지는 불결한 짐승이라 여겨 모든 사람들이 먹지 않는다.

이슬람교는 필리핀에 기독교보다 먼저 들어왔다.

마젤란이 필리핀에 도착하기 보다 141년 먼저 필리핀에 이슬람이 들어왔다. 마젤란이 1521년 3월 31년 도착 후 일요일 Masao에 십자가를 세웠다. 그러나 이슬람은 필리핀 땅에 1380년 Malacca로부터 모슬렘 선교사가 수루에 처음 들어왔다.

Makdum은 메카에서 잘 알려진 학자로서 Malacca 사람과, Sultan사람들을 모슬렘으로 개종시켰다. 그는 수루에서 모슬렘을 전파했으며, Simunl섬에 사원을 세웠다. 오늘날도 이 사원이 남아 있다. 그 후 Mukdum이 죽었지만 그의 업적은 지금까지 남아 있다.

1390년 Baginda가 수루에 도착, Taosun 사람들에게 모슬렘을 전파하였으며, 그는 필리핀에 최초로 화약과 코끼리를 들어왔다. 그 후 1450년경 Bark 아랍 지도자가 조로를 통하여 수루에 도착 이슬랍교를 전파하며 Baginda의 딸 Paramisul 공주와 결혼하였다. 그는 1450년 수루 왕국을 세웠으며, 30년 동안 지배한 후 1480년 죽었다. 그 이후 수루와 민다나오에서부터 모슬렘 종교가 비사얀, 마닐라까지 급속도로 전파되었다.

레가스피가 1571년 마닐라에 도착하니 이미 모슬렘 왕국이 마닐라에 세워졌었다. 많은 모슬렘인들이 바탕가스, 팜팡가, 민도르, 카탄두안스, 민다나오에 살고 있다.

스페인보다 이슬람 인들이 먼저 입성

스페인이 필리핀에 도착하니 먼저 마닐라에 이슬람이 전파되어 있었다. 주로 루존 지역에 뿌리 깊게 퍼져 있었으며, 북쪽 Llocandia와 Batanes까지 전파되었다. 만일 스페인이 오지 않았더라면 오늘날 필리핀은 기독교 대신 이슬람교가 이 나라를 지배하였을 것이다.

모로와의 전쟁

수차례 스페인은 민다나오와 수루를 침략하여 모슬렘은 기독교로 개종시켰다. 그러나 스페인의 공격에도 불구하고 모슬렘은 용감하게 저항하였다.

이 전투의 격돌은 1578~1898년 까지 300년 동안 전투를 하였다. 이 전쟁은 역사상 모로 전쟁이라고 한다. 그들은 모슬렘 전쟁이라 일컬었다. 모슬렘 전쟁은 최초로 스페인이 민다나오와 수루를 침략으로부터 시작했는데, 필리핀 모슬렘은 용감하였다. 자유를 사랑하는 민족으로서 그들의 자유 수호를 위하여 죽음을 무릅쓰고 용감하게 싸웠다. 그들은 속박을 받기보다는 자유를 위하여 죽음을 택하였다. 두 번째로 필리핀 모슬렘은 스페인과 필리핀의 크리스천들이 복음을 전하기 위해 침략하자 그들은 믿음으로 이슬람교를 수호하기 위하여 싸웠다.

세 번째 필리핀의 모슬렘은 용감하였다. 쾌속선 Vinta로 그들은 바다를 누볐다. 그들은 크리스천의 마을을 공격하였을 뿐만 아니라 박진감 넘치는 전투를 벌여 많은 무기를 노획하였다.

스페인과의 최초의 전투

스페인은 모슬렘과 전쟁을 시작했는데, 1578년 총독 Sande가 보르네오에서 돌아오는 동안 스페인은 최초로 조로를 공격하였다. Taosug 전사들은 지도자의 지휘 아래 스페인의 공격에 저항하였다.

그들의 용감한 방어에도 불구하고 Sande는 조로를 점령하여 처음으로 수루가 스페인의 수중에 들어갔다. 그 후 조로인들은 스페인과의 전쟁에서의 패배의 약조로 조공을 바쳤다. 이로 인하여 300년동안의 기나긴 모로 전쟁이 시작된 것이다.

최초로 모로 중심부 공격

스페인의 침략에 대항하여 Raha Sirangan는 50척의 함대와 3,000명의 전사를 동원 1599년 7월 그들은 비사얀을 습격하고, 교회와 마을을 불지르고 약탈하고, 죽이고, 많은 포로와 노획물을 얻고 되돌아왔다. 1600년에는 Sirangan과 Sulikala이 70척의 함대와 4,000명의 전사로 하여금 다시 비사얀을 공격 성공적인 전과를 올렸다.

이 당시 그들은 고전하였다. 그들은 천여 명의 비사얀 병사와 70명의 스페인 병사들은 스페인의 용감한 Sierra의 지휘 아래 Iloilo 지역에서 전투 하였으나 고전하였다. 1602년 Sirangan은 그의 형제 Buisan과 막강한 145척의 함대를 동원, 수천 명의 병사들과 함께 Maguin danao에서 전투를 벌여 성공적인 성과를 올렸다.

1602년 갈리나로 조로 공격

모슬렘들의 습격으로 성난 스페인 군은 200명의 스페인 부대를 보내어 조로를 공격하게 하였다. 1602년 2월 Gallinato는 조로를 공격하여 3개월 후 이 마을을 점령하려 하였으나 실패하였다. 많은 Gallinato 병사들은 페루, 멕시코 전투에 참전한 역전의 용사인 인도 군사였다. 결국 그들은 조로 전투에서 패배의 쓴잔을 마셨다.

Zamboanga에 상륙

갈리나토는 그 후 1627년 Iugo에게 명령하여 수차례 조로를 공격하였으나 정복에 실패하였다. 스페인 군대는 패배를 경험하고 총독 Salamanca가 민다나오에 군부대를 창설하고, 1635년 4월 6일 부대장 Chares의 지휘 아래 1,600명의 비사얀 필리핀 군대, 300명의 스페인 군이 Zamboanga에 상륙했다.

Tagal 마지막으로 습격

스페인 부대가 Zamboanga에 이동한 것은 현명한 작전의 이동이었다. Pilar 항에서 모슬렘과 전투를 벌이기 위하여 이동한 것이다. 모로의 지도자 Tagal은 Pilar 항 공격을 명령한 후 그의 형제 Kudrat와 함께 비사얀의 칼라만스를 습격하였다. Tagal은 8개월 후 기독교 지방 마을을 습격한 후 무사히 본국에 도착하였다. 그는 많은 크리스천을 포로로 잡고 마을에 불을 지르고 재물을 약탈하였다. 그 후 1636년 12월 17일 저녁 어둠이 질무렵, 그들은 대담하게 Zamboanga 해변에 상륙하였다.

이 소식을 전해들은 스페인 총독은 즉시 스페인 6척의 전대 250명의 군사를 동원 Tagal을 추격하였다. 이 전대의 지휘는 콘잘레스가 하였다. 어렵게 추적 12월 21일 Tagal을 살해하고 그 함대를 파괴시켰다. 콘잘레스는 120명의 기독교 포로를 해방시켰다.

Kudarat와 Corcuera

Flechas 승리로 힘을 얻은 총독 Corcuera는 민다나오 Kudarat왕국을 침공하도록 결정하였다. 1637년 2월 2일 필리핀과 스페인 연합군의 원정대는 마닐라를 떠났다. 동년 3월 13일 총독 Corcuera의 스페인 연합군은 민다나오에 상륙 다음날 그는 Lamitan에 명령 코다바도 시를 공격할 것을 명령하였다.

Kudarat 왕국 병사들은 맹렬한 사자와 같이 전투에 임하였다. 그러나 그들은 스페인 침략군의 놀라운 무력 앞에서 압도당할 수밖에 없었다. Kudarat는 Ilihan 요새로 퇴각하자 Corcuera 군대는 이 요새를 습격하였다. 피비린내 나는 격투가 벌어졌다. 수많은 방어자들은 남자와 여자를 그의 전투에서 몰살시켰다.

Ilihan 성은 3월 18일 정복되었다. Kudarat은 팔에 부상을 입고 도피했으며 용감한 아내 그의 아이들과 함께 도피했다. Corcuera는 이 전쟁에 승리한 후 마닐라로 되돌아왔다. 그는 정복자로서 훈장을 받았다. 그는 필리핀의 역사가들로 하여금 높은 찬사를 받고 있다.

Corcuera 1638년 조로 정복

마닐라에서 몇 개월 쉰 후 총독 Corcuera는 Zamboanga로 되돌아왔다. 그는 조로를 침략하기 위한 새로운 원정을 준비하여 80척의 배와 1,000명의 필리핀 기독교인과 500명의 스페인은 원정하였다. 마지막 4월 17일 피의 혈전을 벌인 결과 조로를 함락시켜 조로 병사들을 패배 시켰다. Corcuera는 조로를 얻게 되었으며, 스페인 군 주둔군이 그곳에 수비대를 주둔시켰다.

모로에 대항 전투

모로의 전사들은 Corcuera하여 승리에 낙심하지 않았다. 그들은 스페인에 대항, 계속 전투를 루존의 기독교인 마을, 민다나오와 수루의 스페인 전위 부대를 습격하여 1645년에는 조로의 스페인 수비대를 공격, 패배시키고 조로를 해방시켰다. 스페인 군은 모슬렘의 공격에 필리핀 기독교인들은 모든 방어에 최선을 다하였다. 이 전쟁이후 처음으로 스페인 지도부는 모슬렘과의 평화 조약을 체결하였다. 그러나 이 약조는 오래 지속되지 못하였다.

왜냐하면 첫째 모로 족은 크리스천들의 이 약조를 휴지 조각처럼 간주했기 때문에 모로 족은 약조를 지키지 아니했다. 둘째 스페인은 정략적으로 요충지 Zamboanga Dapitan Iligan 등에 요새를 건설하였다. 셋째 루존 북쪽에서 민다나오에 이르기까지 해안 마을 조망대를 세웠다. 넷째 바다에서 순시선으로 감시하였다. 스페인은 모슬렘인들을 쾌속선으로 질주하기 때문에 스페인 함선은 무력화되었다. 마지막으로 모슬렘을 무찌르기 위하여 민다나오에 조로 원정대를 보냈다. 이 원정대는 지휘자의 능력 부족으로 실패하고 말았다. Corcuera가 죽은 후 2세기 동안 스페인을 능력있는 위대한 지휘자가 나타나지 않았다.

모로 전쟁의 최절정

2세기반 18세기 무렵 모로 족의 습격이 최절정에 달하였다. 모든 지역에서 무서운 공격을 하여 피의 무서운 자국을 남겼다. 1769년 모로 족은 Malate에 상륙, 그 지역을 약탈하고 포로 20명, 많은 전쟁 무기를 노획하였다. 스페인의 기록에 의하면 모슬렘인은 매년 평균 500여 명을 크리스천을 노예 시장 Betavia Sandakan과 다른 인디아의 노예 시장에 팔았다고 한다. 스페인 정부는 1778~1793년 사이에 모슬렘과의 전쟁의 군사비로 백만 페소 이상의 돈을 지출하였다고 한다.

선교사 모로 족과 싸우다

스페인은 모슬렘과 전쟁하는 동안 수많은 선교사가 용감한 전사로서 전투에 참여했다. 그들은 약탈자 모슬렘에 대한 십자가를 들고 기독교 국가를 수호하기 위하여 열심히 싸웠다. 선교사로서 모로 전쟁에서 영웅적인 전사는 Ana로서 1736년 모슬렘과 전쟁하는 동안 Taytay 항에서 죽었다.

선교사 Santo는 1752년 성공적으로 모슬렘 공격을 Cuyo에서 격퇴하였다.

모로 족의 공격 약화

19세기 이후 모슬렘 세력이 기울어지기 시작하였다. 이유로는 1848년 처음으로 영국의 증기기선이 필리핀에 도입되어 그의 위력을 발휘하기 시작하였다. 모로 족의 Vinta는 죽음이 울리기 시작하였다.

1848년 총독 Claveria는 증기선을 사용, 반란군을 진압하여 놀라운 성과를 거두고 총독 Claveria는 수루 전투에 참여하여 모로 족을 패배시키고 그는 조로를 점령하였다.

Malcampo Jolo 정복

1874년 Malcampo가 필리핀 총독이 된 이후 모로 족은 크리스천 군대를 여러차례 습격하였으나 압도적인 방어를 하였다. 스페인 군대는 그 후 21척의 기선을 준비하고 1,000명의 군사를 동원하여 조로를 침공하였다. 스페인 군대는 1876년 2월에 조로에 도착, 해군과 육군으로 총 공격을 하였다. 공격은 24시간 계속하여 조로전투에서 승리하였다 . 이 전쟁의 승리로 스페인은 영구적으로 조로를 차지하게 되었다. 그는 스페인 왕으로부터 상을 수여받고 마닐라에 돌아오기 전 스페인 최초 창설 수비대장으로 임명되었다. Molo 도시에 스페인의 국기가 높이 휘날리게 되었다.

마지막 모로 전쟁

Malcampo의 조로 정복 후 스페인 정부는 민다나오 정복에 다음 목표를 두었다. 1886년 조로가 함락된 지 10년 후 스페인은 Torrero의 지휘 아래 Moro maguindanaoans들의 도전적 공격을 제어하기 위하여 Cotabuto를 정복하기로 하였다.

1891년 총독 Wevler는 Lando와 Cotabato를 침략하여 그는 민다나오 호수에서의 최초의 전투에서는 승리하였으나, Lanao 전투에서 패배하고 Wevler는 Cotabato 공격에서도 패배하고 말았다.

4년 후 년 다른 총독 Blanco는 Lanao 호수를 침략했는데, 당시 스페인 침략군은 민다나오 연안 리나오 호수에 4척의 기관포를 준비, 공격하며 맹렬하게 공격했다. 기관포선의 공격으로 그들은 방어할 수 없었다. Blanco 군대는 1895년 3월 10일 Marawi도 습격하였다. 다음 2차 Marawi 전투에서 모로의 수비대는 Pakpak의 지휘 아래 호랑이처럼 싸웠다. 그러나 그들은 초강력한 스페인 무력 앞에 무릎을 꿇었다. 영웅적인 Amuipakpak은 그 전투에서 전사하고, 마지막으로 스페인 군대는 1898년 2월 총독 Buille가 코타바토 전투에 참전, 수 일 동안 전투 후 철수하였다. 1898년 12월 10일 파리 평화조약에 의해 스페인은 필리핀 지배의 종지부를 찍었다.

3세기 동안의 피비린내 나는 전투를 했음에도 불구하고 스페인은 용감하게 저항하는 민다나오 모로 족 정복에 실패하였다.

12. 필리핀의 중국, 일본과의 관계

　마젤란 이전 시대부터 필리핀은 중국 및 일본과 교류를 하였다. 스페인 시대에도 계속 교류를 하였다. 스페인 지배 기간 동안 경제를 발전시키기 위하여 스페인은 일본과 중국이 마닐라에 무역을 하도록 하였다. 그러나 스페인이 불신하고 의식하게 된 가장 중요한 원인은, 중국인이 필리핀에서 계속 반란을 일으키고, 또한 일본도 반란을 일으켜 물질적 인적으로 큰 피해를 입게 된 결과 스페인은 중국인과 일본인을 의심하게 되었다.

필리핀의 처음 중국과의 무역

　일찍이 1521년 마젤란이 필리핀에 도착하기 전부터 중국은 필리핀과 무역을 하였다. 그 실제로는 시부 시에서 마젤란이 중국 도자기를 보았다. 그러나 그는 중국 무역상을 만나 보지는 못하였다. 처음으로 중국인을 만난 것은 1570년 민도로 해안에서였다.
　어느 날 스페인 군이 원정중 고티 제독의 지휘 아래 링크 선에 정박중인 중국 무역상을 만났다. 중국 무역상은 스페인 군이 그들을 공격하는 것으로 생각하고 그들에게 저항했으나, 그 이후 중국 상인들은 평화스럽게 무역을 하였다. 스페인 군은 그들에게 적대감을 두지 않았다.

고티 제독은 그 후 자유스럽게 중국 무역상들을 돌려보냈는데, 이 사건 후 마닐라를 진격할 당시 Sulayman의 맹렬한 반격도 있었다고 한다. 왕국을 점령한 고티 제독은 마닐라에서 40명의 정착한 중국인이 원주민과 결혼하여 살고 있는 것을 보았다. 1571년 라가스피가 저항없이 마닐라를 점령했는데, 당시 그들은 스페인 도시를 재건설 중국 무역상을 환영하였다. 마닐라에서는 그 당시 180명의 중국인을 발견하였다.

중국과의 무역

레가스피가 필리핀 총독으로 재임시 중국인 무역상들은 매년 필리핀에 오게 되었으며, 중국과 필리핀의 무역은 성공적으로 진행되었다. 역사적 기록에 의하면 30~40척의 정크 선이 마닐라에 정박하였다. 매년 3월 입항하여 비단, 도자기, 가구, 중국 항아리 등을 들여왔다. 좋은 중국 상품을 들여와 스페인과 필리핀에게 팔았다.

스페인 지배 기간 동안 중국인들을 스페인은 Sangley로 불렀다. Xiang과 Ley 두 단어를 연결하면 그 뜻은 무역상인의 뜻이 된다. 일찍이 스페인은 마닐라 중국 무역상에게 문의하면 Xiangley로 불렀다. 스페인은 중국말을 알지 못하므로 그들은 모든 중국인에게 Sangley라고 불렀다.

12. 필리핀의 중국, 일본과의 관계

임하홍의 침략(1574~1575)

처음으로 중국의 임하홍이 필리핀에 침략 위협을 했는데, 그는 유명한 중국의 해적이다. 왕으로부터 추방이 되어 마닐라 항에 1574년 11월 29일 62척의 정크선 2,000명의 군인 2,000명의 선원, 1,500명의 여자, 많은 무기와 가구 등을 싣고 마닐라 항에 나타났다.

다음날 Siolo 일본 대장의 지휘 아래 600명의 일본 병력이 상륙하였다. 다음날 아침 11월 30일 Siolo는 도시 외곽을 공격 마닐라를 기습하여 고티 제독을 살해하였다. 이에 대항, 스페인 수비대는 필리핀의 요청으로 임하홍 부대 후부를 공격 격퇴하였다. 임하홍 중국 군은 최초의 전투에 패배, 겁을 내고 간 후 제2차의 공격 준비를 하였다.

셀세도에 의하여 마닐라 구원

셀세도는 마닐라에 도착하여 중국 침략군을 경계하였다. 총독 Lavezaris가 도착하자 시민들은 환영하였다. 그는 이 도시가 위협당하므로 검을 들고 싸우는 것이 절실하다고 생각하였다. 셀세도는 고티를 계승하여 제독으로 임명되었다. 임하홍 군대가 제2차로 마닐라를 공격하였을 당시 중국군은 강경하게 마닐라 시를 공격하였다. 중국 함대가 도시를 공격, 참패시켰다. 마닐라 시는 불길이 타올랐다. 그러나 필리핀 군은 셀세도의 지휘 아래 중국 침략군에 대항하여 용감하게 싸웠다.

Sioco는 이 전투에서 죽었다. 셀세도 필리핀 군은 임하홍 중국군의 마닐라 입성 정복을 저지시켰으며, 그들을 팡카시난 북쪽으로 후퇴시켰다.

임하홍의 필리핀 침략 실패

필리핀군 1,500명의 전사와 250명의 스페인 전사는 위대한 영웅 셀세도의 지휘 아래 중국의 임하홍 군을 격퇴시켰다.

셀세도는 Lingayen 항에서 임하홍 함대를 격퇴시켰다. 중국의 해적왕 임하홍은 필리핀 식민지 제국을 이룰 수 없었다. 그는 포위되었다. 포위되는 동안 임하홍은 배를 건너 운하를 파고, 그 운하를 이용 배를 건조하여 8월 3일 어두운 저녁, 운하를 통과, 스페인 포위망을 빠져 나갔다. 남은 자들은 언덕으로 도망, Igorot과 Tinggian에 도피, 혼합 족속이 되었다.

그 후 임하홍은 중국으로 되돌아가 새로운 군대를 조직하여 Fookien과 팔라완에서 해전을 벌였으나 패배하였다. 임하홍은 태국으로 도피하였으나 거기에서 머무를 수 없었다. 다른 왕국으로 갔으나 그를 환영하여 주지 아니하였다. 그는 역사에서 사라진 영원한 방랑자가 되고 말았다.

중국의 중요한 경제

필리핀은 스페인이 지배하는 동안 중국의 경제와 산업에 크게 의존하였다. 중국의 거주한 상인들도 농업, 공업, 석공, 어부, 페인트공, 구두수선, 노동자 등 그들은 훌륭한 기술자들이었다. 1609년 Morge박사는 이 나라는 중국인의 협력과 봉사 없이는 생존할 수 없었다고 말하였다. 역사가 Juan도 중국과의 무역 없이 필리핀인은 생존할 수 없었다고 진술하였다.

스페인의 중국 정책

중국의 괄목할만한 경제적 협력에도 불구하고 스페인 지도부에서는 중국인을 정당하게 대우하지 않았다. 중국인의 이주자가 점차 증가하자 스페인 지도부는 이를 두려워하며 점점 커져 가는 중국 집단을 제어하기 위하여 정부에서는 이민자들에게 과대한 중과세 정책을 쓰게 되었다. 마닐라 중국촌에 살고 있는 그들은 스페인 군사 사정권 밖으로 옮겨졌다. 그들은 반란이 일으켰을 때 대량 학살을 당하였다.

중국인의 첫 반란

1603년 5월 23일 세 명의 중국인이 마닐라에 도착하였다. Cavite의 중국인 Chin-San의 소문에 의하면 1603년 5월 23일 세 명의 중국인이 마닐라에 도착하였다는 소식이 전해졌다. 스페인인들은 중국인이 도착했다는 소식을 듣고 불안해했다. 중국 거주인들이 전쟁을 준비한다고 생각한 스페인군은 중국인을 살해했다.

이에 대항하여 중국인들은 부유한 상인 잉캉의 지휘 아래 중국인들은 비밀리에 스페인 정복 음모를 세웠다. 1603년 10월 3일 저녁 중국인들은 일어났다. 그들은 Tondo를 공격하여 거류민을 죽이고 불을 질렀다. 그러나 스페인은 Acuna의 지휘 아래 중국의 반란군을 격퇴하였다. 스페인 군은 마지막 한 사람까지 남기지 않고 전멸시켰다. 이 최초의 성공적인 작전에서 스페인 수도사들은 혈전을 벌이는 동안 스페인과 필리핀인을 방어하기 위해서 용감히 싸웠다. 중국인은 이 전투에서 격퇴당했다. 그들은 도시 작전에 실패하고 San Pablo로 후퇴하였다. 그러나 필리핀과 스페인 연합군은 무차별 공격하여 무찔렀다. 이 최초의 반란에서 중국인 23,000명 정도가 살해당했다.

중국의 제2차 반란

중국의 두 번째 반란은 스페인의 과다한 세금 징수와 나구나 갈람바에서의 중국인 노동자의 학정으로 인하여 반란이 일어났다. 1639년 11월 11일 갈람바에서 반란이 시작하여 다른 마을로 확산이 되었다. 반란군은 라구나 시장과 스페인 수도사들을 살해하였고, 많은 교회와 집들을 파괴하였다.

그 후 반란군들은 마닐라를 공격할 수 없었다. 왜냐하면 1603년 당시 그들이 격퇴당한 것을 생생하게 기억할 수 있었기 때문이다. 반란군은 3개월 동안 맹렬하게 싸웠지만 필리핀 총독 Corcuera는 필리핀 야전군의 도움으로 나구나 산에서 반란군을 격퇴하였다. 1640년 2월 말 중국 반란군은 배가 고프고 지쳐서 Pagsanjen마을에서 총독에 항복하였다. 중국 반란군은 약 20,000명이 생명을 잃었다. 물질적 손실로 22개 마을이 반란군에 의해서 노략질당했다. 약 700만 페소의 물질적 피해를 입었다.

중국의 제3차 반란(1662)

스페인 정부에서는 중국인 거주인에게 세금을 요구하였다. 이는 총독 Lara의 불법적인 요구였으며, 중국 거주자들을 추방할 것을 계획하고 있었다. 중국인들은 그들의 안전을 위하여 봉기하였으며, 그들은 산타크로즈 지역에 불을 지르고 필리핀인과 스페인 인을 죽였다. 집을 노략

질하였다. 그러나 스페인 정부는 400명의 Pampanga군대가 Francisco Laksamana의 지휘 아래 그들을 대항하였다. 중국 반란군은 안티폴로 타이타이 산으로 도망하였다. Laksamana는 맹렬하게 추격, 그 전투에서 승리하였다. 그는 이에 대한 공로로 24시간 Santiago 항의 전투 지휘장으로 임명받았다. 이는 필리핀군의 역사상 군에 대한 최고의 직위였다.

중국의 제4차 반란

영리하고 유능한 중국의 기술자 Tinglo가 교회를 약탈하고 마닐라에 불을 지르고 스페인인을 죽이려는 음모를 했다. 반란은 1686년 8월 중국촌에서 시작하였다. 그러나 스페인 군은 중국촌에 도착, 전리품을 약탈하였다. Tinglo는 붙잡혀 처형당했다. 나머지 중국 반란군은 Pasay로 도망하자 그들을 추격, 전멸시켰다.

필리핀의 일본과의 접촉

필리핀이 처음 일본과의 접촉은 1570년 고티 제독이 처음 마닐라 왕국을 점령할 당시 20명의 일본인이 살고 있는 것을 발견하였다. 그들은 크리스천들이었다. 명백히 스페인이 마닐라에 입성하기 전부터 Jesuit 선교사에 의하여 일본에서 개종된 크리스천이 있었다. 그 후 1572년 Salcedo는 마닐라에서 11ocos로 항해하는 동안 9척의 정크 해적선을 팡가시난 해안에서 발견하였다. 그 해적선은 그들을 보고 달아났다.

10년 후 1582년 가가얀 입구에서 Tayfusa지휘 아래 일본 해적선이 침입하자 스페인 원정대가 출동하였다. 이 전투에서 맹렬한 전투를 벌였으나 결국 일본 해적들은 패배하였다. 그들은 떠나면서 Tayfuss가 소리치며 우리는 어느 날 다시 올 것이라고 하였다.

일본과의 무역

일찍부터 스페인 이전 시대부터 필리핀은 스페인과 무역을 하였으나 스페인 시대에도 일본과의 무역을 적극 장려하였다. 매년 3월 일본 함대가 나가사끼에서 마닐라 항에 입항하였으며, 입항하여 들어온 일본의 물품으로는 소금에 절인 고기, 전쟁 무기, 서예 종류, 가구 등 다른 일본 생산품을 선적하여 들여왔다. 그들은 태풍을 피해 6월에 되돌아 갔다.

가지고 간 물품으로는 중국의 비단, 금, 낚시 도구, 도자기 등 다른 생산품을 수입하였다. 일찍부터 일본은 무역 구역을 설정하여 Lingayan 항 Agoo 마을에서 무역을 하였다. 그들을 거기에서 사슴 가죽을 선적하였다. 처음 스페인들은 일본의 정크선을 보고 놀랐으며, 일본 정크선이 정박한 항구를 불렀다. 최초로 스페인 함대가 마닐라에서 규수항에 1884년 입항하였을 때 다이미요히라도는 환영하였다. 일본은 성공적으로 마닐라를 관리하여 마닐라 왕래하며 무역을 하였다.

스페인의 일본에 대한 정책

일본은 중국보다 영향을 필리핀에 적게 주었다. 스페인 정부에서는 일본에게는 특별대우를 하였으며, 중국인과는 다르게 대우하였다. 사실상 일본인은 용감하고 정복욕이 강한 민족이다. 그러므로 스페인은 일본인을 존경하고 성심성의껏 대우하여 주었다. 일본은 스페인과 우호적인 관계를 유지하였다.

히데요시의 필리핀 침략 계획

최초로 일본은 히데요시에 의하여 필리핀 침략 계획을 세우고 필리핀을 협박하였다. 스페인은 동양의 제국주의자들이 일어나는 것을 두려워하였다. 히데요시는 사절 단장 하라나를 1592년 5월 마닐라에 보냈다. 스페인 관리를 인질로 잡고 조공을 요구하는 서신이었다. 히데요시의 협박을 예고한 총독 Dasmarinas는 스페인 사절단을 보냈다. 일본인은 귀한 선물을 요구하고 정중하게 조공을 요구하였다. 이에 스페인 정부는 불쾌하게 응답하자 이에 히데요시는 다른 사절단 Kiemon을 보내서 강력하게 요구하고 돌아왔다. 다른 스페인 사절단이 가자 일본은 더 많은 선물을 요구하였다. 그 당시 일본은 국내 사건(한국과의 전쟁)으로 히데요시의 계획이 빗나가게 되었다. 1596년 스페인 군은 기독교 선교사의 도움으로 일본군을 격퇴하였다.

빈번한 일본의 침략 계획

히데요시는 여러 번 필리핀 침략 야망을 버리지 못했다. 그 후 1618년 1630년 1637년 수 차례의 침략 계획을 세웠으나 실패하였다.

최초의 일본 반란

총독 Acuna가 Moluccas로 출전하는 동안 최초의 반란이 1606년 일본인에 의하여 일어났다. 일본의 거주자들은 그들을 추방한다는 스페인 계획에 매우 격분하였다. 마닐라에서는 스페인이 말다툼을 하다 일본인을 살해했다. 일본군은 동료의 죽음에 격분하여 반란을 일으켰으나 프란시스칸 사제의 도움으로 반란은 진정되었다.

일본의 2차 반란

스페인 정부는 1607년 일본이 반란을 일으킨다는 이유로 마닐라 교외에서 모든 일본인들을 일하게 했다. 그 당시 실제적 충동이 일어났다. 필리핀, 스페인 연합군이 일본의 외곽 지역 도시인 Dilao를 공격하였다. 반란군은 전투에서 패배하였다. 일본 마을이 불에 타고 폐허가 되었다. 대부분의 일본인의 필리핀 이주자들은 크리스천으로서 이들은 필리핀에 정착하였다. 그들은 일본에서 신앙을 가지고 있었기에 일본인들은 그들을 추방하였다. 1614년 Tacama의 인도 아래 일본의 크리스천들은 마닐라에 도착하였다. 1632년 일본 정부는 이들을 문둥병자와 함께 마닐라에 보냈다. 그들 문둥병자들은 스페인 수도사의 도움으로 Lazuro병원에서 정성스럽게 간호를 받았다.

일본인의 이주의 증가와 감소

1570년 고티 제독을 마닐라에서 20명의 일본인을 발견하였다.

1592년 히데요시가 침략할 당시 300명의 일본인이 필리핀에서 살고 있었다. 그들은 일본 크리스천으로서 핍박을 피해서 일본에서 이주, 필리핀에 정착하게 되었다. 1612년 당시에는 약 2,000명 가량의 일본인이 살고 있었다. 스페인 지배시 최고 3,000명 가량의 일본인이 살고 있었다는 기록이 있었다. 일본은 1639년 Sho Gun Iyemitsu에 의하여 일본인의 필리핀 이주를 멈추게 하였다. 그 이후 필리핀에서 일본인의 인구는 점점 줄게 되었다.

필리핀과 일본과의 새로운 관계

1857년부터 필리핀과 일본은 새로운 관계를 유지하게 되었다. 1857년 일본 경제 사절단을 마닐라에 보내 필리핀과의 무역을 촉진하게 되었다. 일본은 1889년 마닐라에 영사관을 설립하였다. 필리핀 애국자들이 스페인의 핍박을 피하며 일본으로 도피하였다. 일본인은 그들을 환영하였다. 일본은 1894~1895년 러시아와의 전쟁에 승리하였다. 일본은 이 전쟁의 승리로 서구 제국주의자들의 식민지 제국의 건설의 야망을 고취시켰다.

13. 영국의 침략

　　필리핀을 최초로 정복한 스페인은 영국의 침략에 의하여 정복당하였다. 영국은 1762~1764년까지 마닐라를 점령 지배하였다. 스페인은 필리핀 지배를 유지하기 위하여 충성스러운 필리핀인과 열렬한 내국자의 도움과 Jurist의 Anda의 영웅적인 저항으로 인하여 영국은 더 이상 전진할 수 없었다.

　　일찍부터 영국은 필리핀의 식민지를 계획했다. 영국의 식민 제국주의자들은 필리핀이 동양의 전략적 요충지이고 풍부한 자원을 가지고 있는 나라이기 때문에 필리핀을 식민지화하겠다는 계획으로 1762년 침략하게 되었다. 실제적으로 이런 망상적 계획을 세운 사람은 Dalrymple로 그는 영국의 동인도회사 대리로서 식민 제국주의를 주장한 사람이다. 그는 그 후 남아시아를 답사 1759년 마닐라를 방문하였다. 그 후 그는 그의 친구인 인도 동인도회사 총독에게 부유한 중국과의 무역 전진기지인 필리핀을 식민지배하는 것이 필요하다고 역설하였다. 그는 영국에 남아시아 필리핀 정복 계획 서류를 영국 정부에 보냈다. 명백하게 동인도회사의 제안에 의하여 영국은 필리핀을 식민지화할 계획을 세웠다. 1762년 영국이 스페인에 전쟁을 선포한 5개월 후 동인도회사 Dalrymple의 요청에 의하여 영국 함대가 영국이 마닐라 침략 3개월 전에 민다나오로 향진하도록 명령하였다. 이 일급 비밀은 왕실에 보존되어 있다. 많은 필리핀 역사가들은 영국이 지금 일급 비밀을 보존하고 있는 것을 모르고 있다.

영국과 스페인의 전쟁

스페인과 영국은 18세기 세계 식민 제국으로서 서로 경쟁하는 국가였다. 영국과 스페인은 7년 동안 유럽에서 맹렬한 싸움을 벌였다. 이 기간 중 강력한 식민 제국에 오스트레일리아, 프랑스, 러시아, 폴란드, 헝가리 등이 함께 참여하였다. 영국과 스페인 사이에 전쟁은 발발되었다. 이 전쟁은 7년 동안 유럽에서 일어났으며 북아메리카에까지 커져 나갔다.

영국 군의 마닐라 상륙

영국 왕 죠지3세의 명령에 의하여 영국군에는 인도의 동인도회사에 의하여 전쟁 준비를 하였다. 13척의 함대, 6,380명과 3,000명의 유럽 선원, 두 개의 포병대대, 600명의 인도군, 1,400명의 인도노동자로 구성되었다. Cornish해군 제독이 함대를 명령하고, Draper대장이 부대를 지휘하였다.

침략군의 상륙

1762년 11월 23일 아침, 영국 군부대가 마닐라 항에 상륙, 스페인 정부에 항복할 것을 요구하였으나, 멕시코 인, 구 마닐라 대주교인 Rojo는 필리핀 총독으로서 최후의 통첩을 받고 급히 의회를 소집하여 일본 침략자들의 최후 통첩을 거절하였다.

그날 밤 세찬 비바람이 거세게 불었다. 영국군은 상륙 도시 외곽을 맹렬하게 공격 점령하였다. 도시 수비병들은 도저히 저항할 수 없었다.

마닐라의 포위

1762년 9월 24일 아침 영국군은 마닐라를 포위하기 시작하였다. 영국군은 도시에 포탄을 퍼부었다. 스페인 군도 이에 대응하여 화염을 퍼부었다. 그러나 그들은 강하게 대응, 사수하였으나 영국군에 대항하기에는 무력하였다. 저녁무렵 필리핀과 스페인의 강한 군대는 Cesar Fullet의 지휘 아래 프랑스 군과 스페인 군 도움 아래 영국군을 습격, 전투의 불을 품었다. 전투는 밤 종일 맹렬히 벌어졌으나, 영국군과 인도 동맹군은 그 전투에서 스페인의 공격을 격퇴시켰다.

1762년 10월 25일 대장 Draper은 다시 항복을 요구하였으나 대주교 Rojo는 다시 거절하였다. 도시 전투 지역 내에서 스페인 연합군은 밤새워 진지를 구축하였다. 그들은 전세가 기울어졌음에도 불구하고 침략군에게 저항할 것을 결심하였다. 스페인 군은 이에 대응, 국민들에게 도움을 요청하였고, 팡팡가 Bulacan주둔 수비대를 보강하였다. 억수같이 쏟아지는 10월 3일 그들은 용감하게 Melate와 Bagum buyan은 영국 군의 전위 부대를 습격하였다. 용감한 지도자 지휘 아래 Pam Pangueno 지도자들은 영국의 침략자들과 혈전을 벌여 거의 모든 적을 전멸하였다. 이 소식을 들은 영국 대장 Draper는 급히 지원군을 파송 영국군을 구조하였다. 보다 숫자적으로 우세한 강한 영국 군대를 Manalastas는 그의 영웅적인 지도력으로 영국 군을 패배시켰다.

Anda 전쟁에 참여

마닐라가 위기에 처해지자 Rojo 대주교는 10월 3일 전쟁에 대하여 회의를 소집하고, 그 결정에 따르기로 하였다. 대부분 군부 지도자들과 멕시코 관리자들은 영국 군에 항복하기를 원했다. 왜냐하면 영군 군에 저항한다는 것은 무익한 일이라고 인식하였기 때문이다. 그러나 결과적으로 스페인 수도사의 압도적인 지지에 의하여 영국 군에 죽음을 무릎쓰고 저항하기로 결정하였다. Anda는 정치 지도자로서 영국 군에 저항할 것을 그는 설명하였다. 그는 열렬한 애국주의자로서 정렬적인 스페인의 영웅이다. 그는 마닐라 지역이 함락당할 당시 정부 군으로서 전쟁을 수행하다가 정부로부터 대령의 칭호를 부여받았다.

영국 군의 마닐라 점령

1762년 10월 4일 저녁, 영국 군부대는 마닐라를 포위, 공격하기 전 Luneta를 쳐부수었다. 해 진 후 다음날 침략자들은 해안을 통하여 강풍같이 몰려왔다. 그러나 수비 부대는 적들의 맹렬한 공격을 저지하였다. 그러나 허사였다. 거리에서는 불뿜는 전투가 벌어졌다. 영국 군여단은 도시를 중심으로 Parian과 Santa Lucia Gate를 통하여 도시를 정면 돌파하였다. 전투중 필리핀의 화살에 의하여 영국 군 연대장이 사살되었다. 도시에서는 전투가 맹렬하게 진행되었으며, 수많은 살육자들이 거리에서 피범벅이 되었다.

수백 명의 사람들이 수영과 또한 노젓는 배로 피하려 하였으나, 영국군 병사들은 그들을 무자비하게 쏘아 죽였다. 무시무시한 살육을 멈추기 위하여 대주교 Rojo는 Suntiago항에서 영국 군에 항복을 하였다. 마닐라는 1762년 10월 5일 영국 군에 의하여 함락되었다.

영국 군 마닐라 약탈

영국 군의 무서운 공세로 영국 침략군에 의하여 마닐라가 함락되었다. 영국 군은 30시간 동안 승리의 함성을 부르짖었으며, 그들은 그와 함께 교회 도시의 주택에서 귀중한 예술품과 장식품, 보물 등을 약탈하였다. 그들은 학교, 대학, 수도원에 들어가 도둑질을 하였다. 그들은 중요한 문화 예술품과 보물을 약탈하였다. 그들은 Augustin Charch에 안치된 셀세도의 무덤과 라가스피 무덤을 더럽혔다.

다행스럽게 Santa Clara수도원은 더럽히지 않았다. 왜냐하면 비상 경계령에 의하여 영국군의 약탈을 막았기 때문이다.

Anda의 전쟁의 계속

마닐라가 함락이 되자 Anda는 필리핀 애국자들과 함께 노젓는 배로 함께 도피하였다. 그는 Bacolor Pam Panga에 필리핀 임시 수도를 수립하고, 자신이 정부의 총독이라 선언하고 정부를 이끌어 나갔다. 그는 필리핀 군대를 조직하고, 밀사를 각 나라에 급파하고, 하나님의 이름과 스페인 왕의 이름으로 침략자에게 저항할 것을 호소하였다. 마지막으로 안다 군대에 수많은 전사가 모여 들었다. 더구나 200명의 파견 군인과 영국군에서 탈영한 군인들은 그들과 함께 합류하였다.

영국군의 침략과 필리핀 지배

필리핀인의 협조와 스페인 왕실의 보호 아래 Anda는 성공적으로 작전을 수행하였다. 많은 필리핀인들이 Anda에게 도움을 주었다. 결국 필리핀인의 충성스러움과 담대한 용기로 영국군은 필리핀 침략에 실패하게 된 것이다. 대부분의 Anda군사들은 필리핀인들이다. 용감하게 Pam Panga 연대를 지휘한 Manakastas는 영국군에 대항하여 전투를 지휘했다. 영국 대장 Druper도 훌륭한 지휘관으로 전사들에게 용감하게 싸우라고 명령하여 8,000명의 필리핀 유격대와 전투를 했으나, 그들은 마닐라로 후퇴하고 말았다. 두 필리핀 연대장은 Anda의 명령 아래 보병 부대를 총괄 지휘하였다.

필리핀 지배하의 아시아 동인도회사

동인도회사는 단지 무역하는 쪽보단 영국의 아시아 회사로 알려졌다. Charter의 권위 아래 1600년 영국 여왕 엘리자베스의 명령으로 1,600명의 해군과 육군이 인도에 주둔하게 되었다. 인디아에서 영국은 중국보다는 아시아 무역을 독점하였다. 영국은 새로운 식민 제국으로서 식민지 나라를 정복하였다. 이에 따라 1762년 11월 12일 마닐라 점령 후 인도 동인도회사를 마닐라 정부에 설립하였다. 영국은 1762~1764년 총독 Brake에 의하여 행정권을 행사하였으며, 마닐라 위원 제정 입법권을 행사하였다. 이 정부의 조직은 대장 Druper와 제독 Cornish가 Madras에서 돌아온 후 동인도회사를 다스렸으나, Cuvite는 영국군에 의하여 정복되지 못했다.

그러나 다른 지역 루존, 비사냐, 민다나오, 수루는 정복하지 못했다. 마닐라 밖 지역에서는 Anda를 위시한 필리핀의 충성스러운 군에 스페인 군대에 의하여 스페인의 주권이 유지되었다.

영국 침략의 새 총독

Rojo대주교 멕시코 태생이며 스페인 왕 찰레스3세에 의하여 임명되었다. 그는 영국에 포위되었음에도 불구하고 그는 항복하지 않을 것을 고집하였으나 결국 항복하였다. Anda총독은 Jurist의 전사이다. 그는 마닐라 대법원 관리로서 총독이 되었다.

Druke총독은 필리핀 동인도회사 정부에서 임명되었다.

영국의 마지막 점령

필리핀 Anda가 영국군과 싸우고 있는 동안 유럽에서는 7년 전쟁이 종식되었다. 파리 조약 1763년 2월 10일 서명하였다. 이 조약으로 인하여 영국은 필리핀을 스페인에 반환하였다.

그 당시 통신 시설의 미비함으로 이 소식이 1764년 1월 30일 대주교 Rojo가 죽은 후 이 소식이 전달되었다. 1764년 5월 31일 4개월 후 소식을 전해 들은 Anda군대는 마닐라 한복판에서 승리의 예포를 쏘며 국민과 함께 승리의 개가를 불렀다. 영국군은 2년 동안 마닐라를 점령한 후 그 종지부를 찍었다.

영국 군 침략의 결과

영국군의 필리핀 침략은 세계의 이목을 집중시켰다. 유럽에서 영국 침략군의 마닐라를 점령하였다는 소식을 들었을 때, 영국 사람과 유럽의 외교관들은 지도를 보고 필리핀의 어디에 있는지를 처음으로 알았다. 마닐라가 점령당함으로 필리핀에서 스페인의 위신을 떨어뜨렸다. 영국군에 의하여 마닐라가 함락당했을 때, 필리핀은 스페인의 세력이 점점 기우는 것을 깨달았다. 그러므로 그들은 여러 반란을 일으켰으며, 특별히 Igoret에서의 반란은 유명하다. 영국이 마닐라를 점령할 당시 외국과의 무역은 계속하였다. 영국 상인들에게 필리핀인들은 잠재력 있는 상업술을 배웠다. 인도의 돈 Rupee가 마닐라에 들어왔다. 마지막으로 많은 인도 병사들이 영국 무기를 버리고 필리핀 여성과 결혼 필리핀에 정착하였다. 현재에 많은 인도의 후예들이 필리핀에 살고 있다.

14. 필리핀의 반란

스페인이 필리핀을 기독교 국가로 지배함에도 불구하고 필리핀은 자유를 사랑하는 민족으로서 그들은 외국 침략자들의 잔인함에 압박하는 것은 원치 않았다. 그들은 용감한 말레이 후예들로서 자유와 정의를 위하여 용감하게 싸웠다. 역사적으로 반란은 스페인 식민지배시 3세기에 걸쳐 일어났으며, 그들은 하나님이 주신 인간의 고유한 권리를 되찾기 위하여, 자유를 수호하기 위하여 100여번 이상의 반란을 일으켜 투쟁하였으나, 불운하게도 스페인 군에 의하여 계속 진압되어 반란은 실패하고 말았다.

반란의 원인

자유와 독립을 위하여 필리핀 인들은 스페인의 권력 남용으로 노동 문제, 세금 문제, 종교 문제 등으로 반란을 일으켰다. 어떤 반란은 수도사들이 주민들의 토지를 수탈하여 농지 문제로 인하여 경계 반란이 일어났다. 필리핀인들은 자기들의 선조들의 토지를 찾기 위하여 수도사와 싸웠다. 토지 문제로의 반란은 바탕가스, 부라칸, Cavite, 라구나 등에서 일어났다. 마지막으로 어떤 필리핀인은 종교 문제로 반란을 일으켰다. 그들은 선조들이 믿던 토속 신앙을 믿기 원하였기 때문에 스페인의 기독교 종교 정책에 대항해서 반란을 일으켰다. 종교 반란은 Igorot 종교 반란(1601), Tamblot(1621~1622), Bankaw종교 반란(1621), Tapar(1603) 종교 반란 등이다.

Lakan Dula와 Sulayaman 반란

최초의 스페인에 대항한 필리핀의 반란이다. 레가스피는 현명한 정치가이면서 군인으로서 필리핀 정복시 서로 우호적인 정책을 써서 Lakan Dula와 Sulayaman과 서로 평화스러운 약조를 하였다. 그러나 레가스피가 죽은 후 이에 계승된 Lavezaris 총독은 필리핀 선조의 토지를 몰수하였으며 국민들을 압제하였다. Lavezaris 총독은 레가스피 정책에 반대하였다. 이 잘못된 정책에 반대하여 Lakan Dula와 Sulayaman은 반란을 일으킬 것을 결심하였다.

1574년 12월 마닐라에 임하홍이 공격할 때 두 사람은 Navotas 전사를 소집, 반란을 일으켰다. 그 당시 셀세도는 마닐라를 공격한 임하홍 군대를 격퇴하였다. 중국의 해적들은 팜가시난에 그들의 왕국을 수립하려고 하였으므로 매우 위급한 상태에 있었다. 총독 Lavezaris는 필리핀의 도움 없이는 임하홍 군대를 물리칠 수 없음을 깨달았다. 스페인은 셀세도를 보내 반란군을 설득했었다.

결국 그들은 반란 계획을 포기했다. 셀세도는 우정 어린 감사의 표시로 Lakan Dula와 Sulayaman은 서로 진실한 친구가 되고 그들은 스페인 군과 합류하여 중국의 임하홍 침략군들을 물리쳤다.

최초의 팜팡가 반란(1585)

스페인 지도자의 권력 남용으로 팜팡가 인들이 반란을 일으켰다. 팜팡가의 용감한 지도자들은 마닐라인, Borneans인과 공모하여 도시 간에 무역을 하기 위하여 반란을 일으켰다. 그들의 음모에 의하여 그들은 비밀리 마닐라에서 어두운 저녁에 들어가 스페인 군을 살해하기로 하였다. 그러나 이 음모는 성공하지 못했다. 스페인 인과 결혼한 필리핀 여인이 그 음모 계획을 스페인 정부에 알려 주었다. 반란 주모자는 체포되어 처형되고 반란 계획은 수포로 돌아갔다.

조세에 대한 반란

조세 수탈의 남용으로 1589년 Cagayan과 Llocos지역에서 반란이 일어났다. 필리핀에서는 매년 조세 불법 수탈로 인하여 반란이 자주 일어나 반란자들은 스페인 인들을 살해하였다. 그러나 스페인 정부에서는 Santiago Vera를 보내 반란군을 평정하였다.

Magulat 반란(1596)

1596년 총독 프란스코 캘로가 지배할 당시 두 형제가 국민들을 선동하여 가가얀에서 스페인에 대항 반란을 일으켰다. 한 형제의 이름은 Magulat으로 그는 반란을 일으켰으나 결국 반란을 진압되고, 반란 주모자 형제들과 그의 친척들은 마닐라에 추방되었다. 도미니안 선교사가 가가얀에서 두 형제의 마음을 안정시키고, 총독 Tello에게 그들을 용서하여 줄 것을 간청했다. 간청을 받아들여 총독은 그들을 집에 되돌아가도록 했으나 Magulat는 가가얀에 도착하자마자 국민들을 자극하여 반란을 다시 일으켰다.

그는 다른 정착민들의 도움을 받아 필리핀의 애국자와 스페인의 많은 군인을 살해하였다. 가가얀 사건을 전하여 들은 총독 Tello는 Chaves 대장을 보내어 반란군을 진압하였다.

Igorot에서의 종교 반란(1601)

1601년 11월 루존 북쪽 Igorot에서 크리스천에 반대하여 반란이 일어났다. 총독 프란시스코는 그들을 평정시키기 위해 대장 Aranda를 급파하였다. 원정대원 Marin선교사는 그들에게 설득함으로 원주민들을 변화시킬 수 있다고 생각하였다. Marin은 대담하게 반란 마을에 접근하여 그는 스페인 기독교인에게 항복할 것을 요구하자, 그말을 듣는 순간 Igorot인들은 그를 살해하였다. 대장 Aranda는 그의 죽음에 복수 Igorot인 반란군을 격퇴시켰다.

Sumoroy반란(1649~1650)

1649년 Fajardo는 시장에서 명령 Cavite에게 사람을 보내 배를 건조하도록 명령하였다. 비사얀 인들은 가족과 집을 떠나 힘든 일을 하였기 때문에 그들의 명령에 분개하였다. 스페인 수도사들은 그들을 동정하여 총독에게 그의 명령을 재고하여 줄 것을 요청하였다. 그러나 총독 Fajardo수도사들의 간청을 묵살하였다. 그러자 필리핀 노동자들은

Sumoroy의 지휘 아래 1649년 6월 1일 반란을 일으켜 마을에서 평판이 좋지 않은 수도사들을 살해하였다. 반란군들은 급속도로 다른 지역과 섬 북쪽 민다나오, Sebu, Masbate, Camigain Albay 등의 지역으로 확산되었다.

   총독은 이에 놀라 필리핀의 Samar부대와 스페인의 최강군을 보냈다. Zanboanga함대에 4척의 범선과 스페인의 승무원과 400명의 원주민군을 동원하여 반란 지역 섬을 공격하였다. 그러나 Sumoroy는 용맹스런 장군으로서 스페인과 필리핀의 연합군을 대항 여러 차례 승리하는 전과를 이루었다. 그는 원주민으로부터 우상시되었다. 당시 스페인 정부는 Sumoroy를 죽이면 큰 상금을 주도록 명령했는데, Sumoroy는 적의 공격을 피하기 위하여 산에 견고한 요새를 구축하였다. 1650년 비가 오는 어두움이 덮힌 저녁, 스페인, 필립핀 연합군은 그 요새를 갑자기 습격하였다. 반란군은 소스라쳤다. 그들은 사자처럼 맹렬히 싸웠다.

   그러나 결국 그들은 무너졌다. Sumoroy의 어머니는 전쟁터에서 사망하였고 Sumoroy는 생포되어서 처형되었다.

Malong반란(1660~1661)

스페인의 압제로 인하여 Malong, 지금의 San Carlos에서 반란이 일어났다. 필리핀 군은 국민을 선동하여 스페인에 대항 반란을 일으켰다. 최초의 반란은 1660년 12월 15일 Lingayan에서 일어났다. Malong사람들은 시장을 포함 수십 명의 스페인 군을 살해하고, 그 자신의 팜가시난 왕이라고 선언하였다. Llocos, Zanbales, Pampanga, Cagayan에 서신을 보내 자신들과 합류할 것을 원했다. 잠발레스 인들이 그들과 합류하였다.

팡가시난 인들은 그 지방을 확장 통치하기를 원했는데, Malong 사람들은 팜팡가인 6,000명을 Vera에 보냈다. 그리고 Llocos인과 가가얀 3,000명을 Gumapos에 보냈다. 그러나 보낸 원정대는 너무나 혼란스러웠다. 그러한 이유로 세력이 점차 약화되어 정부군에 의하여 압박을 당하고 말았다. Malong 사람들은 사자를 보내 Vera Gumapos의 군대를 되돌아오도록 했으나, 요청한 군이 오기전 연합군에 그들은 생포되고 말았다.

Llocos 반란(1661)

Malong이 당시 선동적으로 반란을 일으키자 Llocanos인들도 1월 반란을 일으켰다. 1661년 지도자 Almazan, Magsanop, Cristobal은 Almazan을 Llocanos왕으로 선언하고 그의 장자는 왕자로 선포되었다. 반란은 Nicolas Bucurra 그리고 Llauah에서 일으키기 시작하여 그들은 교회를 불사르고 수도사들을 살해하였다. 그러나 결국 많은 필리핀의 충성스러운 필리핀군과 스페인 군에 의하여 진압되어 실패로 끝나고 말았다.

농민반란(1745~1746)

1745년에서 1746년 사이에 Cavite Laguana Batangas 원주민의 토지를 탈취하므로 농민 반란이 일어났다. 종교 명령에 의해서 토지를 탈취, 반란이 일어난 것에 반하여 수도사들은 정당한 행위라고 주장했다. 그러나 필리핀인은 그렇게 생각하지 않았다.

최초 농민 반란은 1745년 바탕가스 지역, Jesuit 수도사 재산 문제로 반란이 일어났다. Matienza의 지도 아래 국민들은 약탈하고 Jesuit 처소에 불을 지르고 목장을 황폐시켰다. 반란은 확산되어 Taul까지 확산되며 동시에 다른 지역 Bina Imus Silang, Kawit, BAcoor, Taguig로 퍼져나갔다. 정부에서는 마닐라에서 반란군을 진압하기 위해서 바탕가스에 보냈다. 반란군의 주모자 Matienzu등 반란군이 항복을 하자 용서하여 주었다.

　이 반란의 원인은 스페인 관리의 잘못으로 일어난 것이다. 이에 스페인 왕은 필리핀의 빼앗은 토지를 농민들에게 돌려 주도록 했다. 그러자 스페인 수도사들에게 호소 다시 땅을 빼앗게 되었다. 그들은 결국 그 땅을 필리핀 인에게 돌려 주지 않았다. 오랜 시간이 지난 후 미국이 지배할 당시 미국 정부는 종교 명령에 우려하여 수도사는 땅을 사게 되었다. 그의 토지를 분할, 필리핀 농민에게 팔았다.

Basi 반란(1807)

　필리핀의 역사적인 반란이다. 1786년 스페인 정부는 술을 주조해서 판매하는 것을 제제하다가 가정에서 술만드는 금지령을 내렸다. 그러나 일로코 인들은 가정에서 술 주조 금지령을 내린 것을 싫어했다. 왜냐하면 정부에 술을 팔지 못해서이다. 그전에 그들은 집에서 술을 만들었다.

　1807년 9월 16일 Llocan인들 Pidding, Llocos, Norte에서 반란을 일으켰다. 1807년 10월 28일 반란은 스페인 정부에 의해 진압되고 말았다. Llocos반란은 제압하므로 많은 사람들은 불행하게도 그들이 좋아하는 술을 제조할 수 없게 되었다.

필리핀의 반란이 실패하게 된 원인

필리핀은 두 가지 이유로 인하여 반란이 실패하게 되었다. 첫째, 필리핀은 연합하지 않았다. 그 대신 각자 스페인을 도와주었다. 예를 들면 다갈록 인들은 팜팡가 반란이 일어났을 때 스페인을 도와 진압하였다. 이와 더불어 팜팡가 인들은 다갈록 지역이 반란이 일어나면 스페인을 도와 반란을 진압하였다. 그러므로 스페인은 필리핀인이 연합되지 못하는 세력을 이용하여 그들을 압제하였다. 이 정책을 분할 정책이라고 한다.

둘째, 국민을 이끌어 나갈 지도자가 없었다. 지도자들은 오직 소규모 지역에서만 영향을 주어 반란을 일으켰다. 국가적인 지도자는 19세기에 Rizal, Bonifucio, Aguinaldo 등의 영웅적 지도자가 나타났다.

15. 필리핀의 민족주의

해외로부터의 자유주의 사상의 영향으로 1868년 스페인 혁명이 일어난 원인은 1869년 수에즈 운하가 개통됨으로 많은 영향을 받게 되었다. Comez와 Burgos 그리고 Zamora는 필리핀에 민족주의 혁명의 영향을 가져다 준 사람이다. 그들은 국민들에게 필리핀 민족주의를 부르짖었다.

자유주의 사상의 영향

필리핀은 스페인에 의하여 세계와 자유 무역이 개통되었을 때, 미국인들이 배를 통하여 필리핀에 와 미국과 유럽의 자유주의 사상을 주입시켜 주었다. 이 자유주의 사상으로 신문과 책을 통하여 미국의 실용주의, 프랑스의 혁명 몽떼뉴, 루소, 볼테르, 죤 록크, 제퍼슨과 다른 정치학자의 사상을 알게 되었다. 이들의 영향으로 필리핀 인들은 그 나라의 상황에 대하여 비탄했다. 그들 민족의 자유와 정의에 대하여 토론하였다. 그들은 대담하게 그들의 어려운 지금의 상태를 개혁 할 것을 정부에 요구하였다.

스페인 혁명

1868년 스페인에 혁명이 일어나 이 혁명은 성공적으로 끝났다. 이 혁명으로 여왕이 그 자리에서 물러났다. 스페인 애국자들은 1873년 2월 12일 왕정을 타도하고 최초로 스페인 공화국을 세웠다. 스페인 자유주의의 승리는 해외 식민지 나라에 울려퍼졌다. 필리핀은 처음으로 달콤한 자유주의 민주 정치를 쟁취하기 위하여 언론의 자유, 집회의 자유, 양심의 자유 등 인간 기본 권리를 쟁취하기 위하여 노력하였다.

수에즈 운하의 개통

1869년 수에즈 운하가 개통되어 필리핀인에게 많은 직접적 영향을 주었다. 103마일의 수에즈 운하는 지중해와 홍해를 연결하여 인도양을 직접 가게 되었다. 이로 인하여 마닐라와 스페인 간의 거리가 많이 단축되었다. 필리핀은 유럽과 더 가깝게 되었다.

배가 Barcelena에서 희망봉으로 돌아갔으나, 수에즈 운하가 개통됨으로 직접 가게 되어 항해 기간이 32일 단축되었다.

Torre 스페인 자유주의 총독(1869~1871)

스페인 왕정이 무너지고 스페인은 새로운 필리핀 총독으로 자유주의 사상을 부르짖는 총독이 필리핀을 지배하게 되었다. 새로운 총독은 군인으로서 진실한 민주주의자였다. 필리핀인들은 Torre 총독을 진심으로 환영하였다. 총독 Torre는 진실하고 훌륭한 정치가였다. 그는 필리핀에 민주주의의 모범을 보여 주었다. 그는 1591년 스페인 중세 기사풍의 다양한 옷을 입은 관리를 해고하였다. 그는 거리를 지나갈 때 경호원 없이 평범한 시민의 복장으로 거리를 다녔으며, 스페인 혼혈족과 스페인 필리핀 원주민들에게 평등한 대우를 하였다.

자유주의자 Sevenade

1869년 7월 12일 새로운 총독은 필리핀에 자유주의 정책을 받아 들였다. 명망있는 총독을 필리핀 애국자들은 환영하였으며, 총독은 그들을 성찬에 초대하였다. 그들은 다양한 종류의 음식을 먹고 마시며 얘기하였다. 애국자들은 마닐라 스페인 왕궁에 초대된 것에 대하여 충격을 받았다. 왜냐하면 예전에는 자유스럽게 말하는 것이 허용되지 않았으며, 지금까지 총독으로부터 궁전 식사 초대를 한번도 받아 본 적이 없었기 때문이었다.

자유주의와 필리핀의 애국자

스페인 혁명이 1868년 성공이 되자 자유 정치 지도자 스페인 총독 Torre는 필리핀 애국자들에게 정치적인 문제에 대하여 토론을 하고 개혁에 대한 열망을 주고 용기를 주게 되었다. 그들은 이후 조직체를 구성하였는데 그 이름을 개혁 위원회라고 불렀다. 그 위원회 구성을 3부분의 성직자, 변호사, 학생들로 개혁 위원회를 조직하였다. 성직자로는 Gomuz, Burgo, Zamora이며 변호사로는 Antonio, Regidor, Torera, Enriquez이다. 학생으로는 Buencamino, Sanciano rizal 등이다. 이를 지도자들은 시위운동을 하였으며, 그들은 1969년 9월 18일 체포되어 감옥에 들어갔다. 그러나 그들은 그 후 총독 Torre에 의하여 석방되어 자유의 몸이 되었다.

Torre의 업적

총독 Torre가 다스리는 동안 필리핀은 괄목할만한 성과를 이룩하게 되었다. 그는 정치 문제를 자유로이 토론하여 정치를 발전시키고 엄격한 검열 제도를 폐지하고, 스페인 헌법에서 언론의 자유를 보장하게 하였다. 그의 관대한 정책으로 필리핀인들은 반란을 일으켰으나, 1869년 7월 7일 총독 Torre는 필리핀 군인으로 하여금 평화적으로 진압하게 하였다. 총독 Torre는 Cavite에서 일어난 농민의 분쟁도 평화스럽게 해결하였다.

18세기 중엽에는 필리핀의 소작인들이 그들의 토지를 스페인들에게 빼앗겨 이로 인하여 많은 농민 반란이 지역적으로 많이 일어났다. 1822년 Parang의 지휘 아래에서 Imus반란이 일어나 Kawit Silang, Calamba, Binan 등으로 반란이 확산되었다. 이 반란은 1828년 총독 Racafort에 의하여 진압되었다.

1년 후 Cavite에서 지도자 Camerino에 의하여 반란이 일어났다. 영국의 Rovin Hood처럼 그는 승리의 전사처럼 지역을 다니면서 복수의 천사로서 압제 당한 소작인을 위하여 싸웠다. 그러나 총독 Torre는 그들 반란군을 용서해 주고 상당한 신분으로 대우하여 살도록 하였다.

새로운 총독 Lzquierdo(1871~1873)

1871년 4월 4일 Torre총독의 후임에 Lzquierdo가 새 총독이 되었다. 그는 반동적인 폭군이었다. 그가 필리핀에 오게 된 것은 검으로 고난을 주기 위해서 필리핀에 왔다고 자부하였다. 그는 필리핀 압박을 가중시킨 총독이다. 그는 필리핀 교구에 정치적 자유를 금지시켰다.

Cavite 반란(1872)

1872년 1월 20일 밤 약 200명의 필리핀 군인들이 병기를 들고 폭동을 일으켰다. 지도자는 Lemadrid, 필리핀 하사관이었다. 반란군들은 그날 밤 시내에서 로켓을 발사 불을 뿜는 신호로 필리핀, 마닐라 군인과 합류하기로 약속하였다. 그러나 불운하게 그날 밤 마닐라 축제로 밤에 불꽃놀이를 하였다. 마닐라 군인들은 반란의 시작이라 판단하고 무기를 들고 스페인 관리를 살해하고 병기로 부수었다. 다음날 정부 군인들은 Ginres의 지휘 아래 Cavite로 돌진하여 피의 혈전을 벌였다. Lamadrid를 포함 많은 반란군이 살해당했다. 1월 22일 반란군을 진압, 포로들은 마닐라에 압송하였다. 이 반란은 필리핀 사제가 애국자들을 일으킨 반란이라고 스페인들은 단정했다.

그 후 필리핀 사제와 애국자들은 체포되어 감옥에 투옥되어 선동과 반란죄로 고소 당하여, 1872년 1월 27일 총독은 41명을 사형에 언도하였으나 정부의 특별감형으로 사형에서 징역형으로 형이 감형되었다. 다른 애국자와 사제들은 괌으로 추방되었다.

15. 필리핀의 민족주의

Trial Gom-Bur-Zu의 순교자

3명의 저명한 Burgos, Gomez, Zamora의 인도 아래 많은 군중 앞에서 공개 처형당했다. 최초의 순교자인 이들 세 사람은 Gomez(84세)가 처음으로 교수형대 앞에 위엄스럽게 걸어 나왔다. 그는 갑자기 땅에 쓰러졌다. 그는 교수형대를 붙잡고 엄숙하게 "우리는 하나님의 뜻을 따라 떠나간다."라는 마지막 말을 하였다.

그 이후 Zamora(37세)가 마지막으로 가장 훌륭하고 가장 젊은 35세의 Burgos가 처형되었다. 그는 사형대 앞에서 무릎꿇고 "아버지! 나를 용서하여 주시옵소서. 나는 당신께 갑니다. 당신은 나의 아들을 용서하셨습니다. 나는 당신이 당신의 사명 따라 응한 것을 알고 있습니다. 당신은 사명 따라 하셨습니다. 나의 주여 나의 하나님이여 나의 영혼을 받으옵소서."라는 마지막 기도를 하고 숨을 거두었다.

16. 선각자운동과 Katipunan

필리핀은 Gom-Bur-Za가 순교한 후 최악의 상황이었다. 스페인 정부는 필리핀을 더욱 압제하며 필리핀 애국자들은 핍박했으나 많은 애국자들이 해외로 나가 애국운동을 전개하였다. 그들은 평화적인 방법으로 개혁운동을 전개하였다. 연설을 통하여 책을 통하여 독립운동을 전개하였다. 이 운동을 일컬어서 선각자운동이라고 한다. 이 선각자운동은 1872년에 시작되어 1896년 Rizal이 Daptian에 추방당했을 때, 이 운동은 끝나게 된 것이다.

선각자운동의 개혁 요구

선각자운동은 선동적 혁명적 사건이 아니다. 필리핀 애국자들이 스페인 지도부에 단지 개혁을 요구한 운동이다. 이 개혁의 요구 사항을 열거하여 보면 첫째, 스페인과 필리핀인은 법률 앞에 평등하다. 둘째, 스페인은 필리핀 지역에 있는 국민들에게 융화적인 정치를 하여야 한다. 셋째, 스페인 의회는 필리핀 대표를 인정하여야 한다. 넷째, 필리핀교구의 사제, 배제 회복, 다섯째는 인간의 기본 권리인 언론의 자유, 양심의 자유, 압제로부터의 자유 회복이다.

선각자들

선각자들은 가문이 좋은 지식 계층, 교육·정치·사회를 대표한다. 필리핀의 상징적인 인물들이다. 선각자로는 Marcelo와, 또 다른 유명한 선각자로는 Jose Rizal이다. 그는 의사이며 소설가이다. 수많은 재능을 가진 천재이다. Graciano Lopez Jaena는 위대한 선각자의 웅변가이다. Poncs는 의학사이며 작가이다. Luna, Hadalgo, Antonio, lina 많은 선각자들이 운동을 전개하였다.

외국에서의 선각자운동

필리핀 선각자들은 개혁운동만 전개한 것은 아니었다. 그들은 자유와 정의를 사랑하는 외국인들로부터 도움을 받아 민족운동을 했다. 더불어 오스트레일리아 대학 교수인 Blumon은 Rizal의 친구로서 리잘의 두 소설 Noil-Fili의 머리말을 썼다.

스페인 자유주의 운동가 Atayde는 마닐라에서 태어나 군에서 은퇴한 사람으로, 1882년 10월 스페인 시민 연합회를 창설하였다. 마드리드에 필리핀 신문사를 창설하였다. 불운하게도 신문사와 시민연합회는 오래 지속하지 못했다.

필리핀의 역사

선각자운동 기관 La Solidaridad

필리핀의 선각자들은 Casolidaridad라 불리는 개혁 신문으로 발간하였다. 최초의 편집장은 Lopez Jaena였다. 최초 발간은 1889년 2월 15일 스페인 Barcelona에서 발행하였다. 1999년 11월 마드리드로 옮겼다. 필리핀 작가 Rizal Pilar Ponce와 다른 작가들이 이에 동참하였다. 마지막 발행일은 1895년 11월 15일이었다. Pilar은 마지막 작별의 인사에서 우리는 노예로 압제당하는 이 민족의 자유와 정의, 승리를 위하여 조금도 희생을 하지 않으면 안 된다는 마지막 작별 기고를 하였다.

필리핀과 스페인 연합회

필리핀 선각자들은 1889년 1월 12일에 마드리드에서 그들 스페인 친구와 함께 연합회를 결성하였다. 의장은 Miguel Moruytu로 스페인 마드리스 대학 교수이다. 부의장은 Corte가 선출되었다.

Rizal

민족의 영웅 Zose Rizal은 그의 조국을 무척 사랑하였다. 그는 죽기 전 그의 서신에서 "나는 가난한 우리나라를 사랑한다. 나는 나의 생명 다할 때까지 우리 민족을 사랑할 것이다. 나의 생명, 나의 행복, 나의 모든 것을 다하여 나는 우리나라를 위하여 희생할 것이다. 어떤 일이 일어나도 나는 우리나라의 자유와 희망을 위하여 살 것이다."라고 했다. Rizal은 작가로서도 유명했다. 그는 소설 「Noli Me Tangere」와 「El.

Filibusterismo」를 썼다. 그는 스페인 관리와 사제들의 우정과 비리를 들추어 내는 내용의 소설을 썼다. 이 소설은 1896년 필리핀 혁명을 일으킨 도화선이 되었으며 이 나라를 사랑하는 필리핀 민족을 일깨워주었다. 민족운동을 전개하는 스페인 정부에서는 Rizal을 적대시하였다. Rizal은 1892년 6월 26일 홍콩에서 필리핀에 들어오기로 결심하였다. Rizal은 필리핀 애국자들과 함께 개혁을 하는 데 동참하였다. 이를 Siga Filipina라 부른다. 이들은 최초로 Ronde Waya거리 어느 집에서 모임을 가졌었다. 그러나 그는 불운하게도 스페인에 의하여 체포되어 민다나오에 추방되었다. 그는 민다나오에서 Daptian으로 떠났다. 그 후 Rizal은 1892년 12월 30일 스페인 군에 의하여 사살당했다. 리잘은 스페인의 압제로 인하여 고통을 당하는 민족을 위하여 고통을 당하는 민족을 위하여 그 자신 희생한 필리핀의 영웅이다.

Bonificao의 Katipunan의 구성

Amdres Bonificao는 리잘이 Dupitan에서 추방되었다는 소식을 듣고 충격을 받았다. 그는 지금의 Recto Avenue에서 친구들과 모임을 가졌다. 1892년 7월 그들은 필리핀의 자유를 위하여 비밀혁명당을 결성, 조직하였다. 이 약자는 K.K.K이다. K.K.K의 결성 목적은 필리핀의 연합과 필리핀의 독립을 위하여 Katipunan을 조직하였으며, 필리핀 역사상 의미심장한 일을 하였다.

첫째, 혁명운동의 시작은 평화적인 방법으로 하였다. 둘째, 필리핀인들은 전면적인 개혁을 요구하였으며 완전한 독립을 요구하였다.

Katipunan정치

이는 단지 비밀 단체가 아니라 Katipunan은 정부 자체이다. 그들은 법을 재정 첫 번째는 1892년 두 번째 1894년 법을 제정했다. 중앙 정부에는 최고부에 의장이 있고 재정 회계 비서 회계 감사관을 두었다. 각 지역에 지방 위원회를 각 마을에 일반 위원회를 두었다.

Katipunan의 구성원

Katipunan에는 급속도로 많은 사람을 모여 들었다. 1896년 당시 20,000명의 정도의 사람들이 모여 들었다. 그 중 유명한 사람들로는 Bonifaco, Arellanom, Emildem, Jacomto, Valenzuelam, Valentidiazm, Dizonm. piata 등이다. 여성들도 Katipunan을 도우며 협력하였다. 그들 여성들도 Katipunan의 문을 두드렸다. Katipunan은 여성을 받아들이는 것을 허용하였다. 남자 회원의 아내, 딸 등 친척들이 여자 회원으로 되었다. 약 25명 정도의 여성들이 비밀 사회당 구성원이 되었다. 여성 멤버로는 Gregoria, Jojus, Bonitucio, Santiago 등 많은 여성 회원이 비밀 사회당에 입당하였다.

여성들은 Katipunan에서 귀중한 역할을 담당하였다. 그들은 사회당의 비밀 서류, 비밀 문서 등을 취급하였으며, 항상 위험을 내포하며 살아갔다. 그들은 어떤 집에서 모임이 있을 때도 그들은 Katipunan의 구성원으로서 많은 봉사적 역할을 담당하였다.

Katipunan의 문학

Katipunan의 유명한 세 명의 작가는 Bonifacio, Jacinto 그리고 Valenzuela이다. 그들은 국민 속에서 애국적인 감동을 일으키는 글을 썼다. 그들 작가들의 애국적 사상이 비밀 사회당원들을 감동시켜 혁명의 원동력이 되게 하였다. Bonifacio는 다각적으로 독립에 대한 글을 썼으며, 조국의 사랑 등 애국적 서정시를 썼다. 그는 산문체로 민족의 자녀로서의 의무라는 글과 다갈록 인들은 무엇을 알아야 할것인가?라는 정치적인 수필을 써 필리핀인들에게 혁명운동의 감동을 불러 주었다.

Emilio Jacinto는 젊은 법대 학생으로 산토스 대학생으로 Katipunan 구성원 중 가장 젊은 최고의 지식인이었으며, 그도 역시 위대한 작가였다. 그는 Bonifacio의 충고자로서 그는 Katipunan에서 가장 위대한 문필가였다. 그는 명석한 두뇌자로 알려져 Kartilla의 글을 썼으며, Katipunan 구성원들을 가르쳤다. 그는 다른 산문, 빛과 어두움을 썼으며, 연재물로는 인간의 권리, 자유, 평등, 나라 사랑 등을 썼다. 그는 죽기 전 1897년 Ala, Pacetria라는 스페인에 대한 시를 썼다. Vulenzuela는 Bonifacio를 도왔고 Jacinto의 글 '자유'를 편집하였다. 그는 또한 「이것이 정의이다」라는 글을 썼으며 수필로는 「조국의 주소」를 썼고 Bonifacio와 합작해서 「나의 조국」을 쓰기도 했다.

최초의 필리핀의 독립 외침

1985년 휴일, Bonifacio와 그의 구성원 Kitpuneros는 Montalban 산 은밀한 장소에서 모임을 가졌다. 1895년 4월 10일 Bonifacio와 그의 동료들은 Carpio 동굴에 들어가 그들의 비밀 모임을 가졌다. 모임 가진 후 Tolentino는 목탄을 들고 동굴벽에 필리핀 최초의 독립을 외치는 글을 썼다.

Katipunan과 일본

혁명 계획을 세운 Katipunan 구성원들은 일본에 눈총을 돌렸다. 서구인들은 아시아인의 압제에 대항 아시아의 자유인들은 매우 불안하게 느꼈다. 1896년 5월 Katipunan 대표 구성원들은 Jacinto와 Bonifacio를 수뇌로 하여 일본 외무성을 방문하여 협의를 하자 일본 영사관은 마닐라 영사관을 개설하였다.

통역관 Tagawa는 필리핀 여인과 결혼했는데 여인은 Vulenzuela와 친구 사이이다. 그 후 양국 간에서는 서로 교환 거래를 하였다. Katipunan은 일본에 도움을 요청하여 필리핀과 일본은 우호관계를 자주 가졌다. 많은 필리핀인들이 스페인의 핍박을 피해 일본으로 가자, 일본인들은 이들을 환영하였다. Bonifacio는 무기를 구입하기 위하여 일본에서 군수품의 구입을 시도하였으나 자금 부족으로 군수품 구입에 실패했다..

Katipunan 전쟁 준비

1895년 Katipunan인들은 자유와 독립을 위하여 전쟁을 준비하였다. 수가 증가함에 따라 1896년에는 20,000명이 육박하였다. 정확한 숫자는 확인할 수 없다. Katipunan 국기는 새로운 민족의 상징이었다. 붉은 천에 세 글자 K.K.K를 새긴 국기는 새로운 민족의 상징이었다. 중간에

줄이 있다. Katipunan인들은 전쟁 준비를 계획하였다. 전쟁 계획은 Bonifacio에 의하여 준비되었으며, Jacinte가 Katipunan군대를 조직하였다. 이 전쟁 계획에 의하면 산 근처 지역 라구나, 바닷가 지역에 애국자들이 전쟁 본부를 세우고 칼과 창을 준비하였으며, 다른 군수품들과 물질을 준비하였다. 그들은 번번이 비밀리에 모임을 가져 전쟁 계획을 끝마쳤다.

Katipunan 발각되다.

Katipunan인들은 바쁘게 혁명을 준비하였다. 다양한 탄핵 상소를 스페인 정부에 올렸다. 1896년 7월 5일 스페인 장교 Sityar가 파식에서 외곽 근무를 하다가 어떤 필리핀인이 무기를 수집하는 수상쩍은 사람을 보고 이 사실을 상부에 보고 했으나, 이로 인하여 결국 Katipunan 혁명 계획은 스페인 정부에 의하여 발각되고 말았다. 1896년 8월 19일 Katipunan 구성원 Patino는 만달용 Augustinian고아원에 근무하는 그의 여동생에게 Katipunan의 비밀에 관하여 얘기했다. 그 여동생은 그 비밀을 Gil 사제에게 보고했는데, 보고 내용은 Katipunan 본부에서 비밀리 고용원을 두어 칼을 만들고 인쇄기로 책자를 만든다는 보고를 하자 Gil 사제는 깜짝 놀랐다. 곧바로 사제는 스페인 중인을 대동하여 중거물을 가지고 스페인 정부에 보고를 했다.

Katipunan 혁명 음모가 알려지게 되자 스페인 정부는 돌진하였다. 마닐라의 밤은 깊지 않았다. 스페인 지도부는 범인들의 집을 급습하여 그들을 체포하고 감옥에 가두었다. 혁명을 계획한 Bonifacio, Jacinte 그리고 다른 사람들은 도피하였다. 어두운 밤인데도 불구하고 많은 필리핀의 가족들은 민족 독립의 앞날을 생각하면서 기도하며 기다리고 있었다.

17. 필리핀의 혁명

필리핀의 혁명(1896~1898)은 필리핀의 자유를 위하여 필리핀 국민들이 투쟁하여 온 민족 운동이다. 스페인 지배시 100여 명이상의 혁명이 일어났지만 모든 반란은 실패하였다.

필리핀 혁명의 시작은 1896년 Katipunan 혁명으로 혁명군들은 무능하게 스페인 군에 패배하고 말았다. 최고 군 지도자들은 필리핀 혁명 정부를 세우고 Katipunan을 폐지하였다. 혁명운동은 새로운 운동으로 발전하여 Aguinaldo의 지휘 아래 필리핀 국민 혁명군은 지식층, 중산층 등이 주축이 되어 Kawit에서 필리핀 최초로 공화국을 수립하여 필리핀 독립을 부르짖었다.

BaiIntawak 부르짖음

1896년 8월 19일 Katipunan인들이 비극적 사건이 일어난 후 Jacinto를 Katipunaros많은 인들이 마닐라에서 경찰의 수사를 피해서 도망하였다. 8월 26일 Bonifacio에서 Katipuneros 인들이 비상모임을 가졌다. Katipuneros 인은 창, 칼, 대나무창과 집에서 만든 총, 구식 기관총 등의 빈약한 무기를 가지고 있었다. 그들은 모임을 가지기 시작하였는데 애국자들은 Bonifacio의 참석을 환영하였다. 비밀사회 당원들은 혁명의 시작을 긴급히 알렸다. 그러나 어떤 Katipuneros인들은 전쟁을 준비하는 것에 반대하였다.

왜냐하면 빈약한 무기로는 전혀 스페인에 대항할 수 없다는 이유에서였다. 토론과 논쟁을 하다 소동이 벌어지기도 하였다. Bonifacio는 "우리는 스페인에 억눌림 당하고 우리는 이 어두움에 처한 우리 조국을 위하여 싸워야 한다. 우리는 체포되면 처형이 된다. 지금 우리는 무엇을 하여야 할 것이다. 싸우러 나가자."고 외쳤다. Bonifacio는 극적으로 필리핀 만세를 불렀다.

최초의 혁명을 외치다

1896년 8월 26일 아침 강풍을 만난 후 Bonifacio와 Katipuneros인들은 배가 고프고 피곤하자 탄당소라 농장에 갔다. 노부인이 친절하게 애국자들에게 먹을 것을 대접하자 점심을 먹은 후 애국자들은 휴식을 취하였다. 오후 늦게 Bonifacio는 적의 동향을 지켜보며 즉시 Pasong Tamo 다리를 파괴하자, 스페인 정부군은 곧바로 다리에 접근하자 애국자들은 그들을 공격하였다. 열세의 무기와 부족한 훈련을 받은 애국군들은 적의 상대가 되지 않았다.

용감한 Katipunero Acabe는 긴 칼로 혁명군은 기습을 강행하였지만 스페인 군에 패배하고 말았다. Bonifacio와 나머지 생존자들은 다른 곳으로 피신 새로운 본부를 세웠다.

San Juan 전투

1896년 8월 30일 동트는 새벽 Bonifacio는 훈련되지 않는 Katipunero 인을 지휘하여 San Juan을 공격하였다. 100여 명의 잘 훈련 된 병사들은 보병 부대와 잘 훈련된 포병 부대를 잘 지키게 하여 작전을 짜고 전투를 벌였다. 스페인의 최신식 무기에 대한 작전 계획도 없이 무모하게 대항하였으나, 스페인의 대포의 비 오듯 내뿜는 공격에 패배하고 말았다.

스페인 군은 총독 Berard의 지휘 아래 전투를 벌었다. 혁명군은 이 전투에서 대량 학살, 대참변을 당했다. Bonifacio는 생존자와 함께 파식 강을 건너 피의 대전투를 벌였으나, 장군 Bonifacio가 스페인과 전투에서 비참한 패배를 한 후 혁명의 불길은 노도와 같이 퍼져 나갔다. 마닐라 주변과 다른 등 다른 지역으로 확산되었다. Cavite 지역 혁명이 성공적을 진행되었다. 성공하게 된 원인은 애국자들이 직접 지휘하였기 때문이다.

스페인의 테러

스페인 지도자들은 필사적으로 혁명군을 진압하였다. 마닐라 지역에서 수백 명의 필리핀의 저명한 지식층, 귀족층을 체포, 구속하였다. Santiago 항의 Bilihid 감옥에 많은 사람이 구금되었다. 작은 감옥에는 169명이나 감금되었다. 그 감옥에는 오직 조그마한 환기통뿐이었다. 그러나 어느 날 비가 오는 밤물이 환기 구멍을 막아 구금된 자들이 숨을 쉴 수가 없었다. 54명의 구금자들이 사망하였다. 1869년 10월 12일 Cavite병기고 밖에서는 13명이 총에 맞아 순교하였다. 1897년 3월 23일 Kalibo Aklan에서도 19명이 총에 맞아 순교하였다. 수백명의 애국자들이 괌으로 추방당했다. 스페인의 테러 정책은 필리핀 혁명을 멈추게

17. 필리핀의 혁명

할 수 없었다. 애국 투사들이 투옥되고 고문당하고 추방당하고 처형되었다. 그러나 혁명의 불길은 계속되었다.

Aguinaldo

전쟁이 확산되고 Bonifacio 대신 새로운 지도자가 혁명의 전투에 참여하게 되었다. 그는 Kawit의 젊은 자치장인 Aguinaldo이다. 대학을 중퇴하고 애국자 전투에 참가하게 되었다. 그는 중산층 출신이나 그는 하나님께서 군인의 재능을 주어 냉철하고 권위적인 사람으로서 신사적이고 정직하고 청렴결백하였다.

Aguinaldo는 최초로 애국군 전투에 하사관으로 참전 Kawit에서 성공적인 지휘를 한 후, 1896년 11월 그는 바탕가스를 건너 스페인 군을 피해 자유의 촌에 가게 되었다. Bonifacio가 사라지고 그는 스타로 급부상되었다.

Bonifacio는 San Juan 전투에서 패배 Lang Ka강에서 간신히 자기 목숨만 유지하였다. 그후 Bonifacio는 Cavite로 가서 Cavite지역 Katipunan인의 초청을 받았다. Bonifacio는 은밀히 떠나 1896년 12월 1일 Cavite에 왔다. Aguinaldo를 대동하여 그는 부인과 그 형제 20명의 병사와 함께 오게 되었다. Bonifacio는 지휘자로 적군 스페인과 대항하여 한 번도 승리해 본 적이 없음에도 불구하고 Mugdulo인들과 Mugdimang인들은 환영하였다.

한편 Aguinaldo는 스페인과 전투한 후 Imus에 도착 그들로부터 많은 환영을 받았다.

총독 Blanco성공으로 Polavieja계승하다.

1896년 12월 13일 총독 Polavieja가 새로운 총독이 되었다. 그는 필리핀 혁명 진압 실패한 Blanco총독 후임으로 새로운 총독이 되었다. 그는 Lachambre을 대장으로 12,000명의 정규 스페인을 보강 스페인 최고의 전투 지휘자가 되었다. 전 총독 Polavieju는 일반 능력은 있으나 고집쟁이였다. 지휘자로서 많은 실수를 하였다. 그는 필리핀의 애국자 수백명을 처형, 투옥, 추방, 체포하기 위해서 1893년 Maura법에 의하여 지방 자치 선거를 취소하였다. 또한 위대한 애국자인 Jose Rizal을 처형하였다.

Bonifacio와 Aguinaldo와의 경쟁

만일 필리핀인들이 연합을 하였다면, 그들은 확실히 스페인을 패배시켰을 것이다. 그러나 불운하게도 필리핀 혁명은 계급 간의 서로 경쟁을 하였다. 특히 지도자들의 경쟁이 시작되었다. 이 혁명의 경쟁관계의 후유증으로 인하여 그들은 많은 전투에서 패배하게 되었다.

Bonifacio는 Aguinaldo의 군에 도움을 받지 못함으로 스페인군에 패배하였고, Aguinaldo는 Bonifacio의 군대의 도움을 받지 못함으로 스페인군에 패배하였다. 경쟁 관계에 있는 두 집단이 Tejevo에서 만나 결정되었다. 그들은 서로 당사자가 혁명의 지도자가 되어야 한다고 논쟁을 하였다. 그들은 혁명 정부에서 선거에 의하여 지도자 선출을 결정하기로 하였다. Bonifacio는 자부심이 강했다. 그는 Magdewang 세력들이 수적으로 Aguinaldo 세력보다 강하다고 생각하였다. 그러나 Aguinaldo는 스페인군 Lmus군과의 전투에 참여하느라 지도자 선출 선거에 참여할 수 없었다. 결국 Bonifacio는 혁명 정부의 새로운 지도자가 되었다. 그러나 필리핀 국민들은 Bonifacio가 더 이상 지도자가 되는 것을 원하지 않았다. 그 원인은 그가 스페인에 대한 모든 전투에서 패배하였기 때문이다. 선거를 하는 동안 Aguinaldo는 다수 표를 얻어서 혁명 정부의 초대 대통령이 되었다. Bonifacio는 Aguinaldo에게 지휘권을 잃어 버렸다. 그는 그보다 더 낮은 부통령 선거에서도 패배하였다.

Bonifacio의 죽음

계속하여 필리핀인들은 스페인에 대항 전투하자고 고집하였다. Aguinaldo추종자들은 Bonifacio의 추종자들에게 상처를 주었다. Limbon전투에서 Bonifacio와 그의 세력들은 전투에서 패배하고 포로로 잡혔다. Andres는 부상당하고 그의 형제는 Cavite에서 살해당했다. 그의 부인 Jejus는 포로가 되자 혁명 정부는 Bonifacio와 그의 형제를 반역죄로 구속하였다. 그들은 사형 선고를 받았다. 대통령 Aguinaldo는 그들의 죄를 경감, 무기 징역으로 감형시켰지만, 주위에서는 이에 적극 반대하자 이를 취소하고 Bonifacio를 처형하였다. 다른 혁명 지도자들도 Bonifacio를 처형하도록 압력을 가하였다. 1897년 5월 10일 Andre Procopio, Bonifacio는 병사에 의하여 사살되고 말았다.

Biaknabato 공화국

Bonifacio가 죽은 후 혁명은 더 악화되었다. Aguinaldo가 다른 전투에서 패배하자 스페인 정부는 전력을 보강하여 필리핀 혁명군을 공격하자 Aguinaldo는 Cavite에서 다른곳으로 진지를 이동시켰다. 그리고 그는 Biaknabato San Miguel Bulacan 지역으로 피신하였다.

1897년 11월 1일 필리핀 혁명 지도자들은 새정부를 수립하기로 결의했는데, 이 공화국은 Biaknabato공화국이다. 1897년 12월 30일까지 약 2개월 동안 Aguinaldo가 대통령이 되었다.

Biaknabato 협약

필리핀 혁명은 도저히 승리할 수 없었다. 필리핀인들은 스페인의 월등한 무기와, 군수품과, 필리핀인들이 서로 연합되지 못함을 이유로 승리할 수 없었다. 스페인 정부에서는 Rivera 총독이 스페인 의회에서 말하기를 "나는 Biaknabato 본부를 점령할 것이고, 필리핀의 어떤 군도 무찌를 수 있다."고 하였다. 그러나 나는 이 혁명을 종식시킬 수 없다. 그래서 그는 Aguinaldo에게 평화를 종식시키기 위하여 특사를 보냈다.

그는 양측이 모두 전쟁을 종식시킬 것을 건의하였다. Aguinaldo는 평화안을 받아들였다. Pedzo, Paterno등 필리핀 저명한 사람들이 평화 협정에 참여하였다. 양측은 마닐라와 Biaknabato 다녀 온 후 필리핀 혁명 정부와 스페인 정부는 전쟁 종식 평화 협정을 체결하였다. 이것이 역사적인 Biaknabato협약이다. Aguinaldo와 총독 Rivera는 1897년 12월 14일 역사적인 평화조약 조인을 했다.

Aguinaldo 홍콩 추방

Biaknabato 평화 협정 체결 후 필리핀인들은 평화를 부르짖은후

Aguinaldo와 그의 동료 다른 혁명 지도자들은 홍콩으로 추방되고 말았다. Aguinaldo는 배를 타고 홍콩에 1897년 12월 30일 도착하였다.

    Biakabute평화 조약은 법적으로 필리핀과 스페인 양측이 서로 협정을 어긴 것이다. 스페인이 필리핀에 1.7백만 페소를 지불해야만 했으나 이를 배상금으로 지불하지 않았으며, 두 번째로 스페인 정부는 필리핀 애국자를 계속 구금, 체포, 투옥, 추방시켰다. 필리핀도 스페인의 무기와 군수품을 사들였다. 필리핀 애국자들은 버려야 할 무기를 버리지 아니하였다. 그리고 그들은 혁명을 원하였다. 어떤 필리핀 지역에서는 지방 애국자들이 스페인 정부와 싸웠다. Biaknabato평화 협정은 유명무실한 조약이라고 말했다.

18. 미국의 침략

필리핀이 열화 같은 혁명을 하고 있는 동안 쿠바는 스페인에 대항 전투를 하였다. 미국은 그 당시 쿠바를 지원하였다. 미국은 막대한 투자를 하여 쿠바 설탕 산업에 관여하였다. 그러나 쿠바는 스페인과의 전쟁에서 설탕 산업에 많은 피해를 받게 되었다.

그러나 미국은 1898년 파리 평화 협상 당시 전쟁을 종식하고 미국은 필리핀을 스페인에 양도받았다. 필리핀은 미국에 승리와 자유를 안겨 주는 대신 마음에 내키지 않은 미제국주의 손아귀에 필리핀의 주권이 넘어가게 되었다.

스페인과 미국과의 전쟁

1898년 4월 25일 스페인과 미국의 전쟁이 벌어졌다. 수개월 후 1898년 2월 15일 하바나 항에 있던 미국 전함 Maine호에 불이 났다. 이로 인하여 210여명의 미해군이 사망하였다. 이 전함은 스페인에 대항 혁명을 일으키는 쿠바 인들을 돕는 전함이었다. 이 사건이 일어나자 미국 국민들은 스페인에게 분노하였다. 국민들은 Main호를 기억하라고 부르짖었다.

마닐라 항에서의 전투

Dewey함장은 홍콩에 있는 미국 아시나 함대에 필리핀에 출동하라는 명령을 하였다. 스페인 함대는 이 전투에서 패배하였다. 이 마닐라 항 전투는 1898년 5월 11일 5월 40분에 시작, 오후에 끝났다. 스페인 함대는 미국의 많은 함대와 우세한 공격에 놀랐다. Dewey함장은 인명의 손실없이 함선의 피해 없이 스페인 군을 물리치게 되었다. 스페인은 167명이 전사하고 214명이 부상을 당하였다. 미국군이 승리했다는 소식을 듣고 미국인들은 세계 지도를 보고 한 번도 들어 보지 못한 필리핀을 지도상에서 알게 되었다. 마닐라 항 전투에서 승리한 Dewey는 마닐라 시를 봉쇄하기 시작했다. 봉쇄한 목적은 공격 시간을 늦추기 위해서였다. 캘리포니아 미군이 도착할 때까지 Augustine총독은 필리핀 국민에게 스페인을 도우라고 호소하였다. 그는 필리핀 관리하에 필리핀 국민군을 창설시켰다. 동년 5월 28일 최초로 상임위원회 모임을 갖고, 총독 Augustine은 위대한 개혁을 약속했다.

필리핀과 미국의 합작

미국은 전쟁이 반발된 후 싱가폴에서 Aguinaldo장군을 만난 미국의 영사는 그와 비밀리에 회담을 했는데, 회담의 내용은 필리핀과 미국은 스페인에 대항하기 위하여 협력하기로 한 내용이었다.

Aguinaldo 필리핀에 귀국하다

홍콩에서 Junta의 충고를 받아들여 Aguinaldo는 홍콩을 떠나 1895년 5월 19일 Cuvite에 도착 즉시 그는 Dewey와 상면한 후 기뻐하며 맞았다. Aguinaldo도 기뻐하였으며, 그는 필리핀의 독립을 위하여 미국의 도움을 필요하다는 것을 절실하게 깨달았다.

대혁명

Aguinaldo는 필리핀 혁명의 부름에 응답하여 모든 애국자중 가장 짧은 시간에 대부대의 수뇌부가 되었다. 그는 지방에 있는 스페인 주둔 부대를 공격했는데, 1898년 5월 28일 Aguinaldo의 중부장한 군대는 Kawit 근처 Alapang에서 스페인 해군을 격퇴시켜 최초로 필리핀 자유주의운동이 성공적으로 이루어지기 시작했다.

필리핀인에 의하여 마닐라 포위

마닐라 시가 Aguinaldo에 의하여 포위되자 그의 부대는 Pilar의 지휘 아래 여러 외곽 지대를 포위했다. 스페인 부대는 시 외곽 지대에서 패배당하자 마닐라 시민들은 포위당하는 동안 고통을 당하였다. 식료품과 먹을 물의 공급이 중단되었다.

식량이 부족하고 상품 가격이 하늘 높이 치솟았다. 배가 고픈 시민들은 개, 고양이 쥐를 식량대신 잡아먹었다. Aguinaldo는 총독 Augusin에게 항복할 것을 요구하였다. 그러나 그는 항복을 거절하였다. 그는 스페인으로부터 증원군이 오기를 기다렸다. 그러나 증원군은 오지 않았다.

Aguinaldo의 독재

Aguinaldo는 연합 정부를 설립, 준비하기 위하여 홍콩에서 왔다. Ponce가 서술한 서적을 보고 성공적인 전쟁을 수행, 독재를 할 필요성을 깨달았다. 1898년 5월 24일 Aguinaldo는 독재 정부를 수립하고, 그는 의도적으로 독재 정부를 이끌어 나중에는 공화국 정부를 세우기로 계획을 하였다.

필리핀 독립 부르짖다

가장 의미심장하게 독재 정부는 1898년 6월 12일 Cavite Kawit에서 필리핀 독립을 부르짖었다. 이날은 국가 공휴일이었다. 수천 명의 국민이 Kawit지역에 운집한 역사적인 사건이었다.

극적으로 삭정에는 필리핀 국가가 펄럭이며 국민들의 환호를 받았다. 이와 동시 필리핀 국가가 밴드에 의하여 연주되었다. Bautistu는 장엄하게 필리핀 독립 선언서를 낭독하였다. 선언서는 98명이 사인을 했다. 이 중에는 미국인도 있었다.

필리핀의 국기

필리핀의 국기는 그의 유래가 매우 흥미롭다. Agoncillo와 그의 부인

Felipe Agonillo에 의하여 홍콩에서 만들어졌다. Aguinaldo가 홍콩에 추방되어 있는 동안 오늘날의 국기를 고안 한 것이다. Agoncillo는 그의 딸 Lorenz의 도움으로 국기를 만들었는데, 이 국기는 홍콩에서 Agoncillo에 의하여 만들어졌고, 이 국기를 Aguinaldo가 처음으로 필리핀에 가지고 왔다. 1898년 6월 12일 Kawit에서 처음으로 이 국기를 들고 필리핀 독립 만세를 외쳤다.

필리핀 국가(國歌)

필리핀의 국가는 Felipe에 의하여 작곡되었다. 그는 필리핀의 음악 교사로서 Cavite 연주자이다. 그는 1898년 7년 11일 Aguinaldo를 보고 그 즉시 멜로디가 떠올라 작곡하였다고 한다.

그 다음날 San Francisco Malabon 밴드 음악에 맞춰 Kawit에서 필리핀 국기와 휘날리는 가운데 최초로 필리핀 국가가 연주되었다. 이 아름다운 국가의 멜로디에 국민들은 더 강한 애국심을 갖게 하였다. 한층 독립심을 고취시켰다. 가사 없는 애국가는 있을 수 없다. 1899년 8월 마지막 주 젊은 군인 시인 Josepulmu는 필리핀 나라라는 제목의 시를 썼다. 이 시는 필리핀 국민에게 영적 전투를 일깨우게 하고, 애국심을 불타게 하는 훌륭한 시였다. 이 시가 필리핀의 애국가 가사가 되었다.

혁명 정부

필리핀 독립을 외친 Mabini는 위대한 지도자로 Aguinaldo의 충고자가 되었다. 그는 변호사요, 철학자여, 애국자였다. 그는 필리핀의 지적 지도자로서 훌륭한 재능이 있는 사람으로 Jacinto와 같이 그는 Katipunan의 지적 지도자로 불리웠다. Mubini의 충고로 Aguinaldo는 1898년 6월 23일 독재 혁명 정부에서 그의 독재를 포기하고 새로운 혁명 지도자로 정부의 대통령이 되었다. 1898년 7월 15일 그는 최초의 각료를 임명하였다. 1898년 6월 18일 법률에 의거 대통령 Aguinaldo는 입법부를 구성 공화국 정부를 구성하기 위해 선거를 준비하며, 도시와 지방 정부에 필리핀의 자유를 위하여 정부 조직을 했다. 1898년 8월 1일 마을 집회와 Cavite집회를 혁명 정부에서 열도록 했는데, 이 집회에서는 필리핀의 자유와 독립을 부르짖었다.

마닐라 비밀 협정

그동안 Aguinaldo는 미국 Dewey 증원군의 공수될 때까지 단독 정부를 세웠다. 1898년 7월 미군은 거의 11,000명의 증원군이 Merritt의 지휘 아래 마닐라를 공격하여 마닐라는 파멸이었다. Dewey 함대와 필리핀군은 마닐라 항을 차단시켰다. 필리핀군은 약 12,000의 군대가 도시 외곽을 둘러쌓다. 3일 후 Dewey는 Merritt에게 명령, 마닐라에 있는 스페인군을 철수시키게 한 후 항복을 요구하는 메시지를 전달하였다. Jaudence를 통하여 Belgian 영사가 Andre와 비밀리 Dewey에게 전달했다.

마닐라 점령

1898년 8월 18일 아침 9시 30분 마닐라 전투가 시작되었다. 이 날은 구름이 끼고 비가 오는 날씨였다.

Dewey는 해군 항 Antonio 근처에 주둔 했었는데, 필리핀군과 미국군은 곳곳에서 전투를 개시하였다. 정오 무렵 Greene시 외곽에서 스페인의 백기가 휘날리는 것이 보였다. 마닐라 시가 항복하였다는 신호이다. 그 즉시 전투는 모두 멈추었다. 미국 군대는 승리의 개가를 부르고 도시에 들어왔다. 그 후 미국 군은 마닐라 점령을 도와 준 필리핀군을 못 들어오게 막았다. 분명히 필리핀군은 그들이 마닐라를 점령하고 축제하여야 할 자기들을 제거하려는 미국군의 태도에 분개하였다.

필리핀과 미국 협력의 종결

마닐라 점령 이후 필리핀과 미국의 협력이 종결되었다. 필리핀군은 마닐라 시내에 들어오지 못하게 하는 미국에 대하여 분노하였다. 그들은 마닐라를 점령하는데 미국과 함께 싸웠다. 그러나 필리핀군은 승리의 개가를 함께 누려야 함에도 불구하고 미국의 필리핀에 대한 배신으로 우호 관계가 종결되고 말았다.

스페인 지배의 종결

마닐라가 함락되자 Bios가 총독이 되었다. 그는 스페인의 마지막 총독이다. 1898년 8월 28일 일로일로로 본부를 이동하라고 남부 스페인군에 명령하였다. Delgudo의 지휘 아래 스페인군은 12월 24일 일로일로를 따라 Zamboanga로 옮겼다. 1899년 5월 19일 미군은 조로를 점령하였다. 스페인 주둔군이 철수하고 미군이 배치되었다. 모든 스페군은 Zamboanga 남쪽에 운집한 후 1899년 11월에 배편으로 스페인으로 떠나고 말았다.

1898년 파리 조약

스페인과 미국은 대표단을 파리에 파견 미국과 스페인의 전쟁을 종결지었다. 2개월 회담 후 1898년 12월 10일 대표단은 평화 조약에 서명했는데, 조약 협정란에 의하면 스페인은 미국에 괌과 Puertorico 필리핀을 양도하여야 한다. 또한 스페인은 미국에 2,000만 달러를 지불하여야 한다. 스페인은 쿠바에서 철수하여야 한다라는 평화협정 내용이었다. 필리핀은 애국자요 변호사인 Agoncillo를 평화 조약 밀사로 파견하려 했으나, Agoncillo는 평화 조약 밀사로 자신이 가는 것은 아무런 소용이 없다고 파견가는 것을 거절했다. 혁명 정부는 다른 어떤 나라로 인정할 수 없었기 때문에 밀사로 가는 것을 허락하지 않았다.

아시아 최초 공화국

미국이 필리핀을 합병하자 Aguinaldo를 비롯한 필리핀 애국자들은 이를 거부하였다. 그들은 미국 침략자들이 막강한 세력을 넓혀 나간다 해도 용감한 힘을 발휘하여 스페인에 승리한 것을 거울삼아 자유수호와 독립을 위하여 투쟁하기로 결심하였다. 미국의 침략적인 행동에 도전 필리핀은 최초로 1899년 공화국 정부를 수립하였다. 이는 아시아 최초의 공화국으로 2년 1개월 10일 동안 공화국 정부를 이끌어 온 것이다.

Malolos Congress

1898년 10월 15일 Malolos 의회는 Barasoain 교회가 있는 Malolos Bulacan에서 다채로운 취임식을 치루었다. 대통령의 메시지에 의하여 Aguinaldo는 애국자들에게 선물을 주었다. 역사적으로 새 공화국 선언문이 대표단에 의하여 낭독되었다. Malolos 공화국 조직은 필리핀 사회의 각계 각층에 인사로서 변호사, 의사, 약사, 교사, 기술자, 사업가, 농군, 군인, 작가 등으로서 이들은 유럽에서 교육을 받은 많은 대학 졸업 출신자들이 많이 있었다. 그들은 다음날 위원회 다수결로 선거하여 대통령에 Paterno를 부통령에 Legar, 비서관 Aranetu 등 많은 임원을 선출하였다. Malolos 공화국의 탄생 목적은 첫째, 1898년 10월 29일 필리핀의 독립을 얻기 위해서, 둘째, 자국 외채 2,000만 Pesos를 40년 후 갚기 위해서였다.

19. 아시아 최초의 공화국

1899년 1월 23일 태양이 비치는 아침 최초의 필리핀 공화국이 탄생되었다. 일명 Malolos 공화국으로 알려졌다. Barasouin 교회에서 다채로운 취임식을 치루었다. 이것이 아시아 최초의 공화국이다.

공화국의 재정

공화국은 스페인의 재정을 수정 보완하였다. 모든 세금은 스페인에 의하여 징수되었다. 닭싸움 등 도박의 수입을 제외한 모든 수입은 스페인에 의하여 징수되었다. 정부의 부족 예산의 보충은 첫째 전쟁에 국가 차입세, 둘째 보조금, 우편 요금, 셋째 지방과 도시세에서 충당하였다.

공화국 외교

필리핀 공화국은 최초로 외무성에서 외교 관계를 다루었다. Aguinaldo의 충고자 Mubini는 비서진과 함께 협력함으로 외무부장의 일을 감당하였다. 외무성은 다른 나라와 관계 유지를 하였다. 가장 직접적인 일을 수행한 것은 필리핀의 독립을 인정받은 일이었다. 많은 필리핀인들은 외교 사절로 필리핀 공화국을 대표하였다.

Malolos 공화국의 군부

최초 필리핀 공화국 당시 필리핀 군세는 루존에 50,000명이 있었다. 군인의 약 20,000명 정도의 군인들이 다양한 종류의 총, 권총, 기관총을 가지고 있었으며, 애국자들은 비사얀과 민다나오에 약 20,000명 정도의 군인들이 있었으나, 오직 8,000명의 군인만이 무기를 가지고 있었다. 공화국 군대는 가지고 있는 무기보다는 더 많은 군인들이 있었다. 총이 없는 군인들은 대형 나이프, 대창, 칼과 화살 등으로 미국 침략자에 대항, 공화국 전사들로서 용맹스럽게 싸웠다. 포병 부대는 모든 종류의 포를 사용 전투에 참여하였다. 어떤 포부대는 스페인 군으로부터 포를 탈취하여 사용하였으며, 해군 부대는 스페인 해군으로부터 여덟 척의 함선을 노획하여 사용하였다. 여러 작은 전투선은 바탕가스의 부유한 사람으로부터 기증받아서 사용하였다.

필리핀 독립 전쟁 발발

필리핀 독립 전쟁은 미국과의 관계악화로 인하여 일어났다. 필리핀은 미국이 마닐라에 들어올 때 그들이 필리핀인들을 기만하고 나라를 빼앗은 것에 대하여 매우 분개하였다. 1899년 2월 4일 토요일 밤 미국 군인

19. 아시아 최초의 공화국

Robort가 San Juan 다리 근처에서 필리핀군 Grayson을 사살하였다. 이 최초의 격전으로 인하여 미국은 필리핀의 독립 전쟁을 발화시키게 계기가 된 것이다. 미국은 이를 필리핀의 폭동이라 부르고 있다. Aguinaldo 대통령은 전보로 새로운 전쟁 소식을 듣고 즉시 미국에 전쟁을 선포하였다.

1899년 2월 5일 동트는 아침 새벽, 미국 함대는 필리핀 북쪽 항 Monte 지역을 폭격하였다. 이로 인하여 필리핀은 많은 피해를 입었다. 오후에는 Nuna에서 불뿜는 전투를 벌였다. 용맹한 Torres, Bugullon은 Nuna의 용감한 부하로서 치명적으로 부상을 당했다.

필리핀 수비대는 Bugullon의 죽음에 복수 Mcconville를 살해하였다. 2월 6일 미국은 Marikina 상수도 시설을 점령하였다. 2월 8일 그들은 Pateros와 Guadulupe를 탈취하였다. 다음날 그들은 Pasig을 점령하였다. 2월 10일 Caloocan을 공격, 피의 혈전을 벌여 그 곳을 장악하였다.

Nuna의 마닐라 공격

그와 반면 필리핀군은 최초의 반격을 가했다. 유럽에 훈련원 용사들은 대담하게 미국 군대를 공격하였다. 1899년 2월 22일 그들은 저녁 마닐라를 공격하였다. 그는 Tondo와 Binondo 미국인이 거주하고 있는 집들에 화염을 뿜어댔다. 치솟는 화염, 도시는 아수라장이 되었다. 미군 여단은 불붙는 전투에 돌진하였다. Nuna의 창기병은 소방 호스를 잘라 한밤 전투에 돌진하였다.

Malolos 패배

마닐라에서 필리핀을 격퇴한 후 미군은 Macarthar 장군 지휘 아래 북서 도시를 공격 Malolos를 점령하였다. 미국이 Malolos를 점령한 주요 목적은 이곳이 필리핀의 임시 수도이기 때문이다. 필리핀인은 용감하게 적에 대항하였다. 그러나 적의 우세한 공격에 필리핀군은 압도당했지만, 그들은 Hurry 장군의 지휘 아래 용감하게 싸웠다. 그러나 많은 보병이 죽어가자 그들은 전투중 후퇴하였다.

1899년 3월 31일 Macarthar는 Malolos를 점령하였다. Aguinaldo 장군은 도피하여 수도를 다른 곳 San Fer Anando로 옮겼다. Malolos가 함락되었다는 소식을 전해들은 Elwell은 환호를 하면서 필리핀의 어떤 저항도 봉쇄할 수 있다는 확신을 했다.

미국 북쪽 탈취하다

Malolos에서 수 주일 휴식을 취한 미국은 Macarthur의 지휘아래 북쪽으로 계속 전진할 것을 명령하였다. 4월 25일 Bagbag에서 맹렬하게 전투를 벌인후 다음날, 미국군은 Calumpit를 함락시켰다.

4월 26일 저녁 Funston 대장은 용감한 Kansas사람과 함께 Pampang에서 일주일 휴식 후 미국 군은 북쪽 지역을 정복했다.

4월 4일 Luna 장군의 용감한 방어에도 불구하고 Tomas가 정복 당하고 말았다. 미군에게 점령된 Fernando는 화염이 치솟았다.

19. 아시아 최초의 공화국

Luna 장군의 죽음

필리핀 공화국 최고의 장군은 Antonio Luna이다. Joan Luna는 그의 동생으로서 유명한 화가이다. Luna는 의약제사로서 훌륭한 작가로서 훌륭한 군인이다. 그는 아군에서 사살되어 애국자의 묘지에 안치되었다. 그는 필리핀 혁명 당시 유럽에서 군사학을 공부하였다. 그의 훌륭한 전략으로 미국 군에 수차례 승리할 수 있었다. 그러나 Malolos 전투에서는 패배되어 함락되고 말았다. 필리핀군은 재편성하여 적에 대항하여 마지막까지 Benguet을 고지에서 격전을 벌였다. 전투의 명장인 Luna의 약점은 정치적 역량이 부족하고 인내심이 부족했다. 부하는 재치있게 다루었지만 불과 같은 성격의 소유자로 그는 많은 적대자가 나왔으며, 이로 인하여 결국 반대세력 음모에 의해서 살해당하고 말았다.

필리핀의 승리

전쟁에서 미국이 승리한 기록은 없었다. 이 당시 필리핀군은 계속 승리의 개가를 불렀다. 1899년 4월 23일 Bulacan에서는 필리핀의 젊은 장군 Pilar가 Major 미군 기병대를 공격하여 격퇴시켰다.

1900년 당시에는 미군이 필리핀 게릴라 부대에 의하여 수 차례 패배를 당하였다. 1900년 1월 17일 필리핀군은 Laguna Alaminos에서 미국 진지를 점령하고, 10월 13일 Abad 장군과 그의 게릴라 부대가 미국군의 지역 Santa Cruze와 Marinduqu를 점령하였다. 4일 후 대장 Caille는 그의 Lagunense 세력으로 Lagua, mahitac, Cheatam 장군의 미국 군을 패배시켰다.

필리핀 여성의 전투

필리핀 여성은 그들의 조국에 많은 기여를 하였다. 수일 후 전쟁이 발발하자 수많은 저명한 필리핀 여성들이 Aguinaldo의 부인의 지도 아래 필리핀 적십자 병원을 창설하였다.

애국 여성들은 도처에서 붕대, 의약품과 다른 것을 수집하였다. 유명한 간호원으로는 Santos로 그는 최초의 필리핀 여성으로서 Imus 전투에 참여 간호원으로 지원하여 많은 봉사를 하였다. 다른 여성들도 남편이 전투에 참여할 때 동참하며 봉사하였다. 여러 여성들이 최초로 스페인에 대항하는 전투에 참여하였으며, 그 후 미국에 대항하며 많은 봉사를 하였다.

게릴라 전투

Luna가 죽은 후 Aguinaldo는 필리핀의 군대를 직접 지휘하였지만, 군사들은 Luna의 작전 전술 없이 전투에 참전 도처에서 패배하였다. 루존 북부 지역 Hizon, Aduino 등지에서 패배하고 말았다.

Aguinaldo의 각료들과 세력들은 뿔뿔이 흩어지고 잔예부대는 Tarlac 마을과 Bayambang로 피신했다. 1899년 11월 12일 Bayambang에서 Aguinaldo는 정규군을 해산시켰다. 그는 나라 각 지역에 분산시켜 게릴라 부대를 창설하였다. 필리핀 애국자들은 전투하는 방법에 능숙하였다. 그들은 그 나라의 지형을 잘 알고 있으므로 흩어져 산을 배회하며 잠복하여 밤에 미국군 전위 부대를 공격 괴롭게 하였다. 이 게릴라전은 성공적이었다. 1920년까지 게릴라전은 계속되었다.

필리핀 전투에서 패배

필리핀 최초의 공화국은 미국의 공격에 의하여 점령당함으로 실패하고 말았다. 필리핀 지도자들이 체포되고 괌으로 추방되었다. 수많은 필리핀인들이 살해당했다.

Aguinaldo 체포

Aguinaldo와 그의 각료들은 Cordillera 산으로 도망하여 Palanan, Subelu에 본부를 설치하였으나 미국은 이를 알지 못하였다. 그러나 미국은 Aguinaldo의 피신처를 극비리에 찾아냈다. Ecigu 대장이 Aguinaldo 대장을 포로로 붙잡았다. 그는 다른 게릴라 지도자들과 함께 중요한 임무를 수행하기 위하여 가는 중이었다. Baldomero를 망명시켜 공화국 수도를 세우기 위한 계획을 세우고 있었다. Macarthur는 장관직을 계승하고 Funston에게 비밀리에 Palanan 원정을 준비시켰다. 이 원정은 5부서장을 포함하여 1명의 스페인 통역관, 4명의 다갈록인과 그리고 80명의 수색병 들이었다. 3월 6일 밤, Funston은 마닐라항을 빠져나와 배로 3월 14일 Cusigaran과 함께 상륙하였다. 여기에서 그들은 육로를 통하여 1901년 3월 23일 오후 Pulanan 도착하였다. 필리핀 병사로 가장한 5명은 그들을 포로로 붙잡기 위하여 많은 시간을 기다렸다. Macabebes는 Aguinaldo가 가는 그 길로 따라 들어갔다.

Placido와 Segovia는 Aguinaldo 집에 내린후 공격명령의 신호가 주어지자 Macabebes는 갑자기 문을 열고 수위에게 총을 쏴 기절시켰다. 총소리를 들은 Aguinaldo는 총이 떨어지자 힘쎈 Placino에 붙잡혀 말라카낭에 넘겨지고 말았다.

전쟁의 종결

Aguinaldo가 체포됨으로 필리핀 최초의 공화국은 종결되었다. 그렇지만 이 전쟁은 끝나지 않았다. 미군에 두려움없이 Maluar대장은 기약 없는 전투를 계속하였다. 필리핀인들은 7월 31일 선동적으로 움직이기 시작하여 미국 침략자에게 저항하고 계속 대항하였다. 그러나 강한 적들에 대항하는 것은 무익한 것이었다. 미국 군대는 게릴라들을 소탕하기 위해 농작물에 불을 지르고, 적의 있는 마을에 불을 지르고, 군 지역 주민들을 집중적으로 무자비하게 승격했다. 혁명 지도자들은 각 지역에서 고통을 당하고, 붙잡힌 포로는 항복하였다.

1902년 2월 18일 Lukban장군 Samron에서 미군에 체포되었다. 필리핀 혁명군은 루존 버사야에서 항복했다. 그러나 민다나오 전투에서는 승리하였다. 두 명의 기독교인 Alvarez, Capistrano 장군이 1899년 11월 10일 Zamboanga 미군 기지를 점령하고 계속 미군에 저항 전투를 벌였다. 애국자의 강렬한 전투는 절정에 달했다. 그 후 Allarez 장군과 Capistrano 장군은 서로 연합하여 1902년 Aloran에서 마지막 전투를 하였지만, 연대한 두 장군은 패배하여 포로가 되었고 마지막으로 미국에 항복하였다. 그들은 미군 대장 Narry에게 Guinlhatun에서 항복했다.

역사적 가치

미국은 최초로 필리핀을 식민지화 시켰는데, 영국 네덜란드와는 다르게 미국은 식민주의 정책을 썼다. 미국은 식민지 필리핀에 자치적인 민주주의를 반영시키기 위하여 힘을 기울였다. 노력의 결과 성공적인 효과를 거두었다. 필리핀은 동양의 민주화를 발전시킨 미국에 대하여 깊은 감사를 하였다. 필리핀은 1941~1945년까지 제2차 세계대전이 벌어질 당시 미국과 함께 일본과 싸웠으며, 제1차 세계대전 당시에도 미국에 자발적으로 추천 미국의 충성스러운 호의에 감사하였다.

미국의 필리핀에 대한 정책

미국의 필리핀 점령은 영구적으로 필리핀을 식민지화할 의도는 전혀 없었다. 1899년 미국 의회에 전달된 보고서에 의하면 대통령 Mxkiwley는 의회에서 선언하기를 미국은 필리핀을 정복하거나 착취하지 않는다. 필리핀을 발전시키고 자주 민주 정치를 과학적으로 훈련시켜 필리핀에 민주화를 토착화시키겠다고 하였다.

미국의 다른 식민지 정책에 목적으로 첫째, 미국 세계의 당국으로 세계를 우의있게 한다.

둘째, 미국은 필리핀을 물질적 자원을 이용 산업, 수공업, 농업 등을 확산시킨다.

셋째, 필리핀의 해군을 군사적 목적으로 이용한다.

넷째, 필리핀은 미국의 보충 항구로서 미국 선적의 함선을 보호하며 봉사케 한다. 필리핀은 미국이 그들의 나라에 있기를 원하지 않았는데, 그들은 강제적으로 필리핀을 점거하며 머물게 되었다. 행운스럽게 미국군은 스페인 식민지 정책보다 좀 더 자국에 유리한 정책으로 필리핀을 지배하였다. 그리고 그들은 필리핀 민주주의 발전을 위하여 노력하였으며 그의 약속을 지켰다. 미국은 필리핀의 독립을 승인하였다.

군 정

　전쟁의 위급한 속에서도 미군정은 1898년 8월 14일 수립되고 이날 마닐라가 점령되었었다. Wesley, Merritt는 최초로 군정 시장이 되었다. 미군정의 권위는 미군의 통수권자인 대통령으로부터 나왔다. 1898~1901년 동안의 군정 총회 기간 중 미 대통령이 필리핀 미군정 장관에 명령 지휘하였다. 필리핀에서의 미군정은 이 나라 민주 발전에 거대한 성과를 거두어 민주 정치의 기초를 세웠다. 최초로 군인들과 교사들이 미국식 교육 제도를 도입하였으며, 필리핀에 대법원 등 일반 법원 제도를 조직하였다. 최초의 대법원 원장은 필리핀의 법학자인 Arellano이다. 미국은 필리핀에 지방 자치 단체 조직을 하였다.

필리핀 위원회(1899)

　필리핀의 사정을 고려하여 미국은 필리핀에 자주 민주주의 평화스러운 나라가 달성되는 것에 주력하였다. Mckinley 1899년 1월 20일 최초로 필리핀 위원회가 탄생되었다. 다른 말로 표현하면 셔만 위원회라고도 한다. 이 위원회는 Schurman 박사가 조직하였다.
　의장에 Schuvman 대학 총장, Cornll Elwells Otis 군정 총독, Bewey 아시아 태평양 함대장, Charles Denby 전 중국 미대사, Morcester 미시간 대학 교수 등이다. 셔만은 1899년 4월 4일 마닐라에 도착한 후 한 달 후에 전쟁이 시작되었다. 위급한 전쟁으로 인하여 이 위원회는 성공적인 효과를 거두지 못했다.

19. 아시아 최초의 공화국

제2차 필리핀 위원회(1920)

최초의 위원회는 필리핀 전쟁으로 인하여 대통령 Mckinley의 지시로 1900년 3월 16일 제2차 필리핀 위원회를 구성하였다. 일명 Taft 위원회는 Schurman 위원회보다 더 성공적이었다.

10월 1일 입법 활동을 시작하였다. 최초의 법을 통과시켜 2백만 페소의 돈으로 필리핀의 다리와 도로를 고치고 새로 건설하였다.

평화운동

1900년부터 필리핀 민속의 평화운동이 계속 일어났다. 이는 미국에 무력으로는 저항할 힘이 없었기 때문이다. Aguinaldo와 Madre는 정글에 숨어 있으며 항전을 계속했다. 미국은 필리핀의 혁명운동을 적극적으로 무력화했다. 수많은 필리핀의 저명한 사람들이 미국에 저항하는 것은 아무 효력이 없는 것을 깨닫고 Taft 위원회에 동참하게 되었다. Tamera bvencamind, Pedro, Torres는 1900년 12월 23일 그들은 연합 정당을 설립하였다. 필리핀 의회에 정치, 정당이다. 이 당은 미국의 군대와 필리핀 평화를 되찾기 위하여 함께 협력하였다.

필리핀 지도자 추방

그러나 어떤 지도자들은 혁명을 위하여 단호하게 남아 있고 연합 정당을 거부하였다. 미국과 협력하는 것을 거부하였다. 더구나 그들은 Mabini를 무력화시켰다. 그들은 미국이 점령함에도 불구하고 계속 이

나라의 평화와 자유 독립을 위하여 투쟁한 것이다. Macarthur는 애국자들이 평화운동을 강력히 저지시켰으며, Muhinizqicate Gen Hizon Pilav 등을 괌으로 추방시켰다. Mabini는 감옥에서 영어를 공부, 혁명의 지역이라는 글을 썼다.

미정부 취임식

1901년 7월 4일 마닐라에서 Taft총독의 취임식이 거행된 후 군정 총독으로 행정권을 수행하였다. 1901년 11월 29일 부총리제도를 창설한 이후 1903년 2월 6일 의회에서 일반 총독으로 자리를 바꾸었다. 총독 Taft는 계속 필리핀 위원회의 총수로 있으며, 시정부 지역에서 사법권을 행사하였다. 최초로 비서부를 조직하여 내무 비서 Worcestor 재정 비서에 Ide가 임명되었다

필리핀 참여

이 당시 미국은 스페인과는 다르게 필리핀 식민 정부에 위대한 일을 하게 되었는데, 지방 정부는 완전히 필리핀을 지배하였다. 자치 도시와 지방은 지역 선거인에 의하여 선출하였다. 정부에서는 다양한 지배로 견문을 넓혀 나섰다. 법학을 공부한 Arellno를 대법원장에 임명함으로 필리핀 최초로 높은 공직에 차지하게 되었다.

1901년 10월 12개월 후 시민 정부의 취임식이 거행되었다. 3명의 저명한 필리핀인 Tavera, Legurda, Luzuriaga이 위원회의 구성원 되었다. 1908년 7월 6일 한 명의 위원이 추가되었다. 동년 Gregorio,

Araneta가 법률과 재정 비서로 임명되었는데, 그는 필리핀 최초의 행정부 의장이 된 것이다. 시민 정부에 봉사할 필리핀인은 좀더 많이 임명되었다.

Taft 행정

총독 Taft는 매우 어려움에 부딪히게 되었다. Aguinaldo가 붙잡히고 많은 애국자들이 괌으로 추방 된 후 매년 다른 지역에서 전쟁이 계속 일어나자 애국자들을 붙잡아 살해하였다. 총독 Taft는 전쟁 후유증을 국민의 경제 상황이 어려워질 것을 개탄해 하였다. 국민들은 가뭄의 피해와 전염병으로 고통을 당하고 필리핀 농업은 황폐하여졌다. 멕시코 은화를 유통시키자 화폐 가치가 하락되었고, 수천의 사람들이 전쟁으로 인하여 산업이 파괴됨으로 직장을 잃고 헤매였다.

미정부는 고통당하는 필리핀인을 위하여 300만불을 원조하였다. 총독 Taft는 미국을 방문하였다. 수도사의 토지를 구입하기 위하여 미국에 간 것이다. 그는 마닐라에 돌아온 후 로마 교황청을 방문 Leo 8세에게 찾아가 필리핀 정부의 계획을 설명하였다. 필리핀의 불안한 농민을 안정시키기 위하여 1907년 12월 필리핀 정부로 수도사의 토지를 사들여 433,000 에이커 수도사의 토지를 723,700달러에 사들였다. Taft는 필리핀의 위대한 성과를 거두게 하였다.

민족주의 압박

필리핀인들이 건국을 준비하고 있는 동안 미국은 필리핀의 정치적 후

원자로서 훈련을 하였다. 미국은 필리핀 민족주의자들을 압박하였지만 그들은 필리핀 모든 곳을 압박하지는 아니했다. 세부 섬에는 젊은 민족주의자 Osmena 편집장이 필리핀 신문을 1900년 발간하였지만, 미 검열관에 의하여 발행이 정지되었다. Osmena와 그의 동료들은 애국적인 내용의 글을 출판하였기 때문에 추방당하였다. 다른 필리핀의 민족적 경향의 신문이 마닐라에 나타났다. 필리핀에 민족주의운동이 불타게 되었다. 미국 정부는 단계적으로 압박을 가하였다. 1901년 미국 조정 위원회에서 치안법을 제정, 필리핀 독립을 주장하는 자는 전쟁을 일으킬 반역자로 처벌하도록 하였다.

민족 정당의 출현

1905년 8월 Taft 국방 비서는 그의 딸과 동행 의회에 참석했는데, 그는 1903년 필리핀을 떠난 이후 필리핀을 2년째 방문한 것이다. 그는 필리핀 독립을 주장하였다. 1906년 7월 총독 Ide는 필리핀에 독립 정당을 금지하게 하였다. 급진적 민족주의자로 유명한 Adriatico Manuel Osmena, Sandiko, Gabaidon 등이 최초의 필리핀 보수주의, 진보주의와 민족주의자들이 독립을 위하여 연합하였었다.

두 민족 정당은 1907년 3월 12일 Purtido, Nacional의 이름으로 연합되었다.

필리핀 의회

새로운 정당 이름으로 Partido Nacionalista Partido, Nacional,

Progresista당이 필리핀 최초의 선거에서 1907년 7월 30일 80% 이상의 표를 차지하였다. 독립 문제가 직접 거론되었고, Partido, Nacionalisu 당은 '완전한 독립이다' 란 표어를 내걸고 선거를 하여 압도적 승리를 거두었다. 필리핀 의회는 1907년 11월 16일 마닐라 오페라 하우스에서 장엄한 취임식을 치뤘다.

29세의 시부 총독 Osmena는 의회 대변인으로 선출되었고 이와 함께 80명의 이 나라 최고의 수뇌진으로서 대표하였다. 1908년 6월 19일 마지막 의회에서 대변인 Osmena는 나라의 독립 사상을 고취시켰다.

필리핀 다수 위원회

1912년 11월 민주당은 필리핀 독립을 공감하였다. 자유주의 사상가 Hurrison이 Forbe가 총독을 계승, 필리핀의 새로운 총독이 되었다. 새 시대의 태양이 떴다. 미국은 힘의 민주주의에서 필리핀을 자치 민주주의 하는 것을 좀 더 즐거워하였다.

미국 정부는 필리핀을 식민지 한 이후 대통령 원수 필리핀에 5명의 위원을 임명하였다. 위원회 이름으로는 Palma, Veyra Mupam Llistre, Encarnacion이다. 최초로 필리핀인들은 위원회를 지배하게 되었다. 9명으로 조직의 구성은 필리핀인이 5명, 미국인이 4명이다.

필리핀 정부

Harrison은 필리핀의 자유와 권리를 위하여 봉사하였는데, 그는 필리핀인을 고용하여 미국인 대신으로 일하게 하였다. 미국인들은 1916년

Osmena가 건의한 필리핀 입법이 통과시켜 전직 미 공무원에게는 퇴직금이 주어져 퇴직하게 되었다. 마닐라에 미국인은 특별히 직장을 구하는 자들은 총독 Harrison의 정책에 분개하였다. 그들은 강력하게 대항하였지만 허사였다. 2,623명의 미국인이 1913년까지 필리핀에 봉사하였지만 1921년에는 11%만이 남아 있었다. 1913년에 6,363명의 미국인이 1921년에는 13,240명으로 증가되었다.

Jones 법(1916)

미국은 가능한 필리핀에 자치 민주주의를 원했다. 윌슨 대통령은 1916년 Jones법을 통과시켰는데, 이 법은 버지니아 민주주의자 Atkinson 의원의 노력을 통하여 이루어졌다. 총독 Harrison은 강력하게 의회에서 토론하는 동안 이를 지지했다. Jones법은 필리핀 민족의 평화와 정부에 안정을 위하여 설립되었고, 그 취지를 밝혔다. 정부의 행정은 미국 총독이 행정의 총지휘하였으며, 비서부에서 행정을 하였다. 미 부통령의 역할은 공공 비서관의 역할이었다. 입법부는 양원제로 구성되어 24명의 상원의원으로 구성되었다. 93명의 하원이 구성되었으며, 상원의원은 6년동안 2번의 상원의원 선거를 하였다. 사법권은 상급 법원과 하급 법원에서 행사했다. 법원장은 미국 상원의 동의를 얻어 미대통령이 임명한다.

Jones법은 국민의 자유와 종교의 자유, 언론의 자유, 국민의 행복을 추구하기 위한 법률이다. 이 Jones법에 의하면 두 명의 필리핀 위원이 미국 의회에서 필리핀을 대표하였다. 이 주재 의원은 토론에는 참여할 수 있으나 투표권은 없었다.

필리핀은 1차대전 당시 미국에 협력하였다. 이타적 미정책에 의하여 필리핀 국민은 이에 상응한 댓가를 하였다. 1차대전시 미국이 독일 군국주의자들과 함께 싸울 때 필리핀은 미국에 협력하였다. 필리핀 입법부에서는 국방군을 편성, 훈련시키고 전쟁에 참여하게 하였다. 2,500명의 병사를 유럽에 파견하였으며, 6,000명의 필리핀 해군이 미군과 연합하였다. 하와이에는 4,000명 이상의 필리핀 병사가 주둔하고 있었다. 많은 필리핀 군인들이 실제로 미국 군과 협력, 프랑스 군과 싸웠다. 필리핀은 전쟁시 미적십자에 100만 페소를 기부하였다. 자유 동맹군으로 400만 페소를 기부하였다. 필리핀인은 미국에 충성을 다하였다. 더불어 전쟁 중에 파괴된 미국에 전쟁 무기를 공급하였다.

Wood-Fobes의 봉사

1920년 공화당의 승리로 윌슨 대통령의 뒤를 이어 Harding이 새로운 대통령이 되었다. 새 대통령은 필리핀의 상황을 알기 위해서 Muj를 임명 특별 봉사단을 구성하였다.

Wood-Fobes이 1921년 5월 4일 마닐라에 도착하자 필리핀 국민은 친절하게 그를 맞이하였다. 그는 모든 사람으로부터 많은 탄원의 요청을 받았다. 순방을 끝낸 후 사절단은 미국에 들어와 Harding 대통령에게 보고를 했는데, 이 내용을 보고 받은 미대통령은 필리핀의 어려운 재정으로 인해 필리핀의 독립을 연기하기로 하였기 때문에 필리핀 지도자들은 매우 불유쾌하였다.

Wood 행정

1921년 11월 5일 총독 Wood는 마닐라에 돌아온 후 Hurrison의 뒤를 이어 총독이 되었다. 그는 젊잖은 사람이었으나 냉정하고, 정직하고, 유능하고, 고결한 사람이었으나 친절성이 부족하였다. 그는 유능한 행정가로서 그는 필리핀의 공공 위생 시설을 발전시켰으며 필리핀 경제를 안정시켰다. 정부의 부패한 부서를 점검하고 이를 시정하였다. 그러나 그는 퉁명스럽고 재치가 없었다.

필리핀 입법부 지도자들은 그를 반대하였다. Wood 총독은 긴장감을 더하게 하였다. 필리핀 지도자들은 1923년 7월 23일 극적으로 타오르기 시작했다. 상원의원 Quezon과 대변인 Osmena가 필리핀 비서부는 정부 의회에서 사임하였다. 이 사건은 1923년 위기의 각료 사건이다.

총독 Wood는 입법부의 협력 없이 정부 의회를 폐지하였다. 1925년 정부 의회의 폐지로 필리핀 지도자들은 다른 곳에 갔다.

20. 미국 지배하의 필리핀 경제 발전

새로운 농업이 급격하게 발전함에 따라 필리핀에 상업과 무역이 전례 없이 발전하였다. 통신이 현대화되고 은행과 유통 산업이 발전되었다. 스페인 식민지배 시대에 비하면 미국은 필리핀에 위대한 경제 발전을 하게 되었다. 그러나 미국은 시간에 경제적 이익을 많이 보았다. 필리핀 지방 경제에 많은 영향을 주었다.

농업의 발전

미국이 필리핀을 지배할 무렵 필리핀 농업은 비참하였다. 필리핀 독립 전쟁으로 인하여 농업이 황폐하여졌다. 수많은 가축이 죽었고 수많은 농기구들이 파괴되고 농업 생산이 중단되었다. 농민들은 병들고 배고파 쓰러져 가고 나라는 더 황폐하여졌다. 이 당시 미국의 지도자들은 황폐된 경제를 복구시키고, 전쟁의 상처를 치유하기 시작하였다. 어려운 문제가 있음에도 낙심하지 않은 미국은 차기 행정부가 피해를 본 국민을 협력하게 하여 모든 노력을 기울여 소생시키기 시작하였다. 미국은 농업을 발전시키기 위하여 1902년 농림국을 창설, 최초로 농림국에서는 농업의 새로운 깃발을 드높여 현대 농업을 증진시키기 위하여 농림국을 설립하였다. 경험적으로 현대 농업을 국민들에게 가르쳐 과학적 이농 방법으로 경작하도록 하였다. 식물과 동물의 해충을 점차적으로 약을 개발하여 제거하였다. 1903년 필리핀에 농작물 병해충전 메뚜기 피해와 가뭄 등으로 필리핀 경제적 위기가 다가왔다.

미국 의회는 경제를 안정시키기 위하여 300만 페소를 후원하여 필리핀의 고통당하는 인민을 도와주었다. 필리핀 정부는 이 자금으로 미얀마 인도차이나에서 부족한 식량을 구입하였다. 중국으로부터는 물소를 수입하였다. 동년에는 수도사 토지를 필리핀 정부가 매입하였다. 총독의 노력으로 필리핀의 소작인들은 토지를 쉽게 사들였다. 현대 농기구가 미국에서 들어왔다. 최초로 정미 기계가 1904년 필리핀에서 사용되었다. 필리핀의 농업은 미국의 식민지배하에 괄목할만한 발전을 하게 되었다. 전체 경지 면적이 1903년 1,267,000헥타에서 1935년에는 4,017,880헥타로 증가되었다. 담배 생산량이 2배로 증가되었으며, 콩은 4배, 살은 5배, 임산 자원은 6배, 설탕은 6배, Copru는 9로 생산량이 증가되었다.

미국의 자유 무역

미국의 자유 무역의 영향으로 필리핀의 경제는 괄목할만한 큰 성과를 거두게 되었다. 1902년 의회는 필리핀 수출품에 대하여 정규적으로 미국은 관세를 25% 할인하였다(모두 필리핀 수출품). 쌀을 제외하고는 할당을 제한하여 내국 항구에 자유로이 수출하였다. 모든 미국의 좋은 상품을 할당 제한 없이 필리핀에 자유로이 수출하였다. 미국과 필리핀 사이에 완전한 자유 무역이 1913년부터 시작되었다.

자유 무역의 피해

필리핀과 미국의 자유 무역은 필리핀의 경제를 발전시켰다. 이 결과 국민 생활 수준이 향상되었다. 그러나 필리핀의 경제는 허구의 발전이었다. 근원적으로 불완전한 발전이었다. 이는 특혜적으로 무역 관계에서 계속 미국에 의존하였다. 필리핀 수출품이 미국 시장에서 문을 닫게 되었다. 필리핀 경제는 무너지고 필리핀의 경제가 어두움에 직면하였다.

1909~1913년 사이에 필리핀에게 흥미있게 기억되는 것은 필리핀이 경제적으로 미국 시장에 의존하므로 미국은 자유 무역을 적극 반대하였다. 유리한 미국 시장에 매혹되어 필리핀은 다른 외국 시장 발전에 게을리하였다. 결과적으로 그들은 상업에서 영국, 중국, 프랑스, 독일, 폴란드에 비하여 상당히 뒤떨어졌다. 자유 무역 관계 때문에 필리핀 인은 다른 직물 생산을 포기하고 아마, 담배, 코코넛, 설탕과 같은 중요한 특정 생산물에 과도한 발전을 하게 하였다. 왜냐하면 수출 생산에서 더 많은 부를 구하기 위해서이다. 이 중요한 수출품이 미국 시장에 들어가는데 매우 어렵게 되었다. 필리핀 경제는 나뭇잎처럼 휘청거렸다. 더구나 미국과의 자유 무역은 진실로 미국인을 위한 무역이지 필리핀을 위한 무역이 아니었다. 더구나 미국은 수량에 제한 없이 의무적으로 자유로이 필리핀에 수출하였다. 그러나 필리핀의 미국에 대한 수출품에 많은 제한을 가하였다. 설탕, 코코넛, 담배, 아마 등의 수출품에 대하여 할당 관세를 부과하였다.

산업의 발전

미국은 이 기간 동안 필리핀의 산업을 발전시켰다. 담배 재배를 위한 담배 공장을 세우고 코코넛 기름 공장, 설탕 제분 공장, 방적 공장을 주요 도시에 세웠다. 1935년 필리핀에 30개의 큰 회사, 350개의 구두 공장, 114개의 제재소, 4개의 코코넛 오일 공장, 5개의 밧줄 공장, 45개의 설탕 제분 공장, 15개의 알콜 증류수 공장이 세워졌다. 기적적인 산업은 필리핀의 광업이다. 1892년부터 매년 필리핀은 금 생산량을 400만 페소 이상씩 증가시켰다. 가내 수공업을 새로운 산업으로 확장시켜 나갔다. 바탕가스, 라구나, Tayabas, Bohol에는 모자 산업과 매트 산업이 발전하였다. Ilocos, Iloilo, Capiz, Batangas에는 직조 산업이 발전되었으며 마닐라 팡팡가, 리잘, Bulacan에는 목재와 가구 산업이 발전하였고 Rizal과 라구나 그리고 Albay는 도자기와 벽돌 산업이 발전되었다. 1918년 가내 수공업체는 124,487업체가 있었으며, 노동자 수는 227,616, 자본금 1600만 페소를 보유하였다.

필리핀 경제

필리핀은 독립적으로 정치 개혁을 함으로 필리핀은 경제 자립을 시도, 달성하였다. 그들은 강렬하게 목표를 향하여 움직여 나갔다. 이는 1차대전 이후 모든 나라에 국수주의 경제운동이 일기 때문이었다. Nopa로 알려진 필리핀 국가 경제 보호 협회는 영적으로 부양한 위대한 기관이다. 1934년 11월 19일 마닐라에 창립되었으며, 육성 산업은 일반적으로 원주민들이 사용하고 Pina나 Jusi와 같은 의복들, Ilokano 담요와 타월, 아마, Marikina의 구두, 모자 Pagsanjun으로 제직한 나무 구두 등을 기업 육성, 국내 산업을 발전시켰다.

교통의 발전

미국은 필리핀에 현대 교통을 발전시켜 많은 유익을 주었다. 최초로 필리핀 위원회는 200페소를 들여와 도로를 건설하였다. 총독 Forthe는 다리 건설 총독이라는 별명이 붙었다. 그는 필리핀에 많은 다리를 건설하였기 때문이다.

1935년 필리핀 정부가 들어 설 당시 필리핀에는 전장 2,081km의 도로와 8,100개의 다리가 있었다. 미국은 필리핀에 Moter Vehicle를 도입하였다. 1912년 Moter Vehicle를 등록하게 하였다. 이 해 1,586개의 Vehicle이 등록하였다. 947대의 자동차 180대를 트럭 450대의 Motor-cycle이 있었으며, 1934년에는 Moter Vehicles가 429,9대로 증가되었다. Automobiles는 26,507, 트럭 15,868, Motorcycle 534대로 각각 증가되었다. 이 자동 운송 수단의 증가와 더불어 새로운 세대들은 자전거를 운동삼아 타는 것이 등장, 각광을 받았다. 1916년 2월 4일 마닐라와 다구판 철도가 필리핀 저이부의 주선에 의하여 영국 회사에서 건설하게 되었다. 미국은 필리핀 정부의 주선에 의하여 영국 회사에서 건설하게 되었다. 미국은 필리핀에 항공기를 도입하였다.

처음으로 필리핀에 항공기의 출현은 1911년 마닐라 축제 기간 동안에 Bcidwin이 비행 묘기를 하였다. 이 해 처음으로 필리핀에 항공 부대가 오게 되었다. 1919년에는 최초로 마닐라에서부터 Visayas까지 최초의 비행을 하게 되었다.

필리핀에 상업적인 항공 산업은 1903년부터 시작되었다. 1933년에는 다른 항공사인 Inaec항공이 설립되었다. 마젤란이 태평양을 건너는 데 걸리는 시간은 3개월 15일이었다. 현재에는 가장 빠른 해운 운송 수단으로 걸리는 기일은 17일밖에 걸리지 않는다. 항공기가 하늘의 제장으로 켈리포니아에서 하와이를 경유, 괌을 지나 마닐라, 마카오, 홍콩으로 간다. 마닐라 노선을 아시아 항공 노선 중에서 가장 중요한 노선이다.

공공 재정

필리핀은 경제가 발전됨으로 공공 재정의 수요가 증가하게 되었다. 재정적으로 말하자면 필리핀 정부는 정상적이었다. 가장 안정적으로 경제가 운영되어 나갔으며, 가장 어려운 상황에서도 정부 예산을 균형적으로 세웠다. 그 당시 세계 어느 나라에서든지 경제는 매우 어려운 상황이었다. 그러나 필리핀은 재정적으로 안정이 되어 어려운 필리핀 경제를 소생시켰다.

은 행

필리핀은 경제가 발전함으로 오래된 은행을 다시 재건 새로운 은행을 설립하였다. 미국 지배시 많은 은행을 설립하였다.

1901년 미국은 은행을 설립하였으나 불운하게도 4년 동안만 유지되고 그 후 다른 은행이 설립되었으나 오래 지속하지 못하였다.

1906년 필리핀 우정은행이 국민의 호응을 얻어 정부에서 설립하였다. 미국의 식민지배 기간 동안 처음으로 성공적인 은행이 되었다.

다른 정부 은행으로는 필리핀 국민 은행이 1912년 창설되었다. 동년 소작농의 도움을 얻어 지방에 신용 조합을 설립하였다.

생활수준의 향상

미국의 지배 아래 필리핀의 생활수준은 스페인 지배 기간 동안 보다 더 높은 향상을 보였다. 자연 자원을 개발시키고 농업 생산을 증진시켰다. 산업을 발전시켜 물질의 번영을 가져 오게 되었다. 국가의 번영으로 국민은 안락한 생활을 누리게 되었다. 미국의 지배 기간 동안 필리핀은 다른 나라의 물품을 수입하여 현대적인 삶을 누렸다. 스페인 지배시의 구식의 건축 양식대신 현대적 건축 양식의 건물이 들어서게 되었다. 기름 램프대신 전기불이 들어왔다. 책과 신문, 피아노, 사진, 라디오와 좋은 가구 등을 개인의 집에서 사용하게 되었다. 일반적으로 필리핀인들은 스페인의 지배시와 일본의 지배시를 비교하여 볼때 미국의 지배 시기에 만족할만한 풍요로운 생활을 누리고 살았다고 볼 수 있다.

21. 미국의 유산

스페인은 필리핀을 3세기 이상 지배하였다. 그러나 미국은 50년 가까이 필리핀을 점령, 필리핀을 미국화시켰다. 거의 모든 필리핀의 생활양식은 미국의 영향을 받았다. 필리핀은 최초로 스페인의 영향과 멕시코의 영향을 받았으며, 그 후 미국의 영향을 받았다. 필리핀은 유일한 아시아 국가로 필리핀은 세계의 모든 문화를 받아들였다. 서구의 의복, 종교 교육 정리 예술 과학 그리고 관습 전통의 영향을 받았음에도 불구하고 필리핀은 아시아의 문화를 계속 유지하였다.

미국의 위대한 민주주의 유산

위대한 필리핀의 미국의 유산은 민주주의이다. 필리핀은 스페인으로부터 기독교의 유산을 받았다. 미국이 필리핀에 들어오기 전 필리핀은 이미 민주 정치 사상이 주입되어 있었다. Aguinaldo 정부는 입법, 사법, 행정의 삼권분립 하에서의 책임정부를 수립하였다. 국민들은 자유의 권리를 보장받았다. 그러나 불운하게도 최초의 필리핀 공화국은 미국 군대의 압제로 인하여 오래 지속하지 못하였다. 이 최초의 경험으로 민주주의 새싹이 트게 된 것이다. 미국은 필리핀 지배시 민주주의 훈련장으로서 필리핀에 민주주의를 가르치고 배우게 하였다. 미국의 지배 아래 필리핀은 좀 더 즐거운 인간의 권리를 누리게 되었고, 정부 관리로서 함께 참여하게 되었다. 잘못된 사제가 정부의 스페인 관리로 국민을 압박하는 시대는 지나갔다.

1907년 이후 미국은 필리핀의 독립을 주장하였으며, 미국은 필리핀인을 추방하거나 감옥에 보낸 사람은 한 사람도 없었다. 미국은 필리핀의 독립과 자유를 주장하였다. 다른 아시아 나라는 전제 정치 아래 식민지 정치 아래 있었으므로 필리핀과 같은 민주주의 정치는 경험하지 못하였다.

종교의 자유

필리핀은 미국으로부터의 가장 위대한 유산인 종교의 자유를 얻게 된 것이다. 스페인 지배 기간 동안 오직 카톨릭만 믿게 하였다. 그러나 미국의 지배시에는 필리핀은 종교의 자유를 얻게 되었다. 특별히 성경을 가르칠 수 있었으며, 성경을 읽을 수 있게 되었다. 다른 기독교 종파 감리교, 침례교, Episcopalians, 오순절교회, 장로교 등이 들어오게 되었다. 정부 핍박이나 압박 없이 국민들은 자유로이 종교를 선택하여 믿을 수 있게 되었다. 모슬렘 족과 피그미 원주민들은 미정부에서 적으로 취급하지 아니했다. 같은 필리핀인으로 대우받았다. 미국의 지배시 가장 중요한 종교적 변화는 누구나 성경을 자유로이 읽을 수 있게 하였다. 미국의 전파자들은 선교사로서 목사로서 하나님의 말씀을 필리핀에 전파하며 개신교의 복음을 전하였다.

필리핀에 종교적인 영적 운동이 일어나기 시작하였다. 많은 필리핀 가족들이 개신교 복음을 듣고 카톨릭에서 개신교로 개종하였다. 많은 기독교의 구성원들이 필리핀 공동체의 중심 세력이 되었다. 이로 인하여 Ramos는 군인의 신분으로서 개신교 신자로서 1992년 필리핀의 11대 대통령이 되었다. 그의 여동생 Letici와는 필리핀의 상원의원이 되었다. 이와 함께 기독교가 소생됨으로 모든 분야 사회, 경제, 도덕, 정치, 문화의 모든 부분에 발전을 가져 오게 되었다.

민주주의 훈련

미국의 두 번째 위대한 유산은 필리핀에 민주주의를 정착시킨 것이다. 민주주의가 의미하는 것은 국민에 의한, 국민을 위한, 국민의 정치를 말한다.

미국은 필리핀에 실제적인 민주주의를 가져다주지는 않았다. 1898년 필리핀에 민주주의 혁명이 일어났을 때, 미국은 그들의 보호 아래 실제적인 민주주의를 하도록 허락하였다. 미국이 들어오기 전 필리핀은 이미 민주주의를 알았지만, 실제적인 민주주의를 실행할 수는 없었다. 이는 미국의 지배 아래 있었기 때문이다. 만일 미국이 필리핀에 들이지 않았다 하더라도 필리핀은 다른 나라에 침략당하여 식민지 나라로 되었을 것이다. 미국의 지배 아래 필리핀인들은 민주주의 운동과 평화 운동을 전개하였다. 필리핀은 최초로 종교의 자유 양심의 자유를 가지게 되었으며, 여성들에게도 참정권을 부여 필리핀은 1946년 최초로 독립의 문을 열게 되었다.

교육의 자유

미국은 필리핀에 획기적인 교육의 변화를 가져다주었다. 역사적으로 볼 때 스페인 지배 당시는 소수의 특권 부유층들이 교육을 받을 수 있었으나, 미국의 지배시에는 모든 자녀들이 학교에서 공부할 수 있었다. 가난한 학생도 의사가 되고 변호사, 기술자들이 될 수 있었다. 그러나 스페인 지배시에는 그렇게 할 수 없었다. Demey가 마닐라 대 전투에서 승리한 후 필리핀에는 미국의 교육이 시작되었다. 1898년 1월 미국은 요새지인 섬에 학교를 설립하였다. 미국 병사들은 최초로 필리핀 교사가 되어 영어를 가르쳤다. 필리핀 학생들은 최초로 기본적인 영어를 배웠다. 1901년 8월 23일 미국 수송단이 마닐라에 600여 명의 미국 교사를 데리고 왔다. 최초의 미국 교사들은 Thomasites라고 불렀다. 필리핀은 수백 명의 필리핀 학자를 정부에서 장학금을 주어 미국에 보냈다.

가족 생활

선조 시대부터 필리핀 가족은 연합이 잘 되어 있었다. 스페인 시대에는 영적으로 성숙한 가정을 이루었으나, 미국 문화의 영향으로 가정윤리가 점점 파괴되어 갔다. 옛날에는 가족들이 습관적으로 함께 모여서 기도하는 전통이 있었으나, 그 전통이 점점 사라져 갔다. 자녀들이 부모님의 손에 키스하는 아름다운 전통이 점점 사라져 갔다.

장형과 큰 자매는 동생들로부터 점점 존경을 받지 못하게 되었으며, 미국 민주주의의 자유와 평화 사상의 영향으로 젊은 형제는 장형과 동등한 대우를 받게 되었다. 필리핀인의 가족들이 미국의 민주주의 문화의 정착으로 그 영향을 받아 과거의 전통적인 아름다운 풍습이 서서히 무너지게 되었다. 무너진 관습으로 특별히 밤에 가족들이 함께 모여 기도하고 경건하게 살아가는 생활 풍습과 부모님과 장형의 손에 키스하는 전통이 무너지고 말았다.

여성 해방

미국의 좋은 유산으로는 스페인 지배 시대 정치적으로 사회적으로 제한되었다. 필리핀 여성은 미국의 지배시 정치적, 사회적으로 남녀가 동등한 대우를 받게 되었다. 여성들은 집에서 얽매이지 아니하였다. 그들은 자유로이 남자와 함께 사교장에 나갈 수 있었다. 그들은 정치적 모임이나 사회단체 모임에 자유로이 참여할 수 있게 되었으며, 정부, 관공서, 공장, 기업체에 취업할 수 있었지만 스페인 지배시에는 예술이나 기술, 법률, 의약 등의 방면에는 오직 남자만이 종사할 수 있었다. 마지막으로 여성은 정치에 참여하기 시작하였으며 결과적으로 여성에게 참정권이 부여되어 투표권을 행사할 수 있게 되었다.

교육의 발전

필리핀은 미국의 지배시 놀랄만한 교육 발전의 성과를 거두게 되었다. 첫 번째로 모든 국민은 교육을 받을 축복을 받게 되었고, 소작 농층 자녀도 기술인의 자녀도 부유한 자녀와 함께 대학에 다닐 수 있었다. 학생과 교사 수가 괄목할만하게 증가되었다. 해년마다 교육비의 지출이 증가되었다. 수천의 학생이 교실 부족으로 수용될 수 없었다.

1935년 당시 7,330개의 공립학교가 있었다. 120만 명의 학생이 등록되어 있었다. 학교 교사는 27,855명이 등록되어 있었다.

영어의 보급

새로운 교육 제도의 도입으로 미국은 영어를 필리핀 국민에게 가르쳤다. 미정복자들은 스페인어를 배격하고 학교에서 필수적으로 영어를 가르치게 하였다. 관공서에서도 영어를 사용케 하였다. 사회단체에서도 집단적으로 영어를 통용하게 하였다.

젊은 세대들은 스페인식으로 주어진 이름을 자유로이 미국식으로 개명하였다. 미국식 이름으로는 Bobby, Tony, Bill, Tom, Mary, Nancy 등이다. 영어는 필리핀에 널리 사용되게 되었다. 필리핀인들은 모든 세계인들과 대화하는 데 어려움을 겪지 않게 되었다. 영어는 필리핀의 모든 지역에서 사용되고 있다. 미국이 필리핀에 영어를 널리 보급하였기 때문에 필리핀은 오늘날 미, 영, 호주, 캐나다, 뉴질랜드 다음으로 세계에서 영어를 잘 하는 국가가 된 것이다.

음악과 춤

필리핀에 미국의 춤과 노래가 라디오나 영화를 통하여 널리 보급되었다. 필리핀인들은 미국의 재즈나 인기 있는 노래를 대중들이 부르게 되었다.

가 옥

미국인들은 새로운 형태의 집을 건축하였다. 많은 소형 아파트를 도시에 집단적으로 건축하였다. 새로운 단층집 별장식 2층집 등은 지질을 대어 든든하게 건축하였다. 수많은 미국식 빌딩이 지금도 마닐라에 많이 남아 있다.

예 술

미국이 지배하는 동안 마닐라에 미국식 현대 빌딩이 들어서고 대학, 극장, 호텔, 백화점, 개인 주택 등을 미국의 건축 양식을 따라 건축하였다. 마닐라 현대식 빌딩에는 엘리베이터를 설치하였다. 필리핀의 유명한 건축가로는 Nakpil, pedro, Arellano, Pablo, Antonio 등이다. 미술도 많은 발전을 하였다. 역사적인 삽화, 국가 영웅화, 자연화 등이 그의 영광의 주류를 이루었다.

과 학

과학은 미국이 필리핀을 지배하고 있는 동안 많은 발전을 하였다. 현대 기술도 약학과 제약학을 연구, 발전시켰으며 생물학과 다른 과학도 발전, 급성장하게 되었다. 1933년 필리핀정부에서는 국립 연구소를 설립하였다. 저명한 과학자들이 이 연구소에서 명성을 얻었다. 필리핀은 미국이 지배하는 동안 모든 과학적 기여를 하게 되었다. 필리핀은 문화 발전과 물질과 풍요로움을 누리게 되었다.

필리핀인들의 독립 열망

미국이 필리핀을 지배하는 동안 필리핀은 독립을 열망하게 되었다. 1919년부터 1934년까지 독립운동을 전개 12명의 독립 사절단을 미국에 보냈다. 1935년 이 독립운동의 결과로 필리핀 공화국이 탄생하게 되었다. 이와 더불어 1946년까지 필리핀의 제3공화국이 탄생하게 되었다.

필리핀인들은 자유의 꿈을 소멸하지 아니하였다. Maltan에서부터 Bataan에 이르기까지 그들은 3세기 동안 피와 땀과 눈물을 흘리고 살아왔다. 그들은 역사상 100여 번의 반란을 일으켰으며, 민주 혁명을 일으켜 미국에 대한 전쟁을 하였다. 필리핀은 두 번의 세계대전에 참여하였다. 1899~1901년까지 최초의 필리핀 민주 공화국을 수립하였다. 그러나 미국에 대항 전투하였으나 패배하고 말았다. 전쟁의 패배로 필리핀국민들을 미국의 지배를 받게 되었다. 미국으로부터 민주주의 훈련을 받게 되었다. 필리핀이 미국의 정치와 경제 문화의 유산을 받았다. 그러나 필리핀인들은 자유와 독립의 열망을 잃어 본 적이 없다. 전쟁 무기가 없음에도 불구하고 그들은 자유와 정의를 위하여 계속 투쟁하여 나갔다. 1901년 이후 필리핀 의회를 소집하여 필리핀 독립을 위한 입법안을 통과시켰다. Nacionalsta 당은 필리핀의 독립심을 고취시켰기 때문에 모든 선거에서 승리하였다. 모든 필리핀의 의원들은 자유와 독립을 위하여 고난을 당하였다.

최초의 필리핀 독립 사절단(1919)

제1차 세계대전 이후 필리핀은 일시적으로 필리핀을 위해 군국주의 독일에 대항 미국을 지원하였다. 이후 필리핀은 독립을 위하여 위대한 힘을 발휘하였다. 1919년 3월 13일 필리핀 입법부는 필리핀의 주권과 자유 수호를 위해 독립 위원회를 창설 자유주의 사상을 고취시켰다. 이 위원회는 미국에 독립 사절단을 보냈다.

1919년 2월 28일 최초로 필리핀 독립 사절단을 보냈다. 퀘손 상원의장을 선두로 마닐라를 떠났다. 40명으로 구성된 저명한 정치인, 학자, 교육자, 경제인들이 필리핀인을 대표하였다. 필리핀인들은 Baker의 영접을 받았다. 미정부로부터 공손한 대우를 받았다. 윌슨 대통령은 의회 작별 연설에서 1920년 12월 20일 필리핀 독립을 하도록 건의하였다. 그러나 불운하게도 공화당 의원의 지배로 인하여 윌슨 대통령의 제안이 받아들여지지 않았다.

1935년 필리핀 정부

필리핀 공화국은 필리핀 독립을 준비하였으며, 필리핀은 새로운 정부를 만들었다. 1934년 7월 10일 202명의 대표단이 위원회에서 선출되었다. 대표단의 모임에 최초로 7월 30일 입법부를 구성하였다. 1935년 2월 8일 새정부에서는 다수당의 대표와 위원회로 구성하였다. 그러나 필리핀은 아직 식민지였기 때문에, 1935년 3월 23일 미국의 승인을 받고 국민 투표로 재가를 받았다. 최초로 여성에게 참정권이 행사되었다.

필리핀 공화국

최초의 필리핀 국민 정치가 1935년 9월 17일 실시되었다. 대통령과 부통령 새로운 필리핀 공화국 국가가 탄생된 것이다. 세 명의 대통령 후보 Queszon, aguinaldo, Aglipay가 출마, 결국 Quezon과 Osmcena의 연합 정당이 승리하였다. 1935년 11월 15일 필리핀 공화국의 다채로운 취임식이 마닐라 입법 빌딩에서 거행되었다. 30만명이 운집한 역사적 사건이었다. 대주교의 기도문이 낭독되고, 국방비서 Dern이 루즈벨트 대통령을 대표하여 축사를 하고 필리핀 민주주의의 깃발을 드높였다. 많은 미국의 관리가 취임식에 참석, 축하하였다.

공화국의 업적

취임 즉시로 필리핀 공화국의 퀘손이 지휘 아래 필리핀 장래 계획을 성취시키기 시작했다. 퀘손 대통령도 나는 미국인에 의하여 하늘나라 같은 정부가 되기보다는 필리핀인에 의한 지옥과 같은 정부가 되는 것이 낫다고 하였다.

공화국 정부는 첫째 새로운 정부 기구를 편성하였다. 언어부, 교육부, 필리핀 사업부, 도시에 법원을 설치하였다.

둘째, 여성 447,725명이 국민 투표권을 행사하였다.

셋째, 새로운 시를 창설하였다. Cebu, Iloilo, Bacolod, Cavite, Tagaytay, Davao, San Pable 등이다.

넷째, 국가 언어로 다갈록을 채택하였다.

다섯째, 사회 정의를 증진시키고 국선 변호사를 제도화하였고, 하루 8시간 노동제를 실시하였다.

여섯째, 멕아더 장군의 지휘 아래 필리핀의 젊은이들을 강제적으로 훈련시켰다.

일곱째, 1939년 필리핀 인구 조사를 실시하였다.

여덟째, 필리핀 경제 발전과 동시에 농업, 상업, 산업을 발전시켰다.

퀘손 대영제국과 비밀 협정 계획

필리핀은 미국과의 관계를 유지하는 동안 필리핀 퀘손 대통령은 캐나다와 호주와 같은 자치 정부가 필리핀에 들어설 것을 계획하고 있었으나, 이를 위해서 퀘손 대통령은 대영제국과 비밀 협약을 하여 접근하였다. 1933년 9월부터 일찌기 퀘손 대통령은 영국 충고자의 말을 듣고 퀘손 대통령은 런던에 갈 준비를 하였다.

1935년 1월 20일 퀘손은 대영제국과 필리핀이 연합하기 위하여 영국 정부와 비밀 접촉을 하도록 했다. 이 당시 윌슨 대통령은 일본의 침략에 필리핀의 방위를 미국이 무관심하였다. 영국 정부는 퀘손 대통령을 신임하고 1936년 12월, 이윽고 그들은 영국 장관 Eden과 퀘손 대통령 사이에 비밀 회담을 했는데, 1937년 2월 19일 미정부에 의하여 비밀 회담 계획이 폭로되었다. 즉시로 미국 정부는 영국 정부와 접촉하여 퀘손 대통령을 경계하였다. 미국은 루즈벨트 대통령과 다른 고급 각료들은 깜짝 놀랐다. 정부 대변인 Sayre는 퀘손 대통령을 책망했지만, 현명한 정치인 퀘손 대통령은 이 사실을 표면적으로 부인하였다.

미국은 일본의 침략에 대하여 필리핀의 전쟁에 대비하지 않았다. 퀘손은 이 나라를 지키기 위해 다른 나라로부터의 도움의 손길을 찾고 있었다. 그는 최초로 대영제국을 선택하였다. 그러나 만일 대영제국이 그들을 도와주지 않는다면, 다른 아시아 강국을 선택해야 했다. 아시아의 위대한 강국은 일본보다 더 강한 나라가 없었다. 퀘손 대통령은 일찍이 대영제국 충고자의 말을 받아들였다.

만약 미국과 영국이 필리핀 방위를 거부한다면 필리핀은 일본과 동맹하여 수호조약을 맺을 생각을 하였다. 미국은 이를 예견하고 1937년부터 전쟁 계획을 세웠다. 미국은 2차대전 전략을 세웠다. 유럽 전쟁이 승리하는 데 집중하였다.

그러나 필리핀, 괌, 하와이는 일본에 함락 되고말았다. 미국 정부는 1941년 7월 일본과 비밀 협정을 하여 필리핀을 스위스와 같이 중립 국가로 선언할 것을 고려하였다. 명백하게 퀘손 대통령이 일본에 유화 정책의 외교정책을 쓰기 위하여 영국과 비밀 협정을 계획한 것은 열열한 애국적인 행동으로 보아야 할 것이다.

22. 필리핀과 제2차 세계대전

2차 대전은 역사상 인류에게 많은 피해를 주었다. 전체주의와 군국주의와 민주주의 생과사의 전투였다. 1941년 12월 8일 아침 일본은 기습적으로 진주만을 공격하였다. 이에 필리핀의 자유를 사랑하고 미국에 충성하는 필리핀의 영웅적인 전사들은 미국과 함께 2차 세계 대전에 참여하여 전쟁에 승리하여 위용의 깃발을 높이 올렸다.

필리핀의 전쟁 준비

태평양 전쟁에서 필리핀은 매우 중요한 역할을 하였다. 젊은 병사들은 훈련을 받고 전쟁에 참여하였다. 모든 학교와 사회단체에서 전쟁에 참여, 도움을 주었다. 1941년 4월 1일 퀘손 대통령은 도시와 지방 국민 비상 훈련을 하였다. 관계 훈련을 최초로 1941년 7월 10일 마닐라에서 저녁에 최초로 하였다. 다른 도시에서도 동시에 관제훈련을 하였다. 1941년 7월 26일 맥아더 장군은 필리핀 공화국 군부에 명령, 미 동아시아 부대를 새로이 창설하였다. 필리핀군은 10,000여명의 군사들이 맥아더 장군에 의하여 현대 전술 훈련을 받았다.

전쟁의 발단

1941년 12월 8일 월요일 아침, 신문 배달 소년이 마닐라 시내에서 호외 신문을 알리면서 큰 소리로 일본 하와이 침공이라는 소리를 외쳤다. 일본군이 미국의 진주만을 공격한 것이다. 하와이 해군 기지는 필리핀 시간 새벽 2시 30분, 미국 시간 12월 7일 오전 7시 55분에 일본군에 의하여 공격을 당했다. 마지막으로 전쟁은 필리핀인에게 공포의 분위기로 엄습해 왔다. 태평양의 평온한 대양에 세계 전쟁이 엄습하여 온 것이다. 사람들은 전쟁이 발발하였다는 소식을 듣고 공포에 떨었다. 많은 필리핀의 사람들은 나라를 지키고 수호하기 위하여 젊은 17세의 학생으로부터 대학생에 이르기까지 전투에 참전하기 위하여 자원하였다.

최초로 일본 필리핀 공격

진주만을 공격한 수 시간 후, 일본 공군이 필리핀 하늘에 위용을 떨치며 날아와 포탄을 퍼붓기 시작하였다. 최초의 폭탄이 민다나오 다바오 시에 떨어졌다. 일본 공군기는 1941년 12월 8일 Tuguegarao 바기오 Iba Talic에 일본 공군기가 기습적으로 빈번히 공격, 포탄을 퍼부었다. 적들의 공격으로 미공군 비행장이 파괴되었다. 12월 9일 화요일 동트기 전 일본 공군기는 마닐라시에 공습을 감행하였다. 비상경보가 울리자 잠자던 마닐라 시민들은 일찍 깨웠다. 일본 공군기가 달빛이 비치는 도시에 날아와 Nichol 미공군 비행장을 폭격, 파괴시켰다. 대공포화가 하늘에서 작렬하였다. 마닐라에 살고 있는 사람들은 처음으로 전쟁의 무서운 장면을 목격하였다. 급상승하는 비행기가 폭탄에 비행기가 폭발되고 인간의 생명과 재산이 무참하게 파괴되었다. 그들은 소름끼치는 엄청 난 것을 경험하고, 그들은 생과 사의 갈림길에서 하나님의 임재하심을 깨닫고 그들을 보호하도록 하나님께 기도하였다.

일본 침공 시작

일본은 1941년 12월 10일 루존 북쪽에서부터 상륙을 시작하여 2일 후 루존 남쪽 라가스피 해변까지 침공 공격하였다. 일본은 12월 10일 다바오 남쪽에 상륙한 2일 후 필리핀 주요 심장부를 침공하였다. Homma 대장의 명령 아래 Lingayen에 상륙하였다. 다른 상륙지는 12월 24일 Mauban과 Atimonan이었다. 맥아더 장군은 일본의 공격을 막을 수 없었다. 왜냐하면 첫 날 공격에서 공군력이 거의 다 파괴되었기 때문이다. 남쪽 Thomas 해군 함대도 지원 부족으로 철수하였다. 적의 공군기가 해군을 제압하였다. 일본군은 집중적으로 민간인 건물과 군사 시설을 집중 폭격하였다. 12월 10일 오후 일본군은 미군에 폭격을 감행하였다. Civite 미해군 기지를 공격 황폐화시켰으며, Mckinley 비행장 Nichol 비행장을 파괴하였다. Villamor 비행 단장과 두 명의 다른 필리핀 조종사들이 용감하게 전투에 참가하여 Villamor는 적의 비행기를 격추시켰다. 그는 필리핀 최초로 공중전에 승리를 가져다 주었다. 그는 이 전투에서 맥아더 장군으로부터 십자 훈장을 받았다. 12월 11일 바탕가스 전투에서 Villamor는 비행단장으로서 다른 필리핀 전투 조종사와 27대의 적의 비행기와 공중전을 벌여 2대의 일본 전투기를 격추시켰다.

1941년 우울한 크리스마스

성탄절이 다가오자 루존 지역 전투는 격렬해져 갔다. 적들은 마닐라 다른 지역에 비오듯하는 공중 폭격을 투하하였다. 차가운 안개가 낀 12월 16일 필리핀인들은 전통적인 종교 예식에 참가할 수 없었다. 전쟁으로 인하여 모든 것이 중단되었다. 이틀 후 일본 공군기는 Iloilo 시를 폭격하였다. 최초로 일본 전투기들은 Visayas를 공격하였다. 전쟁의 상황은 불길하게 미군에게 희망없는 암울한 전투가 시작된 것이다. Homma 일본 대장을 마닐라 북쪽 지역에서부터 협공 작전을 벌였다. 마닐라 방위가 가망 없음을 깨달은 맥아더 장군은 미 공군 주력 부대를 Butaan에서 Corregidor로 이동 명령을 내렸다. 그러나 파괴되어서 움직일 수가 없었다.

12월 24일 크리스마스 이브 저녁 퀘손 대통령은 그의 가족과 국방 각료를 동반 Corregidor로 이동시켰다. 정부가 이동된 것이다. 그는 비서관 Torge를 남겨 두고 Vargas Jose Laurel과 다른 고급 각료를 이동시켰다. 지켜보던 국민들은 이를 비난하였다. 다음날 1941년 12월 25일 불유쾌한 크리스마스였다. 아침 일본 공군기는 마닐라에 선전 삐라를 살포하였다. 오후에 일본 공군기는 Nichol 비행장을 포격하고 돌아갔다. 일본 공군기는 팍상한 근처 열차 승객에게 포격을 가하여 수많은 승객을 사망케 하고 부상당하게 하였다. 이 해 크리스마스는 매우 음울한 크리스마스를 필리핀인들은 보냈다. 성탄송을 부를 수도 없고 선물도 줄 수가 없었다. 일본군의 공격으로 국민들은 크리스마스 선물대신 죽음과 공포의 선물을 받아 많은 피해를 당하였다.

Butaan에서 후퇴

미군은 모든 지역의 전투에서 고전을 면치 못하였다. 그러나 필리핀 군과 미군은 용감하게 싸웠다. 그러나 제공권의 약화로 인하여 그들은 강력하게 저항할 수 없었다. 1942년 12월 23일 맥아더 장군은 비밀 작전 계획을 발표하였다. WPO-3명령에 의하여 미공군은 Bataan에서 철수 준비를 하였다. 미국은 마지막까지 적의 침략에 대항하였다. 요나단의 지휘 아래 북쪽 미군 부대 루존 북쪽에서 전투를 벌였다. 남쪽 루존 지역에서는 Albert의 명령 아래 전투를 하였다. 그후 Jone도 Bataan으로 후퇴하기 시작하였다. 12월 26일 북쪽과 남쪽에 이는 미군이 Bataan으로 후퇴하기 시작했다.

맥아더 장군은 마닐라에 외쳤다. 전쟁에 승리하고 필리핀 국민을 구원시키기 위하여 최선을 다하겠다고 하였다. 3일 후 12월 29일, 루즈벨트 대통령은 필리핀 국민에게 메시지를 보내어 그들에게 자유를 되찾게 하여 주기를 약속하고, 일본 침략군에 대항하여 저항하는 용감한 필리핀 전사들에게 찬사를 보냈다. 그는 필리핀이 자유를 되찾고, 그들이 독립 국가가 될 것을 엄숙히 선언한다고 하였다.

제2공화국 취임식

1941년 12월 30일 전쟁이 한참 진행되는 동안 제2공화국 취임식이 거행되었다. 쾌손 대통령과 Osmena부통령은 엄숙히 선서를 하였다. 이 취임식에서 쾌손 대통령은 온 힘을 다하여 우리 국민은 우리나라를 위하여 투쟁하자고 호소하였다.

일본의 침략과 마닐라 입성

1941년 멕아더 장군은 마지막 순간까지 적에 대항하여 싸우라고 명령하였다. 맥아더 장군은 Bataan 정글에 있는 남쪽 수비 군대를 북쪽으로 성공적으로 후퇴하게 하였다. 그는 마지막으로 필리핀을 사수하기를 희망하였다. 그 동안 마닐라 시민들은 남쪽에서부터 북쪽으로 일본군이 덮친다는 소식을 듣고 겁에 질려 있었다. 그 동안 퀘손 대통령은 마닐라 시장으로 Vargas를 임명하였다. 마닐라 시 정부는 적이 쳐들어온다는 소식을 듣고 평화적인 대비책을 마련하였다. 시민들에게 평화와 질서를 유지하도록 경고하였다.

1942년 1월 2일 일본군은 마닐라에 입성하였다. 무혈 입성이었다. 많은 필리핀 시민들이 거리에서 일본군의 행렬을 조심스럽게 지켜보았다. 그러나 그들은 아무도 일본군에 대하여 환영하지 않았다.

퀘손과 Sayre의 탈출

필리핀 미군이 결국 무너짐을 깨닫고 미 대통령 루즈벨트는 퀘손 대통령을 미국에 오도록 명령하였다. 정치적으로 명확한 군사적 조치를 취하기 위해서였다. 만일 퀘손 대통령이 일본군이 수중으로 들어간다면 미국의 위신은 필리핀 국민에 의하여 약해지게 된다. 또한 필리핀은 계속적으로 나라를 이끌어 나갈 지도자가 없었다. 이에 대비하기 위하여 미 대통령은 퀘손 대통령의 가족을 군사 각료와 함께 1942년 2월 2일 선편으로 Corregrider를 떠나게 하였다. 이는 명백하게 하나님이 인도한 것이다. 퀘손은 성공적으로 일본의 수비망을 빠져나가 Panay에 도착하였다. 그는 토착 원주민과 함께 파티에 참석한 후 민다나오에 도착해서 호주로 떠났다. 호주에서 휴식을 취한 후 그는 미국 샌프란시스코에 1942년 5월 8일 도착하였다. 특별 열차편으로 워싱턴에 갔다. 워싱턴에서 루즈벨트 대통령과 고급 각료들로부터 열렬한 환영을 받았다. 필리핀의 다른 각료 Francis sayres의 다른 동료들은 배편으로 Corregido를 떠나 미국에 도착하였다.

Bataan의 위대한 영웅

1942년 1월 19일 Homma 일본 대장이 Bataan의 전투에서 미군에 승리하였다. 미군은 이 전투에서 용감하게 일본군에 저항했다. Butaan 전투는 낮과 밤 매주 불을 뿜는 전투를 벌였다. 피로 얼룩진 전투였다. Butaan 반도에서는 화염이 타오르고 있었다. 필리핀군은 미군과 함께 일본에 대항하여 불 뿜는 전투를 벌였다.

이 전투에서 필리핀군과 미군은 역사적인 장을 열게 되었다. 미군과 필리핀군은 이 전투에서 승리할 가망이 없었다. 미군은 해군력을 지원할 수 있었으나 공군은 지원할 수 없었다. 연합군은 불충분한 전투 장비를 갖추고 있었다. 그들은 전투중 굶주림에 지쳐 있었다. 군수품이 다 떨어졌다. 그들은 도움을 기대하였으나 미군의 군수 지원 부대는 도착하지 않았다.

하사관 Calugas의 용감한 업적

Bataan의 용감한 전투에서 영웅적인 무용담이 있다. 필리핀 하사관의 얘기로 그는 군 식당 하사관이었다. 그는 육탄으로 일본군에게 대공포를 못 쏘게 하여 일본군의 공격을 지연시켰다. 이로 인하여 전멸당할 병사들이 구원받게 되었다. 1942년 1월 15일 용감하고 초월적인 힘을 발휘하여 일본의 공격을 지연시킨 공로로 그는 미 최고의 훈장인 공로훈장을 받게 되었다.

Bataan 전투에서의 Igoret인

Bataan 전투에서 Igoret인들의 용감하게 응전한 전투 이야기가 있다. 루존 북쪽 고원의 암벽에서 전투 부대 군인들은 불굴의 의지로 일본군에 대항 필리핀 병사와 함께 싸웠다. 1942년 2월 일본 대장 Homma는 미 1연대 통신망을 두절시키도록 하였다. 그는 일본 20중대에 명령 뒤로부터 왼쪽 측면까지 공격을 시도하였다. Igoret11보병 중대를 분리하여 강렬하게 적의 공격에 대항 최후까지 저항하였다.

이때 미 지휘 본부에서는 예하 부대에 병령 보병 부대를 지원, 돕도록 하여 14탱크 대대를 지원하였다. 탱크 대대는 Igoret부대와 연합 일본군을 집중 공격하였다. Igoret보병 병사들은 지원 탱크 부대와 함께 많은 일본군을 살해하여 많은 전과를 올렸다. 탱크를 타고 무기를 들고 그들은 들어가기 어려운 정글지대를 인도하였다. 그들은 용맹스럽게 20연대 일본 보병 부대와 싸웠다. 그들은 이 전투에서 일본 군을 전멸시켰다.

맥아더 호주로 후퇴하다.

Bataan의 영웅적인 전투가 격렬하게 진행되는 동안 루즈벨트 대통령은 전쟁의 승산이 없음을 깨닫고 맥아더 장군을 호주에 가도록 명령하였다. 남태평양 미지역 사령관으로 새로운 사람을 임명하였다. 최고자의 명령으로 맥아더 장군은 1942년 3월 11일 4척의 쾌속정으로 두 명의 해군 장성과 그의 부인, 아들을 데리고 Corregidor를 떠났다. 일본 해군 순시선을 피하여 맥아더는 수행원과 함께 Caguyan에 도착한 후 군용기 편으로 호주로 떠났다. 1942년 3월 13일 Bachelol비행장에 상륙한 즉시 맥아더 장군은 "나는 다시 돌아가기 위하여 여기에 왔다."라고 엄숙히 말했다.

한편 Bataan전투와 Corregidor전투에서는 연합군이 심한 타격을 받았다. 그러나 자랑스럽게 세계에서는 자유의 소리가 들려왔다. Butaan은 함락되었다. 그러나 정신적으로 무장하여 자유와 평화를 되찾으라고 세계의 자유와 평화를 사랑하는 민족들은 필리핀 민족에게 힘과 용기를 주었다.

죽음의 행진

76,000명의 미군과 66,000명의 필리핀군은 Bataan에서 무기를 들고 집단적인 항복을 한 것에 대하여 미국 작가 Joland는 미국인의 역사적 위대한 조건부 항복이라고 했다.

전쟁 포로를 제쳐 놓고 26,000명의 민간인을 먼저 피신시켰다. 유명한 죽음의 행진이 1942년 4월 10일 Mariveles에서 시작되었다. 포로들은 일본군의 인솔하에 Lubao와 그리고 Orani, Balanga, Limay를 통과 San Fernando도로를 따라 고통스럽게 허기진 모습으로 걸어가게 되었다. 목이 마르고 배가 고프고 병이 든 포로들은 지칠 대로 지쳤다. 행진을 하는 동안 많은 포로들이 도중에 숨을 거두었다.

Bataan 전투 포로들은 많은 사람이 죽고 부상을 당했다. 극비리에 음식과 물, 과일 등이 굶주리고 지친 이들에게 공급이 되었다. 그들은 생명의 위험을 내걸고 일본 군의 눈을 피하여 몰래 음식을 공급받았다.

1942년 4월 15일 56,000여명의 포로만이 야영지에 도착하였다. 포로들의 생활은 Butaan 전투시보다 지옥과 같았다. 전쟁 범죄 위원회의 보고에 의하면 일본군은 잔인하게 Donnel 야영장에서 필리핀 인 22,155명, 미군 2,000명을 살해하였다고 한다.

필리핀의 함락

Bataan이 함락되자 필리핀은 파멸이었다. 더 이상 저항할 수 없었다. Wainwright대장은 초인간적인 힘으로 요새를 방위하려고 애를 썼으나 허사였다. Corregidor도 구원할 수 없었다. 결국 1942년 5월 6일 Corregidor이 함락되었다.

1,200명의 미군과 필리핀의 병사가 포로로 붙잡혔다. 그러나 다행히도 Butaan에서와는 다르게 Corregidor의 포로들은 죽음의 가혹한 행진은 하지 않았다.

Corregidor이 함락됨에 일본에 대항한 필리핀의 저항은 끝나고 말았다. Wainwrignt대장은 Corregidor에서 용감하게 싸웠지만, 결국 일본 Homma대장에게 체포되어 항복하고 말았다. 1942년 5월 7일 11시 40분 경, 그는 개인적으로 라디오 방송을 통하여 일본군에 대항하는 모든 미군과 필리핀군은 이를 멈추고 일본군에 항복하라고 방송하였다. 그러나 그 당시 필리핀 국민은 전쟁은 계속하였다. 많은 필리핀 정부 관리와 애국자들은 Wainwrignt 장군의 명령을 거절하였다. 그들은 일본 침략자에 대항 게릴라식 전투를 하였다.

게릴라 전투

모든 필리핀인들은 일본에 항복하지 않았다. 일찍부터 필리핀의 많은 군사들은 Bataan과 다른 전투장에서 빠져나와 많은 애국자들과 시민들은 비밀리 민주와 평화 독립을 위해서 게릴라 부대를 조직했다. 국민들은 일본 침략자에 대항, 저항하였다. 의사, 사회 노동자, 작가, 지주, 노동자, 여성, 어린이에 이르기까지 이에 동참하였다. 열악한 무기, 불충분한 장비를 가지고 필리핀의 게릴라들은 용감하게 일본에 대항, 투쟁을 계속하였다.

적에게 투쟁을 계속하는 동안 호주에 있는 맥아더 사령부에서 라디오 방송에 의하여 정보가 전달되었다. 전쟁의 계획, 요새, 활주로 시설 등 일본 부대의 귀중한 정보를 얻어 냈다. 필리핀 게릴라 지도자들은 루존 북쪽 등 여러 지역에서 성공적으로 게릴라 활동을 계속하였다. 이는 국민들이 게릴라 활동을 위하여 도움을 주었기 때문이다.

모든 남자와 여자가 침략자 일본에 대항해서 저항하였다. 많은 도시와 지방에서 많은 필리핀인들이 협력하였다. 그러나 실제적으로는 게릴라를 지원하였다. 그들은 일본의 포악무도한 행위에 정면으로 도전하였으나 그들은 더 많은 고통을 당했다. 그들은 교회에서 학교 막사에서 짐승처럼 굶주리며 고문당하고 수많은 사람이 비참한 죽음을 당했다.

23. 일본의 점령과 제2공화국

일본이 지배하던 3년 동안(1942~1945) 필리핀 역사상 가장 어려운 암흑시기였다. 서구 제국주의자들로부터의 속박에서 벗어난 가장된 해방이었다. 일본은 효과적 입법으로 위대한 아시아 제국 건설을 부르짖고 있었다. 그러나 일본은 필리핀의 부유한 자들의 재산을 약탈하고 수많은 만행을 저질러 인적으로 많은 피해를 주었다. 그들은 교육 문화계에 집중적으로 침투하여 일본화를 시도하였다.

일본은 필리핀에 제2공화국 괴뢰 정부를 수립하였으나, 많은 필리핀인들은 이의 참여를 거부하였다.

일본 군부 행정

1942년 1월 3일, 마닐라에 무혈 입성한 일본군은 Homma대장의 명령 아래 필리핀을 정복하기 위하여 필리핀의 정치와 경제를 지배할 목적으로 일본 군정을 설립하였다. 군부 행정은 대장이 직접 지휘하였다. 동경으로부터 직접 지시를 받은 일본 군부 행정은 필리핀 국민의 자유를 엄격히 제한하였다.

　마닐라 시에 동화관제를 실시하였으며 모든 화약, 군수품 등 다른 전쟁 물자를 국민으로부터 징수하였다.

　일본에 대항하는 필리핀인을 처단하였다. 모든 것을 일본이 지배하였다. 모든 산업, 공장, 은행, 학교, 교회, 언론, 출판 등을 일본 군정에서 감독 지배하였다. 필리핀의 국가와 미국 노래 부르는 것을 금지하였다. 미국 화폐를 사용하는 것을 금지하였다.

필리핀 행정 위원회

　일본 침략자들은 필리핀의 저명한 사람들로 구성하여 괴뢰 정부를 세울 것을 계획하였다. 대부분의 필리핀인들은 정복자들에 의한 괴뢰 정부가 세워지는 것을 불쾌하게 생각했다.

　1942년 1월 28일, 일본 군정은 Jorge Vargas 등 필리핀 고위 관리자들에게 마닐라 행정 위원회를 조직하도록 명령하였다. 일본 군정은 시장에 Vargas를 임명하였다. 필리핀 지도자들은 힘이 없었다. 전쟁에 패배하였기 때문에 이 나라는 쇠약해져 있었다. 미국도 필리핀을 방위할 힘이 없었다. 이런 상황에서 쿼손 대통령은 이 나라 지도자에게 마지막 순간까지 적에 대항하여 승리하자고 하였다.

　1942년 1월 23일, Vargas와 그 관리들은 일본 군정의 명령에 복종하여 나라의 번영과 평화를 유지하고, 복지를 증진시키기 위하여 일본 고위층의 명령에 의하여 행정 위원회를 설립하였다. Vargas가 의장이 되고 61명의 비서진을 일본 군정에서 선임하였다. 결과적으로 필리핀의회가 창립된 것이다.

위대한 마닐라

일본 군정의 명령아래 Vargas의장은 행정 명령 76개조를 발표 위대한 마닐라 시를 1942년 8월 6일 창설하였다. 퀘손 시티와 다른 외곽지대 Caloocan, Sanjuan, Mandaluyong, Makati, Pasay, Paranaque로 구성된 마닐라 시를 만들었다.

마닐라 시는 시장의 도움을 받아 시의 재산 및 세금으로 시의 보건소와 소방서 등 다른 공공시설을 건설하도록 명령하였다.

일본 선전

일본은 전쟁에서 필리핀 국민으로부터 협력을 얻기 위하여, 필리핀이 미국에 충성하는 것을 막기 위하여 점령 첫 날부터 군부에 선전부를 두고 활동하였다. 일본 선전부는 각 지역에 포스터를 부착하고 도시 지역에 전단을 뿌렸다. '아시아를 하나로, 필리핀은 필리핀인으로' 라는 표어를 내걸었다.

일본은 언론의 자유를 탄압하였다. 모든 신문을 통제했다. 라디오 방송국 등 언론을 일본군이 장악하였다. 서적과 정기 간행물 등에 일본의 영광적인 역사와 문화를 실었다. 일본 군은 필리핀인들에게 일본문화를 선전하였다.

영화나 연극에서도 필리핀이 일본을 도와 서로 협력하여 주는 것을 보여 주게 하였다. 일본 군정은 단편 영화를 마닐라 각 지역에서 보도록 하였다. 일본 문화와 언어를 가르쳐 동화시키게 하였다. 강제적으로 일반 시민을 학교에 보내어 언어 교육을 시키게 하였다. 매년 일본어 교육 프로그램을 만들어 관공서에서나 학교에서 가르치게 하였다. 언어와 문화

공부를 시키면서 용기를 북돋우기 위하여 다양한 경쟁을 시키게 하여 우승자에게 상품을 주어 매력을 끌게 하였다. 필리핀에 일본 문화의 침투로 많은 일본 사람의 예술가와 음악가, 연극 배우, 교수, 학자 등이 마닐라에 오게 되었다.

다른 방법의 일본 선전

Messmedia방법에 의하여 일본 군부 행정은 다른 방법으로 필리핀 국민에게 매력을 끌게 하였다. 다양한 방법으로 필리핀이 일본에게 충성토록 하기 위하여 Geti정부 고용 센터를 설립하였다. 새로운 필리핀문화 센터를 설립 일본인 학자에게 준비하여 교육시키도록 했다.

일본은 필리핀의 지장과 도시에 근린협회를 설립하였다. 일본의 근린사회의 모형을 따라 설립하였다. 근린협회는 이웃 인근 가족들에게 쌀과 생활필수품을 계층 조직을 통하여 공급하였다.

구성원의 주변에 새로운 거주자 들어오면 이를 상부에 보고하고, 그들이 이웃 주민의 행동 움직임에 대하여 보고하였다. 애국자들은 협력하지 않았다. 잘 알려진 Vargas, Lawrel, Aduind, Recto 등 다른 필리핀 지도자들은 괴뢰 정부의 억지 강요에 의하여 봉사했으며, 일본에 진심으로 협력하지 않았다.

많은 전후 작가들은 일본이 필리핀을 지배하고 있는 동안 일본의 만행을 저지르는 것을 증언하였다. 그들은 실질적으로 적의 공격으로부터 국민들이 무방비 상태에 처하여 있음을 인식하고 일본의 공격에 대항하여 게릴라를 도와주었다. 지도자들은 필리핀을 다시 소생시키기 위하여 일본 군정에 협력하는 체 하였다.

일본 지배하의 필리핀 공화국 헌법

헌법은 12장으로 구성되어 있다. 영어와 다갈록으로 쓰여졌다. 다갈록은 27페이지, 영어는 22페이지로 구성되었다.

이 헌법은 필리핀 공화국 권력 기관인 행정부는 대통령이 수반이 되고 입법부는 국회, 사법부는 최고 법원인 대법원의 삼권분립의 권력이 분산된 헌법이었다. 이 헌법은 전쟁 동안 잠시 그 효력을 발생하였다. 마지막 장은 1년 후 필리핀 전쟁이 끝난 후 대표단을 구성하여 새로운 헌법을 만들기로 하였다. 부통령 제도는 없었다.

이 헌법에서는 국민의 기본 자유와 권리보다는 시민의 의무를 강조하였다.

일본 지배하의 필리핀 공화국 탄생

헌법의 비준을 받은 후 Kalibapi를 필리핀 공화국에서 준비, 계획, 창설하였다. 1943년 10월 20일, Kalibapi집회는 새 헌법으로 108명의 구성원을 선출하고 국민 집회를 설립하였다. 10월 22일 선거에서 국민 집회는 마닐라 국회의사당에서 취임식을 가졌다. 국민 집회 구성원들은 Elisa의 사회 아래 취임식을 거행하였다.

Laurel필리핀 대통령은 1943년 10월 14일 새 공화국 국회의사당 앞에서 엄숙한 취임식을 거행한 것이다. 이 취임식에서 국민 집회 의장은 일본 군정은 철수하라고 낭독하고 필리핀의 독립을 외쳤다.

필리핀 공화국과 외국과의 관계

일본 지배하의 필리핀 공화국은 스페인과 그들의 동맹국 독일, 이태리, 중국, 체코슬로바키아, 불가리아, 헝가리, 미얀마, 태국, 바티칸 등의 인정을 받았다.

일본 대사관이 마닐라에 세워졌다. 일본 대사관은 최초로 외국과의 조약으로 일본과 필리핀이 서로 동맹 조약을 하였다.

1943년 1월 말라카냥 궁전에서 비준하였다. 이 조약은 동경에서 준비, 계획하여 마닐라에서 조약을 맺었다. 이 조약으로 일본이 필리핀에 경제 협력을 하게 되었으며 공화국 대통령 Laurel이 1943년 1월 6일 동경에서 개최한 동아시아 회의에 참석하여 많은 환영을 받았다.

공화국의 위기

1944년 8월까지 일본 지배하의 필리핀 공화국은 위기적 상황이었다. 필리핀 공화국은 일본 군정에 의존하였다. 일본에 대항하기에는 역부족이었다.

한편 맥아더 장군은 태평양의 정글 섬의 전쟁에서 승리하고 필리핀을 향하여 진격중에 있었다. 8월 9일 미군 폭격기가 민다나오를 기습 공격하였다. 필리핀의 자유를 위하여 맥아더 장군은 진격중에 있었다. 맥아더 장군의 막강한 세력이 도착한다는 것을 깨달은 일본군은 방어에 최선을 다했다.

필리핀의 게릴라들도 일본군의 공격에 대항하였다. 일본군은 필사적으로 필리핀 국민을 압제하였다. 그들은 미국의 자유주의자들이 진격하므로 소망이 없다는 것을 깨달았다. 그들은 식료품을 약탈하고 게릴라를 지원하는 양민들을 학살, 고문하고 체포하는 일을 일삼았다. 게릴라들은 잠복하여 적의 수비대를 습격하고 적의 부대를 파괴하였다. 혼란이 계속되자 Laurel대통령은 1944년 필리핀에 계엄령을 선포하였다. 마닐라에서는 일본군의 요새에 미군 공격기가 폭격하고 필리핀 국민들은 아침의 기습 공격에 놀랐다. 대통령 Laurel은 국민 집회에서 전쟁을 승인하였다.

그러나 이는 두 가지 이유에서 잘못된 것이었다. 첫째, 대통령 Laurel은 국민 의회의 승인을 얻었으나 전쟁의 선포는 하지 않았다. 1943년 헌법에 의하면 이것은 불법적이다.

두 번째로 필리핀인을 징병에 동원 소집하지 않았다. 어쨌든 전쟁의 선포 없이 Laurel대통령은 미국에 대항하는 일본과 결코 협력하지 않았다. 그는 용감한 애국자적 현명한 정치인이다. 국민들도 미국에 대항하여 싸우지 않았다. 그들은 일본의 무자비한 전쟁의 선포를 두렵게 생각했다. 적의 잔인한 살인 행위에 일본을 도울 수 없었다.

맥아더 장군이 1944년 11월 20일 Leyte에 상륙하였다. 일본군은 피할 수 없는 패배의 조짐을 보이게 되었다.

일본에서 패배

맥아더 장군은 Leyte에서 일본군에 대항 완강하게 저항하였다. Yamashite는 전투기와 함대를 Leyte전투에 보강시켜 돌진하였다. 미군은 새로운 카빈총, 화염 방사기, 수륙 양용 전차를 동원하여 모든 섬의 적의 공격을 분쇄하였다.

절망적 상황에 처한 일본군은 Leyte만에서 전함으로 미군이 이동되자 그들은 가미가재 특공대를 동원하여 자살 공격을 하였다.

전투가 진행되는 동안 일본 전함은 Leyte만을 향하여 3개 대대가 출격 맥아더 함대를 공격하였다. 섬에서 최초의 대대는 싱가폴에서 팔라완을 통과 Samer해협에 오게 되었다. 제2대대는 남쪽 보루네오 Surigao에서 해협을 지나 Leyte만에 들어왔다. 제3대대는 북쪽 Fornosa에서 Surigao해협을 지나 Leyte만에 들어왔다. 제3대대는 북쪽에서 남쪽 해협으로 오게 되었으며, 제3대대 일해군병력은 미특수부대 Real제독 지휘 아래의 미군에 공격이 차단되었다. Surigao해협, Enguno, Samer해협의 해군 전투에서 일본 군은 전멸하였다. 미 해군의 결정적 승리로 필리핀은 자유를 되찾는데 용이하게 되었다.

일본 해군의 패배로 Tomoyuki, Yamashita의 뒤를 이어 Kurodo가 일본군의 총 지휘자가 되었다. 일본의 필리핀 점령의 마지막 날은 1944년 12월 21일, 대통령 Laurel과 그의 각료들은 바기오로 이동하였다. 일본의 총지휘자 Yamashita는 전선을 후퇴시켜 나갔다. 안티폴로에서 Aparri와 Sierra정글 지역으로 전투를 후퇴시켜 나갔다. 일본 군이 후퇴함에 따라 그들은 필리핀 양민의 쌀, 닭, 소, 말 그리고 자전거를 약탈, 노획하였다. 죄없는 민간인을 고문 살해하고 마을을 불질렀다.

12월 5일 다른 미군 부대가 민도로에 상륙하였다. 이윽고 맥아더 장군은 마닐라에 도착하였다. 미 공군기는 일본의 요새, 비행장, 부대, 선박 시설을 폭파하였다. 다른 부대는 루존과 다른 섬을 공격하였다. 1945년 1월 9일 맥아더는 루존 지역의 일본군을 패배시켰다. Lingayan에 상륙하였다. 필리핀 게릴라와 민간인들은 3년 동안 미군을 기다리고 있었다. 그들은 미군을 환영하였다.

자유의 투사 미군들은 필리핀의 게릴라와 함께 전격적인 전투를 벌여 마닐라 쪽으로 돌진하였다. 모든 일본군은 자유의 전사들에게 저항하기도 전에 무너지고 말았다.

마닐라의 전투

2월 5일 수륙 양용 탱크가 강을 건너 처음으로 Caralry로 전진하였다. 그들은 37보병 중대를 보강하고 북쪽 도시로 들어갔다. 11공수단은 남쪽으로부터 TAgaytay Ridge지역에 낙하하였다.

일본군은 미군이 공격을 개시하자 절망적으로 발광했다. 일본군은 민간인의 집을 불태우고 정부 관청, 대학, 역사적인 유물과 교회를 불태우고 귀중한 서적, 서류, 가구, 예술품 등을 파괴하였다. 그들은 무고한 사람들을 살해하였다. 그들은 죄 없는 신부와 수녀를 죽였다. 2월 7일 일본군은 악랄하게 마닐라에서 만행을 저질렀다.

맥아더 장군은 북에서 시내로 들어왔다. 그는 국민으로부터 환영을 받았다. 강을 건너 전투는 격렬하게 계속되었다. 1945년 2월 23일 피의 혈전이 끝났다. 마닐라의 아름다운 대학, 멋진 건물, 역사적인 교회가 파괴되었다. 필리핀의 자유 전투 부대를 지휘한 맥아더 장군은 일본군을 향한 돌격 명령을 내렸다. 수륙 양용 전차가 상륙하고 바다와 공중에서 미군은 적에게 맹렬한 공격을 전개하였다. 1945년 2월 11일 미군은 Marinels 상륙과 함께 필리핀 보병 부대와 공수 부대가 적을 공격하여 빛나는 성과를 올렸다.

맥아더 장군은 일본의 다양한 공격을 물리쳤다. 3월 1일 팔라완을 정복하고 3월 18일 Panay, 3월 29일 Romblon Ol Zamboanga, 4월 2일 Masbate, 4월 11일 Bohol, 4월 19일 Cotabato, 5월 4일 Davao 등의 모든 지역을 미국이 자유화 시켰다.

24. 필리핀의 독립과 제3공화국

필리핀의 자유

1945년 7월 5일 맥아더 장군은 필리핀에 자유를 알렸다. 그는 필리핀이 자유화되었다고 선언하였다. 사실상 필리핀은 전쟁을 종결지었다.

세계 2차대전의 잿더미 위에서 필리핀 제3공화국이 탄생되었다. 전쟁이 끝난 후 자발적으로 필리핀은 비식민지화를 선언하였다. 이와 동시에 미국과 동맹하였다. 미국은 필리핀에 민주주의 터전을 마련하였다. 1946년 7월 4일 필리핀 공화국 취임식이 30만 명의 필리핀 국민의 갈채 속에서 필리핀의 독립이 선언되고 필리핀 공화국 취임식이 거행되었다. 21발의 축포가 울려 퍼지고 교회 종소리가 울려 퍼졌다. 이 위대한 역사적 사건에 25개국 국가 대표가 참석하였다. 필리핀은 380년 동안 자유를 위해 투쟁하다 순교한 애국선열의 위대한 꿈을 달성하게 된 것이다.

이 취임식은 마닐라 Laneta에서 거행되었다. 취임식장에는 8,000여 명의 저명한 인사들이 참석하였다. 미국 목회자의 기도가 끝난 후 상원의원 Tvding은 그의 연설에서 맥아더 장군의 위대한 전투 전략에 의하여 필리핀에 새로운 역사가 시작되었다고 말했다. 미 고위 각료인

Mcnutt는 대통령 트루만 연설을 대신하여 미국은 필리핀의 독립을 인정한다고 말하고, 미국은 필리핀에서 모두 철수한다고 말했다. 이 선언 낭독에서 그는 이 민족은 다시 태어났다고 말하고, 하나님은 필리핀 국민의 자유와 평화를 안전하게 보호하실 것이라고 말하였다.

대통령 Roxas는 역사적으로 필리핀 국기를 드높였고 필리핀 국가가 울려 퍼졌다. Roxas대통령과 Quirino부통령이 취임하였다. 대법원장 Moran의 선서가 끝난 후 대통령 Roxas는 연단에 올라왔다. 그는 취임사에서 맥아더 장군과 필리핀의 위대한 애국자와 순국 선열들에게 높은 치하의 찬사를 하였다. 그 후 그는 황폐한 이 조국을 위하여 우리 온 국민이 단결하여 재건설하자고 역설하였다.

"우리는 독립을 선서한다. 우리는 자랑스럽고 존귀하다. 우리는 우리 민족을 위하여 수호하여 나아가야 한다."고 역설하였다. 순서에 따라 대통령 Roxas는 미국의 고위 각료 Mcnutt와 우호 관계 조약에 서명하였다. 이후 1,000여 명의 필리핀 독립 합창단의 합창이 끝난 후 역사적인 필리핀 공화국 취임식이 Cebu 대주교의 축도로 예식을 끝마쳤다.

전후 공화국의 문제

새로이 탄생한 필리핀 공화국은 잿더미 위에서 일어났다. 전쟁으로 수많은 사람이 죽고 산업 시설이 파괴되고 다리, 도로 등이 파괴되고 유실되었다. 공장과 농장이 파괴되고 마을과 도시는 불타 잿더미가 되었다. 정부에서는 이를 복구하기 위해서 노력하였다. 새로운 공화국의 큰 문제점은 문화 시설을 복구하는 것이었다. 전쟁으로 교육 시설이 파괴되었기 때문이다. 86%의 학교 시설이 파괴되었다. 수많은 서적과 귀중한 서류, 예술품, 역사적 유물과 가족의 가보들이 유실되고 수백 교회가 불탔다. 정부가 재건축해야 할 학교 예산만도 1억 2천 6백만 달러가 소요되었다. 다음의 문제로는 정부의 재정이 문제였다. 새로운 정부가 시작되면서 매년 정부 예산이 부족했다. 이 비용을 충당하기 위하여 미국의 원조에 의존하여 미국으로부터 무거운 재정적 부담을 안게 되었다.

마닐라 등 다른 도시에 갱범죄가 극성을 부렸다. 미국의 극악 무도한 폭력 갱범죄를 모방하여 은행 강도, 유괴범, 납치범 등 강도 사건이 성행하였다. 특별히 루존 남쪽 다갈록 지역에서는 도시와 지방 지역에 범죄단들이 극성을 부렸다. 더구나 전쟁으로 인하여 도덕성이 파괴되고 영적으로 타락하여 갔다. 불안정한 상황에서 적들이 점령하는 동안 사회 도덕성이 땅에 떨어졌다.

제2차 세계대전의 피해

아시아의 여러 나라 중 필리핀은 가장 극심한 피해를 입었다. 필리핀은 전쟁의 혼란중 대부분의 것이 파괴되었다. 전체 필리핀인의 재산 피해는 8,079,624,000달러이다. 귀중한 인명 피해는 1,111,938명으로 사람 1명당 2,000달러로 평가했다.

전쟁의 재산 피해를 살펴보면 물적 피해(개인, 공공 포함)는 807,411,000달러이고, 인명피해는 1,111,938명으로 1,667,890,000달러이고, 일본군에 의하여 징발된 물적 재산은 5,514,321,000달러이다.

Roxas행정(1946~1948)

훌륭하고 능력 있는 정치인 Roxas대통령은 필리핀의 재건을 위하여 복구를 시작했다. 미국의 경제적 도움으로 그는 전쟁으로 폐허가 된 필리핀의 경제를 서서히 발전시켰다. 인플레이션을 막고 화폐 유통을 안정시켰다. 필리핀은 미국에 우호적인 도움을 주었다. Roxas대통령은 미국에 대하여 우호 정책을 썼다.

1947년 3월 11일 대통령 Roxas는 필리핀 국민에게 설득력 있는 연설을 통하여 문제의 쟁점이 되고 있는 헌법을 개정하겠다고 말했다. 그러나 그는 선거 전 마닐라 Mirand 프라자 앞에서 불만분자로부터 수류탄의 공격을 받아 가까스로 피하여 생명을 건져냈다.

Roxas는 행정면에서 두 가지 정책에서 실책을 범했다. 첫째는 전쟁 잔여 물자 추문이 밝혀졌다. 중국 이민자에 대한 할당에 대한 추문과 학교 물자 공급의 추문이 그것이었다. 둘째로 공산주의운동 저지에 실패하였다.

Quirino대통령이 되다

1948년 4월 16일 저녁 Roxas대통령은 팜팡가 Clark 비행장에서 공격을 받아 숨을 거두었다. 이날 아침은 숙명적인 날이었다. 그는 미13비행단 도착 연설에서 만일 어떤 접전이 벌어진다면 나에게 그런일이 일어날 것을 확신한다고 말했다. 아마 그는 어떤 일이 일어날 것을 확신한 것 같다.

그는 마지막 연설을 통하여 미국과 필리핀은 어떤 곳에서 전쟁이 일어나면 필리핀군과 미군은 함께 싸워야 할 것이라고 말했다. 바다와 공중에서 자유와 정의를 위하여 양국은 서로 우호적인 관계를 유지하자는 마지막 연설을 하였다. 연설을 마친 뒤 그는 현기증을 느꼈다. 다른 곳으로 옮겨져 갔으나 그날 밤이 마지막 밤이 된 것이다. 1948년 4월 17일

부통령 Quirino가 필리핀 제2대 대통령이 되었다. 그는 초대 대통령 집무실에서 먼저 간 대통령의 죽음에 깊은 애도를 하였다.

Quirino행정(1948~1953)

대통령으로서 Quirino는 두 가지 중요한 일을 하였다. 첫째 필리핀의 경제 복지를 향상시켰고 둘째, 국민이 정부를 믿는 믿음의 정치를 하였다.

대통령 Quirino는 그의 부모가 지방 교도소장과 농업 학교 교사를 역임한 가정에서 태어났다. 그는 대통령 재직시 행정 수완이 뛰어난 능력 있는 대통령이었다. 그는 Pacsa라는 기구를 대통령 직속으로 두었다. 이 가구는 가정 생활의 극빈자들을 도와 주며 노동자 문제를 위하여 일하는 기구였다. Accfa(농업 신흥협동 재정기구)는 농민을 위하여 자금을 얻어 주는 기구로서 시골 은행의 유일한 신용 기관 역할을 하였다. 이와 더불어 Quirino대통령은 외교 행정면에서 탁월한 능력을 발휘하였다. 외교술이 뛰어난 그는 지성인으로서 필리핀을 세계에 전하고, 외국의 원수들로부터 아주 좋은 평판을 받은 대통령이다. 그는 직무중 미국을 순방하고 유럽과 남아시아를 순방하였다. 필리핀 공화국 사상 처음으로 1947. 11. 8. 8명의 상원의원을 뽑았다. 이 선거에서 국민당이 승리하였으나 Osius의 선거법 위반의 추문이 있었다.

1949년 11월 8일 대통령 선거에서 최초로 국민 투표를 실시하였다. 선거가 끝난 후 보고에 의하면 필리핀에서는 해마다 선거 때는 피의 살육전이 벌어졌다. 민다나오의 예를 들면 많은 사람이 선거로 인하여 피해를 당했다. Quirino 대통령 재직시 공산주의자들이 루존 중앙 지대와 마닐라 지역에서 끔찍한 테러를 저질렀다.

24. 필리핀의 독립과 제3공화국

막사이사이의 계승

1953년 11월 10일 대통령 선거에서 국민당의 막사이사이가 대통령 후보로 지명되었다. 그는 국가 국방 비서로 있는 공산당에 대항하며 큰 성과를 거두었기 때문에 국민들로부터 인기가 있었다. 그 후 그는 정부 관리로서 국민당에 입당하게 되었다. 그는 압도적인 표 차이로 대통령 Quirino를 패배시켰다. 이 선거에서 자유당이 패배하고 국민당이 압도적 승리를 하였다.

막사이사이의 행정(1953~1957)

강인한 대장장이의 아들인 그는 2차대전 중 게릴라 지도자로서 일본에 대항해 전투한 역전의 용사이다. 1946년 그는 국회의원에 선출되고 최초 국방비서가 되었다. 그는 국민들로부터 매력을 끌었다. 그는 쾌손 시티의 냉방 시설이 잘된 안락한 집에서 편히 쉬는 대신 대부분의 시간을 거리에서 시골 농부와 우정어린 모습으로 교제를 나누었으며, 그는 일본에 대한 전투시에는 용감하게 전투에 참여하였다. 그는 일생 동안 정직한 생을 살았다. 필리핀의 대통령 중 막사이사이 대통령처럼 국민을 사랑한 사람이 없다. 제3공화국 대통령으로서 그는 정부를 신뢰하도록 확인시켜 주었다. 필리핀 최초 Burrio를 발전시켰으며, 대통령으로서 국민들의 생활에 주의를 기울였다.

Burrio주민들의 생활을 향상시키고 다리와 도로를 건설하였다. 거리의 관계 시설, 운수 시설을 하였다. 그는 농부의 최고 친구로서 마구 소를 잡는 것을 금지하였다. 그는 민족주의자였다. 그는 최초로 대통령 취임식 예식에서 Burrio Tagalog의 옷을 입었다. 그는 먼저 가난한 자에게도 Burrio Tagalog를 입게 했다. 막사이사이의 재임 기간 동안 SEATO(동남아 조약 기구)를 NATO(북대서양 조약기구)의 본을 따라 결성하였다. 1954. 10. 8일 마닐라에서 결성하였다. 공산주의에 반대한 군주 프랑스, 영국, 뉴질랜드, 파키스탄, 태국, 미국 등으로 구성되었다. 1954년 12월 15일 Laurel-Langley 협정이 워싱턴에서 조인되었다. 이 협정은 미국 사이의 자유 무역을 점차적으로 폐지하는 협정이다. 필리핀은 1956년 1월 1일에서 1974년 7월 3일 협정기간이다. 1956년 5월 9일 수 년 후 협정되었다. 전쟁 보상 협정이 마닐라에서 조인되고 마지막으로 일본에서 협정되었다. 일본은 필리핀과의 전쟁에서 피해를 준 보상금으로 전부 3억 달러를 25년 동안 주기로 협정하였다. 마지막으로 1956년 7월 16일 막사이사이 행정은 샌프란시스코 조약에서 필리핀과 일본의 전쟁 종결 협정을 하였다.

막사이사이 후임 Garcia 대통령

막사이사이의 인기가 절정에 달하던 중 애석하게도 막사이사이 대통령은 1957년 3월 17일 시부를 비행하던 중 사고로 사망하였다. 필리핀 국민은 이 비극적인 사건에 침통해 하였다. 다음날 3월 18일 부통령 Garcia가 필리핀 제4대 대통령이 되었다. Bohol의 훌륭한 정치시인 Garcia는 막사이사이의 뒤를 계승하였다. 그는 매우 온화한 인격자였다. 최고의 지성을 갖춘 사람으로 웅변에 능하였다. 그는 민주주의를 사랑하고 국민을 사랑하였으며, 결코 반대파에 보복하지 아니했다. 4년 임기 후 1957년 12월 12일 대통령 선거를 하여 국민당 대통령으로 선출되었다.

Garcia(1957~1961)

1957년 12월 30일 필리핀 대통령 제4대 대통령으로 Garcia가 선출되었다. 부통령으로는 Maca Pagal이 선출되어 취임식을 거행하였다.

Garcia는 막사이사이의 뒤를 이어 훌륭한 정치를 하였다. 그의 성취한 업적으로는 첫째, 필리핀에 민주주의가 강력한 뿌리를 내리게 하였다. 대통령은 약간의 실책은 있었으나 그는 다른 대통령과는 다르게 그는 공정한 정치를 하였으며 보복 정치를 아니하였다. 그는 종교의 자유, 신체의 자유, 표현의 자유, 언론의 자유 등 인간의 기본 권리를 보장하였다.

둘째, 필리핀 문화를 소생시켰다. 그는 세계 관광객에게 Bayanihan 민속춤과 다른 춤을 보여 주어 필리핀 문화를 소개하였다. 그는 매년 공화국 문화상을 필리핀의 과학자, 음악인, 소설가, 역사가에게 수여하였다. 특별히 필리핀 역사가를 세계 세미나에 참석하게 하여 외국 도서관 등에서 연구하게 하였다.

셋째, 필리핀 최초로 정책적으로 필리핀의 사업에 참여하는 훌륭한 사업가를 발굴 육성하게 하였다.

넷째, 외국과의 좋은 유대 관계를 맺기 위하여 일본, 미국, 베트남, 말레이시아를 방문하여 우의를 돈독히 하였다.

Garcia이후 1961년 대통령 선거가 11월 11일 거행되었다. 국민당에 압승한 자유당은 승리의 노래를 부르게 되었다. Garcia대통령이 재선에 실패하였다. 부통령 Maca Pagal이 대통령에 당선되었다. 1961년 12월 30일 취임식이 거행되었다. 5대 대통령 취임식에서 대통령 Maca Pagal은 국민들에게 평화와 안녕을 가져다 주도록 국민에게 약속하였다.

Maca Pagal(1961~1965)

막사이사이 대통령의 사랑함과 같이 Maca Pagal은 막사이사이에 의하여 도약을 하였다. 그는 거지에서 가난한 소년에 이르기까지 그들을 불러서 사랑하였다. 그러나 막사이사이와는 다르게 그는 칭찬을 받거나 애정적인 매력을 끌지는 못하였다. 그럼에도 불구하고 그는 막사이사이보다는 더 많은 교육을 받았고 더 지성적이었다. 그는 총명한 대학생이었다. 지식있는 변호사요, 훌륭한 작가요, 달변의 웅변가였다. 막사이사이는 대학의 학위도 받지 않고 달변가도 아니요, 작가도 아니었다. 막사이사이보다 인기가 부족함에도 불구하고 Maca Pagal대통령은 역사적인 많은 업적을 남겼다.

첫째, 필리핀의 농지 개혁법 제정이 1963년 8월 8일 조인하였다. 이 법으로 인하여 농지를 사유로 구입하게 되었다. 논이 없는 소작인들도 돈을 지불하고 쉽게 구할 수 있었다. 현명한 농지 개혁을 하지는 못하였다. 왜냐하면 부유한 대지주 국회의원들이 영향과 강한 부유층의 반대가 있었기 때문이다.

둘째, 필리핀에 언어를 보급시켰다. 최초로 외국 여권에 국내 글을 사용하였으며, 외교관의 신임장, 학교 졸업장, 교통 신호, 도장에도 사용하였다.

셋째, 필리핀 독립의 날 7월 4일에서 6월 12일로 변경했다.

넷째, 1962년 6월 22일 Borneo북쪽 Subah를 정부에서 필리핀에 복속할 것을 주장하였으나 영국과 말레이시아의 반대로 결렬되었다.

마르코스 대통령이 되다

1965년 11월 9일 마르코스는 필리핀 대통령 선거에서 자유당 Maca Pagal대통령을 물리치고 대통령에 당선이 되었다. 상원의원인 마르코스는 국민당 후보로서 Lopez국민당 부통령 후보와 함께 당선이 된 것이다. 자유당의 패배로 국민당은 막강한 정당이 되었다. 필리핀 투표자들은 마르코스가 열광적으로 국민을 위하여 열심히 일하겠다고 부르짖었기 때문에 국민당 마르코스에게 투표하였다.

마르코스 최초 임기(1965~1969)

1915년 12월 30일 마르코스는 필리핀 6대 대통령으로 서약을 하였다. 부통령 Lopez와 동시에 하였다. 대통령을 시작하면서 마르코스는 중요한 문세들이 산적해 있었다. 국가 재정이 Maca Pagal 행정부의 낭비로 거의 바닥이 났다. 정부에서는 교육, 보건, 국가 방위, 사리 특기 사죄 기본 시설을 위하여 단기성 자금을 얻어서 충당하였다.

업적을 열거하면(최초의 임기) 다음과 같다. 첫째, 정부 재정을 조달하기 위하여 정부는 외국 은행으로부터 돈을 차입하고 새로운 세금 수입으로 효과적인 경제를 안정시켰다.

둘째, 쌀 생산을 위하여 기적의 쌀을 개발하고 경작을 증신시켰다. 관계 시설을 개발하고 건설하고 농민들에게 기술적으로 재정적으로 도움을 주어 농업을 개발시켰다.

셋째, 빌딩, 도로, 학교, 다른 공공 시설을 건설하였다. 국도를 증설, 교통을 발전시켰다.

넷째, 밀수를 근절시키고 공산주의자 NPA를 박멸시켰다.

다섯째, 1966년 11월 24일 마닐라에서 호주, 한국, 필리핀, 베트남, 태국, 미국, 뉴질랜드 정상들이 함께 모여 회의를 하였다.

마르코스 재선(1969)

명백하게 필리핀 국민은 최초의 임기 동안에는 마르코스를 만족하게 생각했다. 1967년 11월 4일 지방 선거에서 8명의 상원의원이 당선되어 국민당이 압승을 거두었다. 오직 자유당은 상원의원 1사람만 당선되었다. 그는 아키노 전 Tarlal주지사였다. 그는 가장 젊고 장래가 촉망되는 상원의원이었다. 국민당의 선거의 승리로 마르코스와 Lopez는 국민에 의하여 다시 재선된 것이다. 이 선거에서 국민당 상원의원 7명이 당선되었다. 대통령 마르코스는 1969년 재선됨으로 전에 없었던 정치적인 사건이 일어난 것이다. 필리핀 대통령으로서 1969년 11월 30일 필리핀어로 선서를 하였다. 전에는 모두 영어로 선서를 하였었다.

마르코스 재임(1969)

마르코스는 두 번째 임기가 시작되었다. 필리핀에 먹구름이 일기 시작하였다. 세계의 경제적 위기로 기름값이 인상이 되어 필리핀 경제에 막대한 영향을 주게 되었다. 상품의 가격이 하늘처럼 치솟아 오르고 많은 국민은 직장을 잃게 되었다. 페소의 가치가 많이 하락되어갔다. 경제가 불경기에 도달하고 다른 잘못된 문제가 계속되었다. 문제점으로는 첫째, 추한 정치 문제가 발생되고 정부의 타락이 극성을 부렸다. 둘째, 가난한 자와 부한 자의 빈부의 차가 극심하였다. 셋째, 1935년 필리핀 헌법 당시처럼 새로운 사회 경제의 무력함이 급증하였고, 넷째, 공산주의자와 폭력범이 극성을 부렸다.

학생들의 데모

나라의 정치 경제 상황이 어려워지자 데모가 일어났다. 대학생들이 일어난 것이다. 그들은 지방과 마닐라 거리에서 강력하게 데모를 벌였다.

1970년 1월 30일 밤 데모 대열은 피의 혈전을 벌였다. 데모대는 말라카냥을 돌풍같이 쳐들어가 데모를 벌였으나 경찰과 Metrocom에 의하여 저지를 당하였다. 이 사건으로 인하여 6명의 학생이 죽고 많은 사람이 부상을 당하였다. 번번히 주마다 달마다 학생들의 데모가 계속되었다. 학생들의 구호는 첫째, 타락한 정치에서 좋은 정치로, 둘째, 토지 개혁에서 정의사회 구현 셋째, 실업자에게 직업을 주고 주요 상품 가격 안정, 넷째, 교육 제도 개선, 다섯째, 1935년 필리핀 헌법을 새로운 헌법으로 개정 등이었다.

새로운 헌법 변경 움직임

제2차 대전 후 필리핀이 독립한 이래 1935년 필리핀 헌법을 개정할 움직임을 보이고 있었다. 새로운 시대에 1935년의 필리핀 헌법은 더 이상 존속할 필요가 없었다. 1935년 필리핀 헌법의 모순점을 열거하면 첫째, 미국 헌법을 모방 식민지 유산으로 계속 이어나왔다. 둘째, 대통령에게 너무나 많은 독재권이 부여되었었다. 셋째, 삼권분립이 불균형적이었다. 넷째, 대통령 선거의 준비가 부족하였다. 다섯째, 제국주의 유산인 동시 개정이 있었다. 여섯째, Comele(선거 위원)에 대하여 예외적인 선거로 인정하여 충분한 능력을 부여하지 않았다.

새로운 헌법은 1967년 3월 16일까지 개정하지 않았다. 의원들의 의안 채택으로 필리핀 헌법을 고치도록 결정하였다. 마지막으로 1970년 8월 24일 마르코스는 헌법 위원 대표자들과 1970년 6월 1일 마닐라에서 협의를 거쳐 헌법 위원의 결의를 얻어 1970년 8월 24일 마르코스 대통령령 6132호를 공포하였다.

대표자 선거

6132RA 명령으로 1970년 11월 10일 320명의 대표단이 선출되었다. 전체 후보자 2,418명(여성 73명 포함)이 열띤 경쟁을 벌여 선거에 임하였다. 대부분 그들은 정치가가 아니며 교육자, 학자, 사업가, 과학자, 사회 노동자, 농부, 노동자, 작가들로 구성이 되었다. 대표자들은 승리를 외쳤다. 독립 후보자들은 순수하게 선거에 임하여 행운의 승리를 얻게 되었다.

새로운 헌법

1971년 6월 1일 마닐라 호텔에서 헌법 위원 취임식이 거행되었다. 상원의원 Palat와 대변인 Villareal의 주도하에 열렸다. 취임식의 최절정은 마르코스가 대표단에게 이 나라의 병든 사회의 경제와 정치를 치유하기 위하여 노력하여 달라고 대표 위원들에게 호소하였다. 여러 대표들은 마르코스가 연설을 하자 밖으로 나갔다. 최초의 의장은 대표단에 의하여 필리핀 전 대통령 Garcia가 선출되었다. 그러나 그는 불운하게 1971년 6월 4일 숨을 거두었다. 그의 뒤를 계승하여 Macapagal 전 대통령이 되었다.

바울 6세가 역사적으로 필리핀을 방문한 후의 필리핀의 국내 사정은 매우 나빴다. 무법자들이 활기를 쳤다. 1971년 8월 저녁 Mirand에서 1971년 11월 8일 지방 선거에서 실시된 자유당 후보자를 선출하는 동안 두 개의 수류탄이 신원 미상의 사람에 의하여 폭발되었다. 8명이 죽고 120명이 부상을 당하였다. 당과 의원 Roxas와 그의 부인과 상원의원 Sulonga 등 수많은 정치인이 희생을 당했다. 국민들은 이 사고에 분개를 하였다.

8명의 상원의원과 150,000의 지방관사에 주지사, 부지사, 사장, 부사장, 사무원 시장 등 많은 지도자를 국민에 의하여 뽑게 되었다. 선거운동은 열띤 경쟁을 벌렸다. 그러나 자유당은 불운하게도 많은 피해를 보게 되었다. 왜냐하면 후보자들이 Plaza Miravda에서 부상당하여 선거운동을 할 수 없었기 때문이다. 그러나 국민들은 양심적으로 선거를 하여 8명을 선출하는 상원의원 선거에서 6명의 자유당 의원이 승리하게 하였다. 국민당은 지방선거에서 만회하여 70%의 의석을 차지하게 되었다.

25. 계엄령과 새로운 사회

필리핀은 1946년 독립 이후 처음으로 자유를 찾은 필리핀은 (1972~1981) 계엄령의 충격을 경험하게 되었다. 마르코스는 그의 권력을 연장시키기 위하여 계엄령을 사용하였다. 그는 독재 정부를 수립하기 위하여 대통령의 임기를 연장하게 하였다. 사회 제도를 개혁 공화국을 구원시킨다는 명목 아래 독재 정부를 수립하여 절대 권력의 대통령이 되는데 그 주요 목적이 있었다.

강한 권력은 필리핀에 좋은 것보다는 결과적으로 손해를 주게 되는 것으로 볼 수 있다. 왜냐하면 새로운 사회 제도의 수립으로 필리핀은 정치적으로 최악의 상태에 빠지게 되었다. 필리핀은 역사상 전후 도덕이 타락되고 경제가 기울어지고 전후 최악의 상황에 처하여져 고통을 받게 되었다.

계엄령 선포

1977년 10월 23일 오전 7시 30분, 마르코스는 오전 9시를 기하여 계엄령을 선포, 텔레비전과 라디오로 전국에 방송하였다. 1977년 10월 22일 대통령령 1081호에 의하여 마르코스는 다음 14년을 통치하기 위하여 독재자의 속이는 방법으로 계엄을 선포한 것이라 볼 수 있다. 그는 비밀리 계엄법에 서명한 그는 공적으로 계엄 선포 후 언론을 장악하고 그의 반대자를 체포하였다.

계 엄

계엄은 비상시 적의 침략, 반란, 폭동으로부터 국민을 보호하기 위하여 대통령은 법률에 의하여 선포한다. 그 당시 필리핀에는 계엄령을 공포할 상황이 아니었다. 반란, 폭동이 있었지만 무정부 상태의 상황이 아니었다. 학생 데모로 인한 파괴뿐이었다. 그러나 계엄령은 마르코스에 의하여 정당한 절차에 의하여 선포되었다. 더구나 대통령이 의회에 의뢰하여 직권적으로 법을 개정 헌법에 의하여 혁명을 부추기는 자와 공산주의들의 집회를 못하게 하였다. 수백 명의 정치범들이 투옥되었다.

계엄의 폐지

계엄은 군과 대통령에 의하여 이미 비밀리에 우발적으로 이루어졌다. 이 계획은 1977년 10월 21일 계엄 선포 2일 전 코드명 Sagittarius으로 효력을 발휘하였다. 수천의 마르코스 반대파들 정치인 학생 운동가, 공산주의자, 언론인, 지식층, 교수 등을 체포하였다. 그들은 많은 모든 신문, TV, Radio, 방송국 등을 점령하였다. 그들은 언론을 검열하였다. 정부의 산업체, 공공기관, 마닐라 전기회사, 장거리 전신전화국을 점거하였다. 모든 학생들의 모임, 공공 정치 모임, 노동자의 모임 등을 엄격히 금지시켰다. 정치권에 영향을 주는 군인 145명을 제대시켰다. 국민으로부터 총기류와 폭발물을 압수하였다. 집에서 총을 포함 모든 종류의 총기류 수는 전부 528,614정을 압수하였다. 마지막으로 1935년의 헌법 아래서의 입법 기구인 국회를 폐지하였다.

군 특별 재판소는 민간인도 관할의 공공질서를 파괴하거나 국가 안보를 위태롭게 하는 자들에게도 관할 재판권을 행사하여서 민간인들은 두려워하고 떨었다. 그러나 정상을 회복한 이후에는 대규모의 폭동은 일어나지 않았다. 범죄가 줄어들었다. 대부분의 관공서는 계엄군이 점령하였다. 어떤 사람은 마르코스를 찬양하는 사람도 있었다. 외국의 어떤 업서버들은 마르코스의 계엄 포고에 용기를 심어 주었다.

1973 헌법 채택

계엄이 시작된 후 헌법 대표 위원은 다시 헌법 개정을 재개하였다. 마르코스를 반대하는 헌법 대표 위원은 군 감옥에 투옥시켰다. 헌법 위원들은 좀 더 빨리 헌법 개정 업무에 착수하여 1972년 11월 29일 새 헌법을 만들었다. 1972년 12월 1일 마르코스 대통령은 새로운 헌법에 서명하였다. 국민 투표안은 제출하였다. 1973년 1월 10일에서 15일 급히 대표단을 소집 대다수(95%)의 찬성으로 헌법에 비준을 얻었다. 1973년 1월 17일 마르코스는 헌법에 서명, 즉시 효력이 발생되었다.

1973년 헌법의 정당성

다양한 법률이 대법원에 넘겨졌다. 첫째, 국민 투표의 정당성과 둘째로 1973 헌법의 비준이다. 1973년 1월 22일 5일 후 마르코스는 헌법을 공포하였다. 그러나 대법원에서는 국민 투표를 학술상의 논란으로 부결시켰다. 대법원의 역사적 결정은 1973년 4월 2일 4번의 투표로 확정된 헌법은 법원의 결정에 의하여 그 효력을 발생하지 못하였다. 이 결정으로 대법원장 Roberto는 정부의 사법부의 대한 압력으로 시작하였다.

1973 헌법의 특성

1973 헌법은 헌법 위원에 의하여 미결되었다. 1976, 1980, 1981년 수정으로 매우 다른 법으로 변경되었다. 필리핀 헌법은 13년 동안 38번 개정하므로 1973년 필리핀 헌법은 세계에서 가장 많이 개정한 헌법으로 알려지고 있다. 대부분의 개정 헌법은 독재적 헌법으로 마르코스가 강력한 권력을 유지하기 위한 헌법이라 할 수 있다. 평가들은 독재자의 전제주의적 시스템이라고 비평하였다. 1973년 헌법은 역사상 불법적 비준으로 인하여 많은 논란점이 되었다.

1976개정

1973년 헌법은 개정하였다. 1976년 10월 22일 대통령 마르코스는 1976년 11월 16일 국민 투표 후 재가를 얻어 헌법 개정안을 제출하였다. 1976년 11월 16, 17일 대다수(90%)의 찬성을 얻어 개정 확정되었다. 27일 마르코스는 헌법 개정안을 공포하였다.

1980 개정

1980년 1월 30일 국민 투표로 마르코스는 국민들의 협력을 얻어 사법적 정년은 65세에서 70세로 이 법률 개정을 하였다.

공화국의 구원

마르코스 대통령은 정부를 전복하고 탈취, 반란, 무정부 상태에서 구원하기 위해서 계엄령을 선포하였다고 말하였다. 계엄의 시작됨으로 새 헌법의 보호 아래 일인 정부와 수립되었다. 공식적으로 부르기로는 독재 헌법이라고 부른다. 실제적으로 마르코스에 의한 독재가 시작된 것이다. 마르코스는 계엄령으로 평화와 질서를 회복하였다. 그는 의심스러운 정치범을 투옥하고 많은 사람을 체포하였다. 그는 폭력배를 고용하여 정치 지도자를 무장 해제시키고, 불법적으로 무기를 압수하고, 통행을 금지하여 일반인들에게 불편을 더하여 주었다. 더구나 언론을 엄격하게 검열하였다.

대통령의 부인 이멜다와 그의 가족은 정부 관리와 같이 그들의 신변 안전을 위하여 경호원을 두고 철저하게 감시했다. 계엄으로 인하여 질서와 평온이 되찾게 되어 범죄가 급격하게 감소되었다. 마닐라 시와 다른 지역에 평온을 되찾았다. 수루와 민다나오 지역도 평온을 되찾아 루존 지역의 공산주의 반란 지역에서 질서와 평온을 되찾게 되었다. NPA는 새 국민군 필리핀 공산주의 군대로서 이 나라에 공산주의 정부를 세우기 위하여 싸웠으나 패배하였다. MNLF 모로 국가 해방 기구도 지도자 Misuari는 지역에서 민도로 수루에 모슬렘 정부를 세우기 위하여 싸웠으나 패배하였다. 반란에 대항해서는 철권 정책을 썼다.

마르코스 대통령은 필리핀 모슬렘에게 매력적인 정책을 써서 사회 문화적으로 정치 경제적으로 모로 족에게 많은 혜택을 주었다. 그는 특별 성명을 발표하여 모로 반란군에게도 좋은 관계를 유지하게 하여 그들에게 생활의 향상을 위해 직업, 토지, 자금 등으로 도움을 주었다. 그는 모슬렘의 자녀들을 초등학교에서 모로 지방 언어를 사용토록 하였다. 수많은 모로 족 학생들을 위하여 대학을 인가하여 주었다. 모슬렘의 결혼을 인정하고 관습, 전통, 문화도 존중 발전시키게 하였다. 예를 들면 1973년 11월 13일 Pangandanan이 최초로 모슬렘 대사로 사우디에 가게 되었다. 필리핀 정부에서는 수백만 페소를 들여 모슬렘 족의 도로, 건물, 학교, 관계 시설, 사원과 다른 하부 기관을 건설하였다. 매년 필리핀 모슬렘인들의 사우디 메카에 순례하도록 정부에서 보호하여 주었다. 최초로 필리핀 기독교 마닐라 지역에 1977년 쿠아포에 이슬람 사원이 건립되었다. 필리핀 기독교인들은 모슬렘 마을을 Maharlika라고 불렀다.

UP대학에 이슬람 연구 기관을 설립하였다. 1973년 10월 16일 마르코스는 성명을 발표하여 Kadarat Mugalndanao를 필리핀 영웅으로 인정, Bareaa 우체국에서 특별 기념 스탬프가 나오게 되었다. 5개의 새로운 모로 지역 Saltan Kudarat Maguindanao North Cotaba와 Tamitumi Busilan를 자치 지역으로 창설하였다. 모슬렘 지역에 특별 Omanah 은행을 Marawi 시에 1973년 8월 3일 정부 자본금으로 설립하였다. 대통령 칙령 1083호에 의거하여 1977년 2월 6일 마르코스 대통령은 이슬람 전통의 코란을 법전화하였다. 마르코스는 1977년 3월 26일 Tyipoli 협정에 승낙, 모로 자치 지역으로 Basilan Tawi-Tawi, Sulu, Zamboanga del Northe, North cotabato, Sultan kudrat 등

13개 지역을 선포하였다. 지방 정부에는 Landelsur를 정부의 수뇌로 두고 영구적인 자치 조직으로 지방 정부를 구성하였다. 1977년 4월 17일 지역 내에서 자치 국민 투표를 기독교 지역과 모로 지역 13개 지역에서 필리핀 정부 주도하에 투표를 하였다. 그러나 Bangsa지역은 Mnlf지역으로 4월의 국민 투표에서 패배함으로 분노를 일으켰다. 모로 반란군은 폭력으로 정부 시민군을 살해하고, 공공건물과 시 건물을 폭파하고 마을을 습격하고, 방종한 테러를 감행하였다. 그러나 그 후 정부의 협조로 정전 협정을 하였다.

필리핀 정부는 대통령령으로 1972년 10월 24일 군사 고문단을 재편성하여 계엄 선포를 미리 계획 기도하였다. 그 당시는 정부의 위기가 아니었다. 대통령은 강한 권력의 능력을 행사하고 입법권을 행사하기 위하여 마르코스는 새로운 법을 재정했다. 마르코스는 부서를 폐지하고 새로운 부서, 국가 경제 발전부, 국가 자원부, 관광부를 새로이 설립하였다. 의회를 폐지하고 의식적 기능을 제한하여 결코 소집이 없는 새로운 의회를 준비하였다. 대법원과 하급 법원은 그대로 존속시키고 행정은 종전대로 하였다.

그러나 특별 군재판소를 설치하여 민간인을 포함하여 재판을 하였다. 예를 들면 법원은 아키노 상원 의원을 군법에 회부, 처형당하게 하였다. 행정 수반으로서 마르코스는 자유세계에서 유일하게 민간인도 군재판소에서 재판하게 하였다. 군이 최초로 정부의 동반자로 등장하게 되었다. 계엄령 아래서 방어를 담당하는 군 최고 지도자가 마르코스와 밀접하게 관계를 갖게 되었다. 마르코스의 도움으로 Fabian은 이후 마르코스 반대 세력을 사찰하는 정부 안전 정보국의 수뇌가 되었다. 안전 정보국은 정부를 안정시키기 위하여 민간인과 학원 조직 그리고 마르코스를 비평하는 세력을 감독하고 사찰하였다. 군의 세력은 막강하였다.

전례없이 높이 치솟은 군은 1972년 육만 명에서 1976년 이십오만명으로 늘어났다. 군은 정부 예산 18%를 차지하여 정부 부서로서는 최고의 예산을 사용하였다. 군의 증가로 군이 타락하고 권력이 남용이 되어 많은 국민들은 군을 두려워하고 불안해 하였다. 이후 마르코스는 행정 관리와 군사 고문관의 충고를 듣고 민간 고위 관료가 정치하는 정책을 펼쳐 나갔다. 마르코스는 계엄 하에서 필리핀의 모든 지역을 지배 석권 하게 되었다.

1975년 지방 자치 단체장의 임기가 끝나자 마르코스는 국민 투표권을 행사하고 자치 단체장을 임명하였다. 마르코스는 지방 정부를 지배하기 위하여 그의 권한을 최대한 확장시켰다. 마르코스는 정부의 최고 지도자 아래 매트로 마닐라에 국가의 수도를 두고, 각 지역에 행정 관리를 두고, 지방 정부 발전 위원회를 설립하여 지방 정부 하부기관에 바랑가이와 같은 지방 관청을 재구성하는 계획을 세웠다. 바랑가이는 스페인 마을 이름을 본딴 가장 작은 지방 부서이다. 오직 한 사람의 세력에 의하여 정부가 계엄을 선포할 수 없다. 새로운 헌법에서는 권력을 장악한 대통령이 특권으로 월권 행위를 하였다. 계엄하에서 마르코스는 국민의 권리와 자유를 억압하는 통치권 행사를 했다. 정부에 의하여 압제를 받아 본 적이 없는 필리핀 국민들은 최대의 시련기에 있었다. 다른 발전된 아시아의 여러 나라에서는 필리핀의 민주주의 정치를 갈망하였었다. 필리핀의 언론의 자유에 대하여 다른 국가들은 시선을 돌려 주시하였었다. 그러나 마르코스 정권하에서는 언론의 자유가 쇠퇴하기 시작했다.

마르코스는 계엄하에서 신문, 잡지, 라디오 방송국, TV 방송국을 장악하였다. 마르코스를 반대하는 출판인, 언론인 등을 체포했다. 국가 정보부를 창설, 외국 뉴스를 검열하고 언론을 탄압하기 위하여 지방 언론 지침을 마련하여 주었다. 언론인들은 군으로부터 완전한 통제를 받게 되었다. 명백하게 언론의 검열은 언론의 자유를 탄압한 것이다. 1973년 3월 11일 언론인들은 언론 자문 위원회를 구성 언론의 자유를 재복귀시

컸다. 국민들은 평화적인 모임을 가지고 박탈당한 인간의 권리를 되찾기 위하여 투쟁하였다. 마르코스는 학생, 운동가, 지성인들, 도시 노동자 등 많은 시민 단체 연합체의 지위를 박탈시켰다. 정치적 모임을 못하게 하였다. 약 5,000명의 사람을 체포하고 투옥시켰다. 군과 경찰은 사회에서 혼란과 두려움을 주고 걱정하게 하는 시민들을 투옥시켰다. 많은 정치범들은 감옥에서 고문당하고 죽게 하였다. 정부의 압력에도 불구하고 개인적으로 필리핀의 카톨릭 교회와 개신 교회 지도자들은 점차적으로 정부를 반대하게 되었다. 외국 종교인들에게도 그들의 생활에 위험을 가져다 주었다. 타락되고 권력을 남용하는 정부를 견제하기 위하여 교회 지도자들은 강단을 이용하여 정부의 독재 권력을 비판하였다. 기도의 모임에서, 라디오 방송에서, 전달 매개체를 통하여 그들은 민중의 의사를 전달하였다. 카톨릭의 교구장, 사업자 협의회와 다른 기독교 조직체들은 필리핀 정부를 위하여 기도하였다. 다른 시민 단체에서도 정부에서의 보복의 위험을 감수하고 독재자의 지배에 반대하여 투쟁하였다.

최초의 계엄 5년 동안(1972~1977)필리핀 국민들은 경제적으로 번영을 누리고 정치적으로 안정이 되어 국민들은 안정된 생활을 하였다. 마르코스 권력이 국민들에게 의혹은 주었지만 마르코스 정부는 개혁을 계속하여 국민에게 신임을 얻었다. 마르코스는 필리핀을 발전시키기 위하여 많은 노력을 기울였다. 그는 계엄하에서 이 나라의 영구적인 발전을 위하여 새로운 시대의 경제 번영을 위하여, 또한 민주주의와 경제적 부의 균등 분배를 위하여 가난을 정복하여 나가자고 말했다. 그는 소득 재분배를 위하여 토지 제도를 개혁하였다. 국민이 정부에 충성, 봉사하기 위하여 국가 경제의 확실한 발전을 약속하였다.

마르코스는 계엄하에서 토지 제도의 위대한 개혁을 성취하였다. 마르코스는 1972년 11월 21일 특별 대통령 명령 27호를 선포항 쌀소작 농사 제도를 폐지하였다. 칙령에 의하여 농지 개혁을 하게 되었다. 내용으로는 7헥타 이상 초과 농지 소유자의 농지를 정부에서 수용하여 소작농에게 분배하였다. 농지주들은 정부 은행에서 보상을 받았다. 계엄의 마지막 해인 1981년 필리핀의 45개 지역 532,153가구의 농지 소유자가 되었다. 필리핀은 쌀을 자급 자족하게 되었다. 다른 나라에 쌀을 수출하였다.

1973년 대통령 특별령에 의거하여 마르코스는 국가 경제 발전 계획을 세우게 되었다. 세금 제도를 개혁했다. 정부의 세금 수입은 1972년 53억 페소였으나 1976년에는 192억 페소로 증가하게 되었다. 정부에서는 차관을 도입하여 사회 기본 시설에 더 많은 투자를 하였다. 계엄하에서 다리, 도로, 공항, 댐, 학교, 주택, 통신 시설 등 관계 시설을 하여 건설의 호황을 이루었다. 마닐라 항을 개발하였다. 이 나라에서 가장 긴 고속도로를 건설하였다. PAN 필리핀 고속도로를 Apart에서 Zamboangu 통하여 루존의 21개 지역을 관통하여 비사얀에서 민다나오까지 육로를 통과 배로 가게 되는 도로를 건설하였다. 2억 달러의 자금을 들여 새 사회 건설을 시작하였다. 1973년에는 필리핀에 외환 보유고가 70억 페소 전후로 필리핀이 최초로 흑자 재정 국가가 되었다. 1977년에는 세계의 극심한 오일 위기가 있음에도 불구하고 외환 보유고가 150억 페소를 기록했다. 세계의 경제적 위기임에도 불구하고 필리핀은 경제적 안정을 지켰다.

계엄하에서의 외국과의 관계

계엄하에서 필리핀 마르코스 정부는 미국과 밀접한 관계를 유지하였다. 필리핀은 역시 아시아 다른 개발 도상국과 함께 그 힘을 축적하였다. 새로이 공산주의 나라와도 우호 관계를 유지하였다. 필리핀은 미국과 관계를 유지하는 동안 필리핀은 독자적으로 제3세계의 외교정책에 관심을 가졌다.

  미국 정부는 마르코스 정부 하에서의 정책에 관해 밀접한 관계를 유지하였다. 마르코스 정부는 미국 정부에 경제적 특혜를 주었다. 최초로 미군에게 임대 없이 99년 동안 18만 에이커를 군용지로 사용케하였다. Clark 비행장은 세계에서 가장 큰 비행장 부지이며 Subic 해군 기지는 아시아에서 가장 큰 해군을 수용하게 되었다. 미공군은 필리핀 공군에 1970~1972년 동안에 6천만 불, 1973~1975년에는 1억 1천 8백만 불의 두 배의 원조를 하였다. 미군에 의하여 훈련을 받은 필리핀군은 민다나오 반란 진압에 베트남 식 전술을 사용하여 반란군을 진압하였다. 1979년 필리핀과 미국은 새로운 군사 협정을 하였다. 새 협정은 필리핀의 군 지휘권을 이양받게 되었다. 필리핀 군 지휘자가 새로이 취임되고 명확하게 필리핀은 자체적 방위 체제를 확고히 하게 되었다. 필리핀은 미국의 구속을 받지 않게 되었다. 5년 동안의 협정 통하여 미국은 500만 불의 군 원조를 필리핀에 하기로 약속하였다. 5년 동안 700만 불을 원조하였다.

민주주의 쇠퇴

  마르코스 대통령은 새로운 정치 체제 아래서 수뇌들과 논쟁하지 않았다. 그들은 부부간 그들의 이름으로 모든 정치를 하였다. 독재 정부는 인간의 권리와 자유, 학원 자유를 압제하고 언론의 자유를 탄압하였다. 계엄하에서 필리핀의 민주주의는 쇠퇴하게 되었다.

  1976년 10월 10일 마르코스는 132명으로 구성된 입법 자문 위원회인 Batasang을 창설하였다. 입법 기구를 난도질하였다. 그 후 이 기구는 법률 자문 위원회 규칙에 의거 한동안 잠정 국가 위원회가 되었다.

계엄하에서의 최초의 국민 선거

계엄하에서 최초로 국민 투표를 하기 전 마르코스는 1978년 새로운 선거법에 의거 선거를 하였다. 그러나 4월 7일의 선거는 165개 지역 구성원의 Batasang잠정 기구는 마르코스 정부를 변화시키지 못했다. 마르코스의 구성원의 모든 지역 후보자는 마르코스를 수뇌로 한 새사회 운동원과 KBL 인들이었다. 반대당인 자유당을 제쳐 놓고 의미없는 선거를 하였다. 오직 매트로 마닐라만 반대당인 자유당이 경쟁 후보로 출마했다. Laban의 지휘 아래 전 상원의원 Benigno 아키노 상원의원과 그의 부인 Corazon Aquino 그리고 그의 딸 Kris는 선거 운동하는 동안 투옥되었다. 반대 후보자들은 마르코스 정부의 위법성을 비난하고 민주주의를 회복하자고 외쳤다. 이 선거에서 매트로 마닐라만 정부 여당 후보에 대항 선거전을 벌였다. 선거의 결과 마닐라에서 Laban야당 후보자가 패배하였다. 반대당은 정부가 부정 선거를 하였다고 항의하였다. 마르코스 정부는 항의하는 수백 명의 정치 지도자들을 체포하였다. 오직 15명의 남은 반대당 후보자들이 KBL에 의하여 체포되지 않고 잔존하였다. 이후 1978년 4월 27일 잠정 입법 기구에서 14부서의 구성원을 선거하였다.

계엄하에서의 최초의 지방 선거

1980년 1월 30일 최초의 지방 선거가 계엄하에서 치루어졌다. 이날 필리핀 투표자들은 73명의 주지사, 446명의 지방장, 59명의 시장, 59명의 부시장, 437명의 시의원, 1,501명의 지방 시장, 1501명의 지방 부시장, 11,904명의 지방 의원을 선거하였다. 선거 결과 KBL의 정부 여당이 압도적으로 승리하였다. 오직 소수의 반대 후보자가 지방 선거에서 승리하였다.

계엄의 마지막

1981년 1월 17일 마르코스는 대통령령 2045호에 의거 8년 4개월 동안 계엄의 종지부를 찍게 하였다. 확실한 상황에 도달하여서 계엄 해제를 선포하였다. 그러나 군은 폭력이나 정부 전복 등의 반란의 무방비 상태에 이르면 군은 계속 지휘권을 행사하기로 하였다. 두 자치권 지역 서부 민다나오와 중부 민다나오 지역은 특별 보호 구역으로 지정 계속 계엄의 효력을 발생하게 하였다. 이와 더불어 PCO 대통령 명령 기관에 의하여 계속 정부에 대하여 비평하고 불만하는 자에게는 자유를 제한하여 정당한 근거가 없이도 체포, 구금하도록 하였다. 경찰과 군이 무기를 압수하였다. 반정부 행위를 하는 자에게는 계엄을 내세워 반대자를 체포하였다. 민주주의 회복이 아니라 외형적인, 형식적인 변경이다.

26. 제4공화국

팔년동안의 계엄이 끝난 후 필리핀 공화국은 마르코스의 독재 아래의 혼합된 대통령 제도의 의회 민주주의가 의회 민주주의로 극적으로 변화하게 되었다.

1973년의 헌법 개정을 통하여 마르코스의 새로운 공화국이 탄생되었다. 이것을 역사적으로 제4공화국이라고 부른다. 그러나 마르코스는 이후에도 새로운 독재 공화국의 웅장한 꿈을 꾸고 있었다. 그는 정치 경쟁자인 아키노를 암살한 이후 국내적으로 최악의 정치적 위기와 경제적 위기에 처하게 되었다.

1981년 헌법 개정

계엄령이 선포된 이후 헌법 개정을 목적으로 잠정 기구인 Batasang, Pambansa가 헌법 개정을 진행하였다. 마르코스는 권력을 강화하는 헌법 개정을 의도하였다. 반대파의 저항 없이 1981년 4우러 17일 국민 투표에 의하여 헌법 개정이 확정되었다. 이 개정 헌법은 의회 민주주의 대신 대통령제에 의회 민주주의를 가미한 강력한 대통령제이다.

개정 헌법에 의한 최초의 대통령 선거

1981년 6월 16일 2개월 후 헌법 개정의 재가를 얻어 최초로 계엄령 하에서 대통령 선거를 치루었다. 기대하였던 바와 같이 대통령 마르코스는 쉽게 다른 후보자를 물리치고 승리하였다. 다른 후보자는 국민당의 Santo, 연합당의 Cabangbcng로서 이들 당들은 연합하여 선거운동을 할 수 없었다. 반대당은 투표 유권자의 30%의 지지도 못얻었다. 여당은 언론의 자유 없이 부정 선거로 인해 전체 투표자의 80%의 지지를 얻어 압도적 승리를 거두었다. 상원의원 Garner는 겨우 8%의 지지를 얻었고, Cabangbcng는 겨우 3%밖에 지지를 얻지 못했다.

필리핀의 새 공화국 탄생

마르코스는 극적으로 1981년 6월 마닐라 리잘 공원에서 성대한 대통령 취임식을 거행하였다. 그는 필리핀의 대통령이 된 것이다. 최초의 공화국(1899~1901)은 대장 Aguinaldo의 영도 아래의 제1공화국이었고, 제2공화국(1943~1945)은 일본 지배하에서, 제3공화국은 1946년 7월 4일 Roxas이 세계 제2차대전 이후 대통령이 되었다. 제4공화국은 1981년 6월 마르코스가 대통령이 되어 취임식에서 "오늘 우리는 새로운 헌법 아래서 새로운 공화국의 탄생을 선서합니다. 오늘 우리는 나라를 변화시켜 새로운 시대를 준비하기 위하여 앞장 서나가야 합니다."라고 하였다.

26. 제4공화국

아키노의 암살

1983년 8월 21일 전 상원의원 아키노가 3년 동안 미국에 추방된 이후 본국에 돌아오는 중 마닐라 공항에서 항공 안전원이 감시하고 있는 동안 저격을 당하였다. Rolando Garman은 불의의 암살의 보고를 받고 대통령의 진상 조사단에 의하여 조사 보고를 하였다. 그 동안 아키노 상원의원의 유해는 1983년 8월 31일 마닐라 퀘손 시티 Paranaque공원에서 장례식을 가졌다. 필리핀 역사상 최대의 장례 행렬 약 200만 명이 운집하였다. 아키노 상원의원의 암살로 전 세계 국민과 필리핀 국민은 큰 충격을 받았다. 이 사건을 통하여 국민들은 위대한 분노를 일으켜 분노를 일깨웠다. 1983년 이 민족의 어린양들은 민족의 전사가 되었다. 그들은 용기있게 대통령 마르코스의 사임을 요구하고 애국가를 부르며 노란 리본을 착용하고 마카티와 마닐라 시내의 거리를 행진, 데모대를 불러 모았다. 아키노의 암살은 진실로 세계인들에게 나쁜 인상을 주었다. 이윽고 외국 투자가들이 떠나고 관광객이 떠나기 시작했다. 또한 필리핀의 정치적 상황이 불확실하여서 미국 대통령 레이건은 마닐라 방문 계획을 취소하였다. 아키노의 죽음의 영향으로 필리핀 역사상 최악의 경제적 위기에 부딪치게 되었다. 마르코스 정부는 국가 재정의 막대한 물적 피해를 보게 되었다. 세계 경제의 불황과는 별도로 마르코스 정부는 고급 정책진에 의한 잘못된 경제 정책으로 다른 중요한 경제적 위기를 맞게 된 것이다.

아키노 살인의 조사

아키노 상원의원의 죽음을 공적으로 조사하게 되었다. 마르코스는

1987년 11월 14일 대통령으로 독립 조사위원회를 창설하고 이 위원회에서 5명의 완전한 민간인에 의하여 조사하게 되었다. 이 조사 위원회는 Agarava로 이 위원회는 1983년 11월 3일 케손 SSS빌딩에서 조사 업무를 시작하였다.

  Gen, Muj, 마르코스 부인 이멜다, Fabian를 포함 범죄자에 대한 증언 조사를 하였다. Agarava위원회는 해외에서 두 번의 공청회를 열었다. 일본에서 1984년 2월 16일, 미국 LA에서 1984년 6월 4일 공청회를 하였다.

두 차례의 Agarava위원회 보고

  두 번의 조사 보고에서 Agarava위원회는 그 보고서를 마르코스에게 제출하였다. 소수 보고와 다수 보고 두 보고를 하였다. 소수 보고는 Agarava위원장의 단독 보고였다. 그는 1984년 11월 23일 그는 보고서를 제출하였다. 이 보고에 의하면 아키노는 원래 정부군 Galman에 의하여 살해된 것이 아니라 군이 공모하여 아키노를 살해했다고 발표했다. 그러나 Agarava의장을 Brig를 포함 수 명의 군 수뇌가 암살하였다고 밝히고, Luther custodio가 명령 다른 6명의 군인들에게 암살 명령을 했다고 밝혔다. 다수 보고에 의하면 모두 4명의 조사 위원에 의하여 조사 보고를 하였다. 아키노 암살은 군이 공모하여 암살하였다고 밝히고, 대장 Ver, Moj, Gen olivas, Brig, Gen custodio등 26명이 이에 가담 아키노를 암살하였다고 밝혔다. 다수 보고를 받은 마르코스는 대장 Ver를 두목으로 한 26명의 가담자를 고소하였다. 그러나 Manuel Pamaran의 법원의 결정에 의하여 무죄 석방하였다.

1973년 헌법 1984년 개정

독재를 강화하기 위하여 마르코스는 1973년 개정된 헌법을 Batasang Pambansa에 의하여 이미 1976년, 1980년, 1981년 개정했었다. 마르코스의 독재 권력을 돕기 위하여 Batasan 위원들은 마르코스의 마음에 맞는 법을 만들어 법을 개정 제안하였다. 이 개정의 제안은 1984년 1월 27일 필리핀 전 지역에서 국민 투표로 확정되었다. 새 헌법의 개정 내용은 첫째 부통령제의 회복, 둘째 행정 위원회의 폐지, 셋째 각 지방 지역과 시에서의 Batasan구성원의 선거 실시, 넷째 대통령의 명령으로 시민과 농민의 도시 토지 수용, 다섯째 집 없는 무주택자가 저 가격으로 살 수 있는 도시 토지 정책 채택 등이다.

Batasan 구성원의 선거

Batasang Pambansa는 잠정 기구로서 최초의 입법 기구였다. 전 법원 Makalintal이 대변이었다. 이 기구는 1978년부터 1984년까지 존속하다 폐지되었다. 마르코스는 Batasang구성원의 선거를 정규직으로 하게 하였다. 이 선거는 1984년 5월 14일 치루어졌다. 선거 운동 기간 동안 마르코스는 교만한 어조로 반대 야당은 이 선거에서 30석도 앉지 못할 것이라고 하고 여당의 승리를 장담했다. 그러나 이 선거에서 예상을 뒤엎고 70석을 얻었다. 만일 좀 더 공정한 선거를 하였더라면 좀 더 많은 당선자가 나왔을 것이다. 선거 당시 KBL 정부 여당은 지배 국민들에게 투표를 방해하고 음모와 술수의 더러운 술책으로 총과 폭력과 돈으로 선거를 하였다.

마르코스의 탄핵

마르코스의 장기 집권으로 이 나라의 상황은 악화되었다. 이로 인하여 반대파 구성원인 Batasang의 입법 기관의 판결에 의하여 행정부의 대통령을 역사적으로 탄핵하게 되었다. 1973년 헌법은 대통령을 탄핵하기 위해서는 대법원 구성원인 헌법 위원과 Batasang Pambana구성원의 2/3의 찬성을 얻어야 탄핵이 가능하다. 이 구성원의 법적 절차에 의거 대통령의 탄핵을 결정하였다. 부정과 타락으로 지켜야 할 헌법을 위반하고 국민에게 큰 범법 행위를 하였기 때문에 탄핵을 준비하게 된 것이다. 탄핵 결정은 Batasang구성원의 55명의 서명으로 탄핵하기로 했다. 그러나 그 이후 1985년 8월 13일 이후 격렬한 논쟁이 벌어졌다. 마르코스 충성자 105명은 대통령 탄핵 결정에 반대 결정하였다. 적절한 조치와 논의없이 반대 결정되었다.

27. 위대한 기독교 민족의 능력

마르코스의 장기 집권으로 국민들은 독재 정권의 지배를 받아 점점 어려워졌다. 정치 지도자들은 국민을 속이고 우롱하여 부를 취하였다. 하나님이 주신 인간의 기본 권리를 그들은 탈취했다. 하나님의 믿음의 은혜를 주심으로 온 국민들은 겸손하게 하나님에게 중재의 기도를 하며 사악한 세력들로부터 넘어져 있는 우리 국민을 구원시켜 주도록 기도드렸다.

1886 대통령 부정 선거

1985년까지 이 나라는 정치적 경제적으로 마르코스의 독재로 인하여 불안정하였다. 마르코스 대통령은 이 나라의 어려운 상황을 지배한다는 명목아래 특별 대통령 선거를 요구하였다. 지적인 판단력이 있는 사람임에도 불구하고 마르코스는 1986년 2월 7일을 선거의 날짜로 선택하였다. 무섭게도 친여 세력은 풍부한 자금을 동원하였다. 반대당 야당은 어려운 상황에서 처음으로 거대한 선거를 치루었다. 마지막으로 민주당과

Laban 당은 공동 후보를 냈다. Corazon Aquino후보와 Laban이다. 마르코스는 사악한 정치인이었다. 교활한 KBL의 계획에 의거하여 선거 전략을 세웠다. 마르코스 정부는 더러운 속임수와 엄청난 자금을 뿌려 선거에 임함에도 불구하고 국민들은 야당 후보 Corazon과 Doy Laurel 의 연설에 대규모 군중이 자발적으로 운집하여 동정어린 모습으로 그들을 후원하여 주었다. 관중들에게 박수 갈채를 받았다. 그들 후보들은 충분히 변화시킬 수 있었다. 이윽고 필리핀의 역사적인 부정 선거가 1986년 2월 7일 거행되었다. 최초의 여자 대통령 후보 Cory Aquino가 대통령 선거에서 승리하였다. 대규모의 부정 선거를 하였음에도 불구하고 이에 굴하지 않고 승리한 것이다. 이 선거는 가장 비용이 많이 든 타락한 부정 선거였다. 이 선거는 역사상 가장 혼란한 선거였다. 그러나 필리핀 국민들에게 위대한 승리를 가져다주었다.

부정 선거의 결과

부정 선거를 하였음에도 불구하고 아키노와 Laurel이 투표에서 승리하였다. 국민의 자유 선거의 진가를 이룩하였다. 정부에서 뇌물 공세와 협박 선거를 하였음에도 Aquino와 Laurel 후보는 KBL 후보에게 80만 표 차이로 승리하였다.

1986년 국민 혁명

희생적인 국민들의 믿음과 결집된 응집력을 국민들이 발휘하였다. 국민들은 리잘이 쓴 예언의 글을 성취하였다. 민족의 영웅 리잘은 그가 쓴책에서 말하기를 '민족의 힘이 강해질 때 하나님은 무기를 준비하여 우상을 쳐부술 것'이라고 서술하였다. 독재자는 초개같이 무너질 것이며 자유는 동력의 빛같이 빛나게 비칠 것이라고 했다.

민족 혁명의 원동력은 라모스와 GEN 등 군 각료와 Enrile의 지휘 아래 필리핀군은 군 무혈 혁명을 시작했다. 1986년 2월 22일 토요일 6시 Enrile와 라모스 장군은 마르코스로부터 그들에게 철수하도록 명령하였다. 그러나 국민들은 마르코스의 사임을 요구하였다. 사제와 수녀들이 Sin 대주교의 인도 아래 일반 시민과 함께 마르코스를 반대하였다. 군과 교회, 시민들의 강한 3세력이 공동 협력 민중 혁명을 군인들과 함께 일으켰다. 공공 라디오 방송국, 카톨릭 방송국에 방송으로 혁명을 국민에게 알렸다. 수많은 군중이 Crame광장과 Aguinaldo광장에 운집하였다. 군 이탈자가 혁명군에 가담 마르코스 군대를 공격하기 위하여 기다리고 있었다. 다음날 아침 일요일 2월 23일 수천 명이 운집 두 광장에는 인산인해를 이루었다. 밤이 되자 위험한 상황으로 전개되자 마르코스 충성자들은 군에 명령 Fabian의 지휘 아래 공격을 준비하도록 하였다. 오전 8시에 공격을 준비 전차를 타고 출동하였다. Crame광장 앞에 도착하였다.

그러나 수많은 사람들이 비무장으로 길을 차단하였기 때문에 공격할 수 없었다. 신부와 수녀들은 무릎을 꿇고 전차의 앞에 있었다. 뒤에는 수많은 시민들이 있었으며, 그들은 자신들의 생명을 내걸고 희생하는 마음 자세로 준비하고 있었다. 군중들은 군에 다가왔다. 그들은 군인들에게 음식을 준비하여 주고 사랑스러운 모습으로 갖가지 음료수를 준비하여 주었다. 어린이들도 신선한 꽃송이를 군병사들에게 달아 주었다. 마르코스 병사들은 그들을 포옹하였다. 명백하게 놀라운 장면이 전개되고 있었다. Tadier 장군은 퇴각 명령을 내렸다. 2월 25일에서 26일 2일 동안 그들 군인들은 호의적인 방향으로 전환하였기 때문에 국민들은 솟구

치는 확신을 가졌다. 85%의 군이 라모스와 Enrile에 가담하였다. 수백만 시민과 수천 명의 마닐라 근교 지역 주민들이 운집하였다. 언론이 정확히 보도되었다. 전반적으로 필리핀에 일어나는 모든 일을 알 수가 있었다. 외국 언론들도 필리핀에 관하여 상세하게 세계인들에게 보도하였다. 외국인들도 필리핀 국민들이 희생적으로 보여 주는 용기있는 담력에 감탄하였다. Araneta에 의하면 필리핀의 국민혁명 사건은 인간을 통하여 일어난 하나님의 놀라운 역사라고 말하였다.

마르코스는 2월 25일 그의 가족과 함께 말라카냥 궁정에서 미국 외교관의 영접을 받고 공군기로 괌을 경유 하와이로 갔다. 4일 만에 평화스러운 혁명이 승리한 것이다. 마르코스 독재는 무너졌다. 국민들은 이 나라 주요 도시의 거리에서 춤과 노래를 부르며 혁명의 승리를 즐거워하였다. 그들은 감격의 기쁨의 눈물을 흘렸다. 국민들은 기적적인 능력으로 혁명의 승리를 이끈 하나님에게 무릎을 꿇고 찬양을 하였다.

코라손 아키노 최초의 여성 대통령

2월 25일 아침 코라손 아키노 필리핀 최초의 여성 대통령은 Laurel 부통령과 함께 간단한 취임사를 하였다. 그는 취임사를 통하여 국민들에게 감사의 표시를 하였다. 군과 함께 우리는 서로 협력하여 자유를 위하여 싸웠다. 그녀는 필리핀에 Ninoy가 돌아왔으니 우리 국민 서로 연합하여 이 나라를 재건하자고 하였다. 그녀는 간절하게 나는 우리가 하나님께 기도하면 하나님은 우리를 도울 것이며, 특별히 이 어려운 이 시기에 우리 모두 함께 노력하면 하나님은 우리와 함께 하실 것이라고 역설하였다.

필리핀 민주주의 회복

처음으로 대통령 코라손 아키노는 이 나라의 민주주의 회복을 위하여 소규모 내각을 구성하고 모든 정치범을 석방하였다. 민다나오 X1 지역을 회복시켰다. 그녀는 말라카냥 작은 소 집무실에서 대통령의 업무를 수행하였다.

한편 마르코스 전 대통령이 망명한 이후 정부에서 말라카냥 궁전을 공개하였다. 수 많은 국민들이 마르코스 궁전의 호화로움에 큰 충격을 받았다. 그의 가족은 20년 동안 사치와 방탕의 호화스러운 생활을 하였다. 이로 인하여 국민들은 비참하게 되었다. 국민들은 마르코스의 호화스러운 생활을 목격하였다. 3,000켤레의 구두, 1,000여 개 이상의 향수병과 비누, 프랑스·영국 왕실보다 더 호화로운 침대, 미국 의회 조사단 보고에 의하면 마르코스는 수십억 불의 돈을 횡령하여 외국 은행 등에 예입시켰다고 했다.

아키노 행정의 성과

1986~1992년까지 6년의 임기 동안에 아키노 대통령은 필리핀 최초의 여성 대통령으로 6년 동안에 필리핀의 평화와 민주주의를 정착시켰다. 아키노는 재선에 출마할 수 있었으나 그러지 않았다.

제2부
필리핀의 문화

1. 필리핀 문화의 이해

그 나라를 알기 위해서는 그 나라의 문화를 아는 것이 매우 중요하다. 만일 우리가 필리핀을 알기 원한다면 필리핀인의 특성과 관습, 전통을 익혀 나가며 그 문화에 친숙하여야 한다. 당신이 필리핀에 머무르면서 어떤 일을 하려면 당신은 필리핀의 전반적인 것을 알아야 할 필요가 있다. 필리핀인의 가치관과 그들의 정신적인 사상을 알 필요가 있다.

필리핀은 역사적으로 문화적으로 수많은 민족으로 구성된 혼합 문화 민족이다. 토속 피그미 족, 인도네시아, 말레이시아, 인디아, 아라비아, 중국, 스페인, 미국 등의 다양한 문화를 받아들였으며 그 나라 민족과 혼합되었다.

필리핀 인에게는 유럽 인의 고귀한 기독교 문화의 피가 흐르고 있다. 실용주의 미국 문화가 필리핀에 정착하여 서구 민족주의의 토착화를 이루게 하고 문화를 발전시켜 나갔으며 개신교 복음을 전파시켰다.

필리핀은 서양 문화와 동양 문화를 받아들였으나, 필리핀은 유일하게 동양에서 혼합된 문화를 수용하였다. 우리는 필리핀을 알기 위해서는 필리핀의 혼합된 문화를 알고, 그 문화를 수용하며 나가야 한다. 내부적인 그들의 사상과 전신을 이해하며 나가야 한다. 필리핀을 근본적으로 이해하기 위해서는 필리핀을 사랑하는 마음, 존경하는 마음으로 친절하게 그들과 우정을 나누고 교제하며 나가야 한다.

우리는 호기심 있게 겸손한 자세로써 필리핀 문화를 받아들이고 이를 수용하며 나가야 한다. 우리는 나의 자존심을 버리고 겸손하고 존경하는 마음과 필리핀을 사랑하는 마음의 자세로써 그들의 문화를 접촉할 때 필리핀의 새로운 문화를 쉽게 이해하고 쉽게 알게 될 것이다.

필리핀의 문화

필리핀의 문화를 이해하려면 필리핀의 사회와 문화 등 모든 분야의 조직들의 특성을 알아야 한다. 필리핀의 관습과 전통, 언어, 가치관, 종교 예식, 윤리, 도덕 등을 배우고 이해해야 한다.

필리핀의 문화는 다른 문화처럼 발전되지 못했다. 필리핀의 문화는 다양한 방법으로 역사를 통하여 이 나라에 유입되었다. 외국인들은 필리핀에 와서 머무르면서 두 가지 중요한 것을 이해하고 알아야 한다. 첫째 중요한 것은 옳고 그른 것을 해결하는 것이 본질적인 것이 아니라 더 좋은 것과 더 나쁜 것을 인식하는 것에 목적을 두는 것이 아니다. 두 번째로는 모든 문화를 항상 자기 본위에서 해석하였다. 그러나 우리 자신이 최선의 방법으로 모든 것을 해결하기 위해서는 논리적인 인간의 지성으로 어떤 올바른 것을 인식하여야 한다.

필리핀인은 더러운 손으로 음식을 먹는다. 외국인들은 필리핀인들의 그런 행동을 이해하지 못한다. 우리는 필리핀인의 가치관과 전통 습관을 알고 이해하며 그 문화를 조명해 나가야 한다. 우리는 필리핀인과 사회생활을 하는 동안 필리핀의 관습과 문화를 관심있게 주시하며 나가야 한다.

1. 필리핀 문화의 이해

필리핀의 문화는 지역적인 기후와 자연 환경에 영향을 받은 것뿐 아니라 그들의 언어, 관습, 종교 예식, 신앙 등에 의하여 많은 영향을 받았다. 필리핀은 역사적으로 문화적인 유산을 수 세기를 통하여 받아 혼합 문화를 형성하여 왔다. 필리핀 문화에서 독특한 중요 요소는 그들의 가치관, 인격, 사회 연합, 정치, 경제, 기술 환경들이 중요한 요소가 된다.

필리핀 문화에서 중요한 것은 널리 전파된 그들의 종교를 통하여 성장되어 왔다. 필리핀인들은 서로 협력하여 주고 상호간에 도와주는 것을 그들의 미덕으로 삼고 있었다. 그들은 내부적으로 그들의 문화를 수용하고 발전시켜 나갔다. 필리핀의 본질적인 문화의 발전은 정규적인 학교 교육이나 비정기적인 교육 그리고 종교 예식, 관습과 전통에 의하여 형성되고 발전되었다고 볼 수 있다. 필리핀인은 본질적으로 사회 연합 조직과 자족, 공동체 동료 조직이 서로 연합이 잘 되어 있다. 필리핀은 정치적으로 강력한 세력이 결집되어 의회 민주주의의 기본 체제를 유지하고 있다.

필리핀은 사회 경제를 발전시켜 소외되고 병든 자에게 물질적으로 도움을 줄 사회 보장 제도를 준비하고 있다. 경제적으로 자본주의에 의하여 자가 생산 사기업을 육성 발전시키고 있다.

문화의 비교

필리핀인을 서구인과 비교하여 보면, 그들 자신이 독단적으로 살아가기보다는 공동 조직체에서 서로 연합이 되어 생존하길 원하고 있다. 서구인들은 필리핀인들이 의존적이며 자주적이지 못한 것을 발견하게 된다. 이것은 가정에서도 동일하게 적용이 된다. 그들은 어린시절부터 부모들의 가르침을 받아들이고 절대 순종한다. 필리핀인들은 어릴 때부터

필리핀의 문화

그들 부모들이 자녀를 돌보고 양육시키며 그들을 지도하고 자녀들의 진로를 결정하여 준다. 부모들은 그들 자녀가 불명예스러운 일을 당하면 그들을 훈계하고 좋은 길로 지도하여 준다. 그들은 서로 어려운 상황에서 서로 도와준다. 서구인들은 필리핀의 부모들이 그들 자녀들을 너무 과잉보호한다고 생각한다.

필리핀인들은 서로 교제할 때는 인격적으로 부드러운 교제를 한다. 대화를 하면서 좀처럼 다투지 않는다. 그들은 결코 상대방과 불화를 하지 않는다. 미소를 지으며 상대방을 칭찬하며 서로 다정스럽게 우정의 교제를 나눈다.

필리핀은 서구인과 비교하면 매우 정적이다. 그들은 조롱당하고 경멸당하는 것을 싫어한다. 그들은 친구뿐 아니라 다른 외국인이라도 그들이 조롱당하거나 경멸당하면 무척 분개를 한다.

필리핀인들은 정적이면서도 무척 공격적이다. 문화의 특성으로 그들은 패배를 당하면 무척 약해진다. 만일 그들이 승리하면 그들은 기뻐하고 즐거워한다. 많은 필리핀인들은 창피당하는 것을 패배하는 것으로 생각한다. 필리핀인들은 변명하거나 용서받는 것을 패배당하는 것으로 생각한다. 사회 생물학적으로 설명하면 필리핀인은 스페인의 지배 기간 동안 항상 내적으로 억압당하고 강요된 식민지 생활을 함으로 인하여 많은 육신적, 정신적 고통을 받게 되어 이런 정신적 현상을 초래하게 되었다. 필리핀인들은 종속적으로 살아가는 것을 내적으로 패배하였다고 생각한다. 용서받고 변명하는 것은 승리의 우월적인 지배자에게 패배당함으로 생기는 행동이라고 생각을 한다. 만약 필리핀인들이 서구인의 행위와 가치관을 분석한다면 저들은 결코 이해하지 못할 것이다.

우리는 필리핀인들의 관습과 행동, 가치관을 정확히 조명하여 필리핀 문화를 정확하게 이해하여야 한다.

2. 필리핀의 개요

필리핀은 7,107개의 섬으로 구성되었으며 전체 면적은 300,780 SPkm이다. 일본보다는 그 면적이 조금 좁고 영국보다는 조금 크다. 대만보다는 8배 이상이 크고, 태국보다는 조금 적은 2/3의 면적이다. 이 나라는 태평양 동편에 위치하고 있으며, 중국은 서쪽 바다 근처에 위치하여 있다. 이 나라에서 가장 큰 섬은 루존, 민다나오, 민도로, 사마, 파나이, 세부, 팔라완 등이다.

필리핀의 언어로는 영어와 스페인어 외에 142개의 다른 지방 방언이 있다. 다갈록, Sugbuanon, Hiligaynon, Samarnon, Bilcol, Pampango, Ilocano, Maguidanao 등 수많은 방언이 있다. 영어는 이 나라에서 가장 널리 쓰여지고 있다. 사실상 이나라는 세계에서 세 번째로 영어를 잘 구사하는 민족이다.

대부분의 필리핀의 시골 사람들은 농업에 종사한다. 그러나 점차적으로 농업에서 어농업으로 이농되고 있지만, 아직도 많은 필리핀인들은 농업의 일을 감당하고 있다. 필리핀에는 두 계절 건기와 우기가 있다. 건기는 11월에서 5월까지이고 우기는 6월에서 11월까지이다. 우기 시즌에는 해마다 태풍이 필리핀 전 지역을 휩쓸어 많은 피해를 주고 있다. 필리핀의 주요 생산물로는 쌀, 야자수, 설탕, 담배, 바나나, 옥수수 등의 농업 생산물이 생산되고 있다. 천연 자원으로는 엄청난 광물 자원인 금, 석탄, 주석, 대리석, 철, 석유, 가스 등이 생산되고 있다.

필리핀인은 인도네시아 족과 말레이 족의 후예로서 그들은 새로운 환경에 쉽게 적응하여 그들의 문화를 발전시켰다. 그들은 섬세하고 다정한 제스처, 진실하게 말하려고 하는 솔직한 감정, 친절하고 다정한 그들의 인간 교제, 비교적 예의바른 의로운 민족성의 특성을 지니고 있다. 그들은 불법적이든 불법적이 아니든 어떤 부정적인 말을 받아들이며 이에 순응하고 순종하여 나가는 사람이라고 생각한다.

필리핀의 문화는 중국 문화의 토대 위에서 발전하였다. 필리핀은 언어에서도 중국 언어가 들어왔다. 조부모(LoLo, LoLu), 형제(Kuya, Diko), 누나(Ate, Diche)의 중국어가 유입되어 들어왔다. 필리핀인들은 중국이 기원인 부채와 우산, 슬리퍼를 지금까지 사용하고 있다. 모슬렘 민타나오 주민들은 지금도 중국의 영향을 받아 조객들은 흰옷을 입고 있다. 중국의 철학 사상과 정신 문화가 필리핀인의 정신에 많은 영향을 주었다. 중국의 중화 사상이 필리핀인의 생활과 그들의 사상에 젖어 들게 되었다. 자식과 부모와의 관계, 인간과의 윤리 관계 등의 경건 사상이 그들의 생활에 적용되어 필리핀에 독특한 문화를 형성하게 되었다.

필리핀은 인디아의 문화에도 많은 영향을 받았다. 필리핀의 고대 종교도 인도에서 들어왔다. 필리핀은 인도 문화의 영향을 받았음에도 불구하고 그들을 Indio로 부르지 않았다. 왜냐하면 스페인인들이 필리핀 토속 원주민들을 경멸하여 문명의 혜택을 받지 못한 야만인이라고 불렀기 때문이다.

스페인의 영향

스페인은 필리핀에 기독교와 서구 사회의 문화를 전하였다. 스페인의 법률, 스페인의 언어 등 많은 문화를 전달하였다. 필리핀어의 수많은 방언도 스페인어에서 빌려 온 것이다.

가정에서 예배드리는 것과 국가 공휴일, 종교 예식 등이 스페인에서 들어왔다. 필리핀 인구의 80%가 스페인의 카톨릭 종교를 믿고 있다. 스페인 이전 시대에는 이방의 우상 종교를 믿고 있었다. 수많은 사회 관습과 제도가 스페인이 기원이다.

필리핀인들은 스페인을 관대하게 대하였으며, 오만 불손한 태도를 취하지 아니했다.

미국의 영향

미국은 필리핀의 교육, 보건, 교통, 도로 등의 발전에 많은 공헌을 하였다. 미국은 필리핀에 현대 기술과 서구 민주주의를 정착시켰다.

기독교 복음을 필리핀에 전파하여 영적 운동을 전개시켰다.

지역적 특성과 방언

필리핀은 지리적으로 경제적으로 인한 환경의 차이점으로 많은 영향을 받았다.

필리핀의 바사얀 지역과 팜팡가 지역 주민들은 너무나 돈을 헤프게 쓰는 경향이 있다. 그러나 북쪽 지역 주민들은 돈을 절약하여 쓴다. 설탕

이 많이 생산되는 지역 주민들은 돈을 쉽게 잘 벌기 때문에 자주 오락을 즐기고 낙천적인 기질이 있다. 그러나 북쪽 이노카노 지역 주민들은 대체적으로 힘들게 일하여 돈을 벌기 때문에 돈을 절약하여 쓴다. 바사얀 지역 주민들은 광활하고 비옥한 지역에서 살고 있다. 그들은 비옥한 땅에서 많은 소득을 생산하려 하지 않는다. 대신 풍성한 소득으로 먹고 즐기며 힘들게 일하지 않는다. 그들은 대체적으로 게으른 편이다. 쉽게 일하고 충분한 여가를 즐긴다.

대부분의 이노카노인들은 불쪽 메마른 황무지 땅에서 살아가고 있다. 그들은 몹시 힘든 일을 하며 살아간다.

이슬람교와 카톨릭

역사적으로 필리핀은 기독교와 이슬람교가 이 나라의 주요한 종교였다. 이슬람교는 14세기에 모험심이 강한 남아시아 상인들에 의하여 필리핀에 들어왔다. 16세기까지 이슬람교를 전파하였으며, 스페인이 필리핀에 1521년 들어오게 됨으로 이슬람교 전파가 억제되었다. 오늘날에는 제한적으로 남쪽 지역 민다나오 지역 주민이 주로 이슬람교를 믿고 있다. 역사적으로 그들은 엄청난 핍박과 환난을 당하였다. 그들은 자신들의 신앙을 지키기 위하여 300년 동안 스페인 군과 필리핀군의 연합군과 피의 혈전을 벌여서 수많은 사람이 희생당하였다.

카톨릭은 16세기에 세계 최초의 세계 일주자 포르투갈 태생의 마젤란이 1521년 3월 필리핀에 도착한 후 역사적인 기독교 복음을 전파 시작하였다. 그러나 스페인이 필리핀에 식민지 국가로 정착되는 17세기까지는 기독교 복음이 확고하게 뿌리내리지 못하였다. 스페인 선교사의 피눈물 나는 희생과 헌신으로 선교 활동을 한 결과 필리핀은 명실공히 아시아에서 유일한 카톨릭 국가가 된 것이다.

개신교

　개신교는 미국과 스페인의 전쟁이 끝난 후 최초로 장로 교회와 감리 교회가 1899년 필리핀에 개신교로 들어왔다.
　침례 교회는 1900년, Episcopalian 교회는 1902년에 들어왔으며, 그 후 다른 종파의 개신교가 들어왔다. 그 당시 필리핀 독립 교회가 창설되어 오늘날까지 이르게 되었다.
　Aglipay 필리핀 독립 교회가 1902년 창립되었으며, 이글레시아 니 크리스토 교회가 1914년 창립되었다. 최근에는 Aglipayan 교인들이 영국 성공회와 연합하여 복음을 전파하고 있다. 이글레시아 니 크리스토 교회는 크고 높은 대형 건물을 신축하여 막대한 돈을 투자, 주요 도시 주요 마을에 교회를 짓고 있다.

필리핀의 미신

　필리핀인들은 많은 미신을 섬기고 있다. 죽음에 관한 미신을 열거하면 다음과 같다.
- 검은 나비가 사람 주위에 날아다니면 그 사람은 죽는다.
- 저녁에 시큼한 과일을 먹으면 일찍 자기 부모가 죽는다.
- 환자가 병원 앞에서 검은 고양이와 마주치면 그는 죽을 것이다.
- 꿈에 치아를 빼거나 빠지면 그의 가족이 죽는다.
- 손톱을 밤에 깎으면 그의 가족이 죽는다.

- 3명이 사진을 찍을 때 가운데에 서있는 사람이 먼저 죽는다.
- 임신한 여자가 검은 드레스를 입으면 어린이가 죽을 것이다.
- 한 가정에서 두 사람 이상이 결혼하면 한 사람은 죽는다.

불운에 대한 미신

- 길거리에서 검은 고양이와 마주치면 불행한 일을 당한다.
- 집을 짓는데 목수가 사고를 당하면 집주인은 불행한 일을 당한다.
- 임신한 여자 머리를 자르면 태어난 어린이는 머리가 없다.
- 오리가 날아가면 불행한 일이 벌어진다.
- 개구리가 울면 비가 온다.
- 나비가 많이 날아다니면 비가 온다.
- 고양이를 죽이면 그 사람은 7년 동안 고통을 당한다.
- 벽의 사진이 바닥에 떨어지면 불행한 일을 당한다.
- 숙녀가 결혼하는 꿈을 꾸면 그녀는 노처녀로 결혼을 한다.
- 손에 들었던 어떤 물건을 깨뜨리면 불행의 징조이다.

행운에 관한 미신

- 신혼부부에게 쌀을 던지면 그들은 부귀영화를 누리고 훌륭한 자녀를 키운다.
- 태어난 어린이 몸에 큰 점이 있으면 그는 행운의 삶을 산다.
- 귀가 크면 장수의 복을 누린다.
- 어린이가 세례 의식 때 울면 그는 오래 산다.

- 뱀이 길을 가로 기어가는 것을 보면 그는 행운이 찾아 온다.
- 어린이 태반을 땅에 묻으면 그 어린이는 문제 없는 어린이로 자란다.
- 아침에 창문을 일찍 열면 축복스럽고 은혜스러운 가정이 된다.

카톨릭의 민속 축제

　일찍부터 필리핀인들은 바투라 신을 믿었다. 그들은 바투라 신을 신봉하였으며 그들이 영적으로 약해지면 바투라신에게 기도함으로 영적으로 회복하기를 기원하였다. 그들은 지켜주는 수호신에게 이방예식으로 추수 감사제를 하였다.
　기독교가 필리핀에 들어오게 된 후 주민들은 바투라 신대신 하나님께 추수 감사 축제를 하였다. 매년 5월 가장 큰 축제를 하였을 뿐만 아니라 벼를 수확하고 벼를 심을 때, 고기를 잡을 때 주민들은 잔치를 벌여 축제를 하였다. 5월 15일에는 특별히 남쪽 루존 지역 주민들이 산 이시드로에게 경의를 표하고, 농부들은 풍성한 과일 등을 전시하고 축제를 하였다. 그들은 항상 풍성한 것으로 전시를 한다. 만일 풍성한 수확을 하였으면 아낌없이 바친다. 이 세계의 어떤 곳보다도 퀘손 지역은 코코넛 생산 지역으로 더 많은 음식과 곡물 과일 등을 축제 기간 동안 바친다. 5월 15일 이전에 일주일 동안 마을 주민들은 모든 일을 끝내고 정규적인 민속놀이를 준비하고 장식을 준비한다. 마을 주변에 대나무 장대를 창가에 매달아 장식을 한다. 이러한 것을 파히야스라고 부른다. 이 말의 의미하는 뜻은 풍성한 수확을 하였다는 것을 의미한다. 익은 과일, 큰 바나나, 긴 콩 꼬투리, 붉은 토마토와 모든 풍성한 과일을 장식으로 쓴다. 필리핀인들은 찬란하고 아름다운 축제 예식을 즐거워한다. 감사 축제 전통을 지키기 위하여 손님들이 빈손으로 집을 방문하는 것은 허용하지 않는다.

5월에는 수많은 축제가 있다. 5월은 축제의 계절이다. 다른 필리핀 어떤 곳에서는 소녀들이 꽃으로 축제 예식을 하며 어떤 곳에서는 밤에 촛불을 켜고 축제의 행렬을 한다. 이것을 '산타크루즈 데메요'라고 부른다. 예수 그리스도의 십자가 수난을 기억하며 종교적인 축제와 미의 경쟁을 한다. 마을에서 가장 아름다운 여성과 잘 생긴 남성에게 콘스탄틴 황제의 칭호를 준다. 축제는 5월 17일에서 18일에 거행하며, 시골 마을 부라칸 지역에서는 아이가 없는 여성과 젊은 여성들이 마리아에게 소원을 간구한다. 그들은 어린 아기가 출산될 것을 믿는다. 그들은 노래와 춤을 추며 흥을 돋운다.

다른 흥미로운 축제로는 라구나 파길 마을에서 파길 거리를 행진한 후 놀고 즐기는 것을 끝내고 마을 수영장에서 놀며 즐긴다. 필리핀의 축제의 대체적으로 정중하게 치러진다. 그들은 하나님에게 감사하는 마음으로 축제를 한다. 이 축제 기간 중 그들은 본연의 지위를 세우고 이 기간 동안 채무자들은 빚을 갚고 채무자들은 채권자들에게 감사의 마음으로 경의를 표한다.

Novenas

카톨릭 축제에서 교회 중심적으로 축제를 한다. 9일 동안 기도의 향연을 한다. 그 날 종이 울리면 예배 의식을 행한다. 밴드 음악이 웅장하게 울리면 밤에 화려한 경축 행사를 한다. 모든 시민들이 자발적으로 이 기간 동안 참여하여 축제를 즐기며 하나님에게 지난해에 받은 은혜를 감사하여 감사를 드린다. Novenas축제가 진행되면 믿지 않는 사람들도 축제에 참여한다.

필리핀인의 하나님에 대한 개념

많은 필리핀인들은 하나님을 인격적인 하나님이라고 믿는다. 그들이 하나님을 생각할 때는 보응하시는 하나님으로 믿는다. 만일 그들이 몸이 아프면 그들은 하나님으로부터 벌을 받았기 때문에 몸이 아프다고 믿는다. 하나님이 인격적으로 그들을 내면적으로 조정하고 지배한다고 믿는다. 그들은 어린 자녀가 부모에게 불순종하거나 장형을 존경하지 않고 음식을 낭비하는 것을 금하게 한다. 만일 그렇게 한다면 하나님의 저주가 그들에게 임한다고 믿는다. 비가 오는 것은 하나님의 눈물이며, 자연의 아름다운 미소이며 태풍이나 지진이 일어나는 것은 하나님의 진노가 일어나기 때문이라고 믿는다.

필리핀인들은 곡식을 심고 추수하고 고기를 잡을 때 그들은 함께 연합하여 하나님에게 감사의 예배를 드린다. 필리핀인들은 모든 사건이 일어나는 것을 숙명적으로 받아들인다. 필리핀인들은 지금 함께 역사하고 있는 현존하시는 하나님을 믿고 있다. 그들은 하나님께 경건한 종교 의식을 드리기 좋아한다. 촛불, 향을 들고 행진을 하며 헌신적으로 하나님께 예배를 드린다.

그들은 죽은 영혼에게도 헌신적인 예식을 올린다. 필리핀인들은 보이는 세계보다는 안 보이는 세계에 영적 관심을 가지고 있다. 서구인들은 필리핀인들이 생각하는 미신적인 하나님의 신관에 대하여 조소하며 그들을 이해할 수 없다고 말하고 있다.

동료 관계

한 동료가 되는 것은 세례를 받음으로써 그 즉시 한 동료가 된다. 세례 예식 이후 즉시 대부가 되고 그 자녀의 부모와 동료가 된다. 동료 관계는 대부로서의 관계를 가질 뿐 아니라 그 부모와 관계를 가진다.

    카톨릭 법률에 의하면 영적인 교제를 함으로써 한 쌍의 신부가 된다. 한 쌍의 신부는 대자가 되며 대부모와 그의 부모는 서로 동료 관계를 갖게 된다. 카톨릭에서는 먼저 세례를 받을 사람을 대부라고 가르친다. 그러나 어떤 필리핀 크리스천들은 카톨릭의 동료 관계를 종속 관계로 받아들인다. 어떤 사람이 부유하고 능력이 있어서 카톨릭의 동료 관계가 되는 것이 아니다. 세례를 받음으로 대부 관계가 되는 것이다. 그러나 비크리스천들은 여러 차례 카톨릭은 그들의 이익을 증진시키기 위하여 크리스천들에게 종속 관계를 유지시킨다고 말하고 있다.

3. 필리핀인의 가족과 친족

　필리핀의 사회 조직은 기본적으로 아버지와 어머니의 자녀로 구성된 가족이 사회의 중추적 구성원이다. 특별히 중요한 것은 한 혈족, 남형제와 여형제가 서로 연합되어 있다.

　가정의 기본 구성원은 연합된 조직체이다. 필리핀의 사회는 가정이 서로 친밀하게 연합이 된 것이 특징이다. 서로 가족이 중심이 되므로 가족이 다른 친척에 영향을 준다. 모든 필리핀 사회 조직은 필리핀의 가족 공동체에 많은 영향을 받는다. 종교적인 면에서 그 예를 들면 교회 중심보다는 가족적인 면이 더 강하다. 각 가정은 하나의 성소이다. 인상적인 것은 각 가정에서 개인적으로 한 공동체의 임무를 수행한다. 필리핀의 가정의 현태는 종교적인 면에서 많은 영향을 받았으며, 종교 조직의 행동에 그들은 순응한다.

　가정이 경제적으로 영향을 받으면 직업을 구한다. 기본적으로 가족은 그들이 서로 연합하여 농업으로 생산을 증진시키고, 영세적인 산업으로 생활을 영위해 나가고, 어촌에서는 고기를 잡아 생활을 영위해 나간다. 서로 온 가족이 함께 일하기를 좋아한다. 일반적으로 시골 지역에서는 가족이 협력하여 한 공동체를 이룬다. 필리핀인의 가족의 특징은 경제생활을 할 때도 그들이 서로 단결하여 족벌주의 형태로 발전하며 나간다. 필리핀 사회의 특징은 결과적으로 가족 중심의 혈족으로 구성된다. 가족은 핵심적인 구성원들이 지도자로서 가족을 지배하고 이끌어 나간다. 결과적으로 가족의 구심적 세력은 상류 부유층이 가족을 대부분 다스린다.

  1953년 제정된 필리핀의 새로운 공법에 의하면 필리핀 국민에 의하여 필리핀 인에 의한 지배를 받는다고 하였다. 216조에 가족은 사회의 기본 구성원이며 공고의 보호를 받는다고 하였다.

필리핀 가족 구조

  필리핀의 가족은 사회의 핵심적인 연합체이며 그 구성원이다. 필리핀 어떤 지역에서는 결혼은 양친에 의하여 주선되며, 그 자녀가 매우 어렸을 때 부모끼리 서로 서약을 한다. 결혼은 두 가정의 합의로 성사가 된다. 신부에게 지참금을 주며 신부의 부모와 서로 혈족 관계가 된다. 어떤 크리스천 지역에서는 두 가정이 서로 제휴하여 결혼하므로 답례를 한다. 큰 도시에서는 필리핀의 부모들은 그들 자녀의 결혼과 배우자 선택에 의해 인척 관계에 큰 영향을 미치게 된다.

  결혼은 필리핀 사회에서는 신성불가침의 영구적인 계약이다. 시민 법 14조에 의하여 이혼은 인정되지 않는다. 간통으로 인한 다른 배우자와 관계를 가짐에도 불구하고 결별은 허용되나 이혼은 허용되지 않는다.

  한 가족 중 한 사람의 전체 가족을 향한 불법적이나 부도덕적 행위는 모든 가족 구성원에게 불신을 가져 온 행위로서 위법한 행위이다. 한 가족 구성원으로서 가족을 사랑하고 가족을 보호할 책임이 있다. 전체 가족에 대하여 잘못한 행위는 가족의 체면을 손상시키는 행위이다. 가족 구성원의 지위가 변화되거나 먼 거리에 거주하여도 결혼에 의한 가족의 연합체는 깨질 수 없다. 만일 필리핀인이 결혼하여 돈을 벌면 그는 계속적으로 그들 형제에게 후원하여 줄 의무가 있다. 만일 직장을 구하였으면 그는 계속 가족을 돌보아야 한다. 더불어 멀리 떨어져 살아도 계속 가족의 모임에 참석하여야 한다.

관습법인 시민법에 의하면 가족은 서로 돕고 후원하여 주어야 한다고 명시되어 있다. 만일 서로 돕지 않는다면 가족들로부터 불명예스럽게 취급당하며, 가족들로부터 곤경한 처지에 놓이게 된다. 아버지는 가정의 호주로서 가정을 책임져 나가야 한다. 자녀를 돌보며 정상적으로 키워야 할 의무가 주어진다.

가족 관계

필리핀의 가족 구성원에는 과부, 결혼하지 않은 친척, 결별한 혈족들도 가족의 구성원에 포함된다. 결혼하여 새로운 자녀가 출산되면 남편과 아내는 존경받는 가족 구성원으로서 대접을 받는다. 만일 남편이 아내를 침해하면 그들의 친척이 중재하여 평화스러운 가정이 되게 한다. 필리핀의 가족은 외부적으로는 부권적이며 내부적으로는 모권적인 면이 강하다. 어머니는 가정을 지배하고 가정의 모든 가사의 일을 책임진다. 필리핀의 어머니들은 어린 자녀를 잘 돌보고 교육시킨다.

필리핀의 가족들은 성문제에 대하여 보수적인 성교육을 자녀들에게 가르치고, 젊은 여성은 가정에 거하며 배우고 부모에게서 가정 교육을 받는다. 그들은 결혼 전 성관계를 반대한다. 결혼하기 전 남편 될 신랑과 성관계를 하면 그녀는 친척들로부터 조소당하고 경멸당한다. 가족의 장형과 큰 자매는 그 형제들을 지도하며 그들이 잘못하면 정당하게 벌을 줄 수 있다. 그 부모가 죽으면 장형은 그 가족을 책임져 나가야 한다.

필리핀 가족의 중심은 자녀 중심이다. 가정은 근원적으로 어린 자녀가 태어나면 연합된 가족의 구성원이 된다. 자녀는 부모에게 재산을 상속받을 수 있다. 부모에 의하여 약품 구입비나 자녀 교육비로 물질이 쓰여진다. 반면에 자녀들은 축제에 참여하여 물질을 소비한다. 가족의 재산은 저축하여 자녀에게 상속하여 동등하게 분배하여 준다.

세대 간의 교제에 있어서는 조부모 손자가 애정적으로 사랑한다. 조부모들은 그들을 잘 교육시킨다. 가족과의 교제에서는 먼 친척에 이르기까지 서로 도와주고 협력한다. 거주지를 중심으로 친척들은 서로 연합하여 교제를 이루어 나간다. 그들 중 만일 그 지방의 유지가 된다면 그들은 그곳에서 큰 영향력을 행사한다. 그 가정은 부유한 세력에 의해서 그 지역을 정치적으로 다스린다. 예를 들어 그 지역의 장으로 선출되었다면 그들의 친족을 지배하는 대표자가 된다. 결혼을 함으로 한 연합된 가족이 되며 친족들과 가족에게 책무와 의무를 다한다. 친족 간에는 사랑과 우애로 교제를 이루어 나간다.

서구 사회와 필리핀 사회를 비교하여 보면 필리핀 사회는 가족 중심의 사회이며, 모든 중요한 일들이 가족을 중심으로 이루어지고 결정된다. 그러나 서구 사회는 개인주의 사회이다. 개인의 이익을 위하여 사회가 존재하며 개인의 이익을 위하여 법이 존재한다. 서구인들은 가족 중심적인 밀접한 교제를 하지 않는다. 그러나 필리핀의 사회 조직은 확고한 가족 중심적 사회이다. 가족은 개인의 모든 것을 지배할 수 있다.

필리핀 가정의 아버지

아버지인 남편은 가정의 가장으로서 가정의 머리이기 때문에 자녀와 아내는 이에 복종하여야 한다. 그는 가정의 필요한 재정을 책임져야 한다. 필리핀의 남편들은 대부분 그들 가정의 경제적 책임을 진다. 아내는 가정을 관리한다. 수많은 필리핀의 아내들이 직장을 구하며 돈을 번다. 남편의 짐을 덜기 위하여 가정에 수입을 더하여 준다. 필리핀의 남편들은 보통 하찮은 직업-수위, 접시닦기, 옥수수 껍질 벗기기, 잔디깎기, 집, 청소 등을 마다하지 않고 일을 한다. 좀 더 힘든 일은 작물 재배, 나무 벌목 등도 있다.

필리핀의 아버지로서 주요한 임무로는 자녀를 바르게 교육시키고, 아들과 딸이 잘못을 저지르면 훈계하고 벌을 준다. 서구인들은 필리핀의 부모들이 자녀들을 학대하는 것처럼 말하고 있다.

필리핀 가정의 어머니

어머니는 가정을 돌보며 가정을 사랑의 가정으로 결속시켜 나가 아늑한 분위기로 이끌어 나간다. 어떤 가정에서는 식모를 고용해 매일 식사 메뉴를 어머니가 짠다. 어머니는 자녀의 학교 문제, 의복 문제, 음식 문제 등 자녀의 상세한 모든 문제를 책임져 나간다. 필리핀의 어머니는 아내로서 알뜰하게 물건을 구입하여 남의 돈을 저축하며 검소한 생활을 한다.

생소한 것은 필리핀의 아내들은 남편과 동등한 대우를 받는다. 필리핀 여성은 인간 고유의 기본 권리에서 남자와 동등하다. 새 공법에 의하면 여성도 남편의 동의 없이 재산을 임의로 처분할 수 있다고 한다. 필리핀 여성은 교육 면에서도 남자와 동등한 대우를 받으며 참정권에서도 남자와 동등한 권리를 누린다. 구 공법에서는 남편은 아내의 동의 없이도 재산을 처분할 수 있었다. 현재 공법상으로는 남편은 아내의 동의 없이 재산을 처분할 수 없다.

필리핀의 문화

필리핀 여성은 남편의 재산을 헌납할 수 있다. 만일 부부가 부정한 범죄를 저질렀다면 대부분의 필리핀의 여성들은 야박하게 품위없이 머리를 쥐어 뜯고 물고 할퀴지 않는다. 필리핀 여성들은 대부분 범죄를 저질렀어도 용서하여 준다. 자녀와 가족을 보호하기 위해서 야박한 행위를 하지 않기 위해서이다.

필리핀 가족의 자녀

서구인들은 필리핀의 자녀들이 어른들에게로부터 귀엽게 자라났기 때문에 그들이 어리광을 부리는 것처럼 보인다고 한다. 필리핀의 자녀들은 어른에게 대하여 저돌적이 아니다. 부모들은 자녀들의 장래를 기대하고 있다. 부모들이 자녀들을 애정과 사랑으로 양육시키는 것은 필리핀 부모들의 타고난 성품이다. 그러므로 자녀들이 모든 재난과 역경, 고난이 닥칠 때 부모들이 그들을 일으켜 준다.

필리핀 자녀들은 정당한 교육을 받고 있다. 공법에 의하면 부모들은 자녀를 올바르게 교육시켜야 할 의무가 있다고 명시하고 있다. 필리핀 부모들은 자녀를 위하여 모든 희생과 봉사를 감수하여 자녀들을 가르친다. 자녀들은 미래를 위하여 부모의 명령에 순종하여 공부하며, 그 후 부모들을 위하여 재정적인 도움을 준다. 피는 물보다 진하다는 격언이 필리핀의 가정에 적용된다. 아내가 반대할지라도 필요하다면 남모르게 낭비하는 형제를 도와 준다. 재정적으로 도움을 주면 형제들이 좀 더 좋은 직업을 구하도록 도움을 주며, 또한 서로 우애하기를 원한다.

서구 문화인과 다르게 필리핀의 자녀들은 부모들의 명령에 잘 순종한다. 더구나 필리핀 자녀들은 집에서 동물을 기르는 일이나 집의 허드렛일, 어린 동생을 돌보는 일, 심부름하는 일 등 자녀들이 가족의 편리를

3. 필리핀의 가족과 친족

위하여 훈련받는다.

필리핀의 어머니들은 자녀들이 잘못하면 육체적인 벌을 가한다. 꾸짖으며 훈계한다. 이와 반면 서구 자녀들은 부모에게만 순종하기를 요구한다. 필리핀 자녀는 부모와 같은 다른 친척과 그의 형제 등 많은 다른 사람에게 복종하여야 한다. 서구의 어머니는 그들의 자녀들이 오직 그들에게만 복종하기를 기대한다.

출 생

필리핀인들은 새로 어린이가 탄생하면 따뜻하게 환영하여 준다. 그들은 책임지고 어린이를 돌보아 주고 사랑스럽게 보살펴 준다. 정적인 면에서 어머니만이 어린이를 보살피고 사랑하여 주는 것은 아니다. 아버지 할아버지 형제 자매 등이 함께 사랑하여 준다.

필리핀인은 미신을 지키기 때문에 그들의 어린이가 출생하는 동안 부모들은 많은 금기 사항을 준수한다. 오늘날 많은 필리핀 어린이를 출산하기 위하여 병원에 간다. 그러나 시골 여성들은 금기 사항을 지키며 집에서 어린이를 출산하는 편이다. 정부에서는 가족 계획을 부르짖고 있지만 아직도 필리핀의 부부들은 다산을 고집하고 있다.

필리핀 부부들이 다산을 하는 원인을 살펴보면 첫째, 자녀의 경제 문제 책임을 소홀히 한다. 그들은 자녀들이 가정의 수입을 증진시키는 미래의 기여자라고 생각한다. 둘째, 자녀들이 가정의 수입을 증진시키는 미래의 기여자라고 생각한다. 둘째, 자녀는 하나님의 축복의 소산이라고 생각한다. 그 축복의 소산인 자녀는 부모에게 축복을 더하여 준다. 셋째, 자녀는 부모와 형제, 다른 혈족들에게 축복과 행복을 가져다 준다고 생각한다. 넷째, 자녀는 여성은 어머니로서의 역할을 하고 남성은 아버지로서의 역할을 다하는 사회에 없어서는 안 되는 필수적인 하나님의 자녀라 생각한다.

어린이가 출산되면 선물을 선사한다. 멋있는 색깔의 다양한 옷과 선물을 선사한다. 방문자는 어린이 출산 하루가 지난 후 선물을 준다.

어린이들은 12세와 8세 사이, 또는 출생 후 8일 후 고통을 감수케하며 포경 수술을 하게 한다. 수술은 반드시 의사에 의해 행하여지는 것은 아니다. 시골 지역 여러 소년들은 자연스러운 방법으로 그 지역 약사에 의하여 수술을 하게 한다. 필리핀이 소년의 때에 수술하게 하는 예식을 함으로 많은 사람들이 축하한다. 만약 남성이 수술을 하지 않았다면 다른 사람으로부터 연약하다는 평을 듣는다. 10일에서 12일 후 수술은 완전하게 치유되어 그는 세상에서 최초로 어려운 시험을 통과하였다 하며 즐거워한다. 여성의 수술은 필리핀에서는 널리 행하여지지 않는다. 필리핀 여성은 천성적으로 수줍음을 타고 보수적인 기질이 있기 때문이다.

필리핀의 젊은이들

동양은 동양, 서양은 서양이라고 미국의 문학가 카플링은 말했다. 그러나 필리핀 젊은이들은 카플링이 필리핀의 문화를 잘못 이해한 것이라고 생각한다.

필리핀의 젊은이들은 언어 면에서도 미국의 자극적인 속어들을 자유로이 사용하고 있다. 서구인들은 필리핀의 십대들이 미국의 십대들과 같다고 한다. 그들은 유행하는 춤을 즐기고 유행하는 팝송을 부르는 것을 좋아한다. 그렇지만 필리핀의 젊은이들과 그들 가정의 환경의 영향을 받아서 그리 심취되지는 않는다.

필리핀 젊은이들의 특성

첫째로 필리핀의 젊은이들은 다정스럽고 친절하고 감정적이다. 가끔 어떤 경우는 극단적이다. 친절한 경우 만일 손님이 와 음식을 제공하였으나 음식을 사양하고 먹지 않으면 손님에게 무례한 행동을 할지 모른다. 친구 간의 우정은 정중하게 사심없이 교제해 나가며 다른 친구간에도 이 우정과 의리를 지켜 나간다. 그러나 비평하며 미감하게 시무룩해져 어찌할 줄 모를 때도 있다. 매우 강력하게 공격적 자세를 취해서 상대방에 대하여 폭발적인 행동을 할 경우도 있다.

둘째로 필리핀의 젊은이들은 함께 모인 집단으로 일하기를 좋아한다. 또한 자율로 친구들을 도와주고 이웃에게 필요한 도움을 준다. 다른 사람에게 일을 도와주는데도 즐겁게 일하며 식사도 제공받지않고, 돈을 받지 않고 일을 한다.

셋째로 필리핀의 젊은이들은 그들의 부모와 연장자를 공손하게 존경한다. 그들은 그러한 문화의 유산과 전통을 이어 받았다. 사실상 그들은 연로한 사람들이 잘못된 일을 하였더라도 공손하게 경의를 표한다.

넷째로 필리핀의 젊은이들이 어떤 사건이나 일을 결정하는 것은 부모에게 결정권을 맡겨 버린다. 그들은 사소한 문제는 부모에게 의존하지 않는다.

다섯째로 필리핀의 젊은이들은 그들의 가족 및 그들의 친구와 밀접하게 접근하여 교제를 나눈다. 그들은 정적으로서 친구와 우정을 나눌 수 없을 때는 매우 어려운 상황리라고 그들은 생각한다. 그러므로 그들은 부분적으로 그룹을 조직하고 당을 조직하는 것이 필요하다고 생각한다.

여섯째 필리핀의 젊은이들은 가족에게 기대하며 살아가고 있다. 부모들은 그들의 장래가 확실하지 않더라도 그들의 진로를 선택하여 준다. 가족들의 귀중한 전통은 그들 자녀에게 진로를 말하여 주는 것이다.

필리핀의 젊은이들은 구식의 구세대에서 부모들의 영향을 받아 새로운 신세대의 도시 문화를 받아들이고 있다. 그들은 그들의 친구를 선택하고, 옷을 고르고, 여행을 하고, 데이트 하는 것도 간섭하고 제한하면 분개한다. 그들은 사생활을 침해하면 분개한다. 여성들은 화장품을 사용하는 것을 제한하면 분개한다.

필리핀 여성

스페인 이전 시대부터 필리핀 여성은 가정의 아름다운 여왕의 지위를 차지하였다. 현재도 필리핀 여성은 가정의 주인으로서 가정을 이끌어 나가고 있다. 필리핀 여성은 다른 민족의 여성처럼 남편들에게 종처럼 취급당하지 않으며 가재 도구 취급을 당하지 않는다. 필리핀 여성은 가정에서 여왕의 높은 대우를 받았으며 남편의 동반자로서 가정의 교사로서 자녀들에게 훌륭한 교육을 습득시켰다.

모든 아시아 여성 중 필리핀 여성은 자유를 누렸으며 특별히 그녀들은 남성과 동등한 지위에 있었다. 필리핀 여성은 아시아 최초로 참정권을 부여 받아 여성 투표권을 행사하였다. 지금도 필리핀 여성들은 모든 정부 관공서 국회 등에 진출하여 부서장으로서 선출되고 있다. 특히 필리핀 여성들은 정치, 외교, 경제, 교육, 사업, 의학, 언론, 기술 등 모든 분야에 진출하였다.

필리핀 여성은 천성적으로 온유하고 정숙하고 매력적이고 경건한 성품을 지녔다. 필리핀 여성은 품행이 단정하고 남편에게 충성을 다하며 자녀들에게 헌신하는 여성으로 유명하다. 스페인 지배시 Guspar사제는 필리핀 여성에 대하여 말하기를 도덕적으로 훌륭한 여성들이며, 온순하고 상냥하여 그들은 남편을 극진히 사랑한다고 칭찬했다.

4. 필리핀의 윤리 규범

　인간은 이성적인 동물이다. 인간은 본성에 의하여 이 세상을 움직일 수 없다. 윤리학자 Murray는 모든 사람들은 다른 사람들을 존경하며 살아가야 한다고 말하고 어느 누구라도 우리 인간은 겸손한 자세로써 남을 존경하여야 한다고 말했다. 이에 윤리 규범에 의하여 필리핀의 구별된 윤리 규범에의 특성을 살펴보고자 한다. 먼저, 문화가 의미하는 뜻은 사람들이 그 사회와 그 조직 속에서 사고하고 경험을 토대로 하여 결정하고 그리고 궁극적으로 미리 그 행동을 결정한다.

　필리핀의 문화를 고찰하여 보면 세 가지 주요한 특성이 필리핀의 행동을 결정케 하는 주요 초점이 된다. 그것은 개인주의, 가족주의, 그리고 대중주의이다.

　인류학자들에 의하면 필리핀의 개인주의는 그들이 서로 대면하여 내면적인 교재를 갖는 데 중점을 두고 있다. 사회적인 행위나 문화적인 행위에 있어서는 개인적인 사고에 중점을 두고 있다. 그들의 성공적인 지도력은 개인적인 역량에 의하여 주어진다고 생각한다. 필리핀은 어떤 문제를 해결하는 방법으로는 조직체가 심의하고 토론하기보다는 좋은 개인적인 교재에 의하여 문제를 해결한다. 가족주의로는 그들은 가족 번영과 행복을 위하여 일하고 공동체를 위하여 협력하기를 좋아한다. 가족은 공동체 조직의 기본 근원이다. 대부분의 공동체 행위는 가족이 중심이 된다. 어떤 개인이 아닌 가족이 중요한 문제를 결정한다. 개인들이 서로 협력하여 행복한 가정의 근원을 이룬다.

공동체나 개인이 가정에 많은 영향을 주며 개인이 사회에 접촉함으로 인하여 사회에 많은 영향을 끼친다. 각 개인이 열심히 일하므로 그들 가족의 공동체에 도움을 준다. 내 이웃 내 친척에게 도움을 줌으로 필리핀인들은 존경을 받는다.

필리핀의 자녀와 서구의 자녀 비교

필리핀인들은 자녀를 기르는 것이 미래의 그들 삶에 많은 영향을 끼친다고 생각한다. 우리는 필리핀 문화와 서구 문화와의 실제적인 것을 연구하여 보아야 한다. 서구 자녀와 필리핀 자녀를 비교하여 보면 첫째, 개성적인 환경에서 필리핀 자녀들은 태어난다. 자녀는 젖을 먹고, 자라며, 가족에 의하여 돌보아진다. 그러나 서구 자녀는 비개성적인 환경에서 태어나며 자녀는 모유를 먹고 자라지 않는다.

둘째, 필리핀의 자녀들은 어떤 조직체를 좋아하며 자녀들은 단체 생활을 좋아한다. 그들은 개인적으로 있으면 낙심한다. 어머니들은 혼자 다니는 것을 단절시킨다. 서구 자녀들은 개인적이며 독립성을 좋아한다. 부모들은 어린이들에게 일찍부터 어린 자녀들이 독립적으로 홀로 다니는 것에 대해 용기를 북돋아 준다.

셋째, 필리핀 자녀는 어떤 사생활에 중요한 관심을 갖지 않는다. 유아기에는 결코 혼자 내버려 두지 않는다. 서구 부모들은 자녀의 사생활에 중요한 관심을 가진다. 어린 자녀들은 홀로 독립심을 키워 주는 것을 좋아한다.

넷째, 필리핀의 자녀들은 손위의 혈족과 다른 권위자에게 존경하는 것을 배운다. 부모들은 권위주의적이다. 서구 자녀는 평등적인 것을 배우고 부모들은 민주적인 것을 배운다. 그러나 필리핀의 부모들은 경쟁을 하지 않게 하며 화목하기를 가르친다. 자녀들은 다른 사람을 존경하는 것을 배운다. 서구의 자녀는 부모들이 자녀들에게 경쟁을 하게 한다. 자녀들은 다른 사람들에게 존경하는 것을 배우지 않는다.

다섯째, 필리핀 부모들은 자녀들에게 많은 약속을 한다. 만일 그 약속이 이행되지 않더라도 자녀들은 실망하지 않는다. 서구의 부모들은 자녀들에게 많은 약속을 하지 않는다. 만일 부모들이 이 약속을 이행하지 않으면 그들은 크게 실망한다.

필리핀의 가치 기준

필리핀의 문화를 인식하려면 필리핀의 보통 사람들의 행위에 근원적인 가치 기준을 두어야 한다. 무엇이 잘되건 잘못되건 악하건 선하건 그 가치 기준은 보통 사람에 그 평가 기준을 둔다.

필리핀의 두 가지 역설적인 특성은 필리핀 문화 중의 교제의 형태에서 나타난다. 첫째, 상위 구조는 권위적인 가족 제도로 특별히 손 아래 하부 구조 구성원에게 명령을 한다. 이 특성은 상위 구성원 조직의 독재적인 지도력이다. 가족은 상위의 장형의 명령 결정에 복종하여야 한다. 명령의 체계는 한 가지 방법으로 전달된다.

둘째, 필리핀의 사회 생활에서는 이와 반대로 상부 사회 구조는 평등한 수평 관계를 유지한다. 실제로 권위적인 교제나 지도력에서 사회적인 계급이 경시된다. 조직 구성원의 지휘력은 큰 힘을 발휘하지 못한다. 그

것은 참으로 믿기 어려운 필리핀의 문화 체제이다.

　필리핀의 세 가지 중요한 가치관은 이성적인 가치관, 정적인 가치관, 윤리적인 가치관이다. 먼저 이성적인 가치관에서 필리핀인들은 인간과의 교제에 중점을 둔다. 필리핀인과 서구인의 문제점을 비교해 보면, 당신 아내와 어머니가 항해 중 갑자기 배가 침몰하기 시작하면 만일 당신의 가족 중 당신 혼자만이 수영할 수 있고, 당신은 오직 한 사람만 구조할 수 있다. 그렇다면 당신은 누구를 구조하겠습니까? 서구인들은 어머니뿐만 아니라 아내와 자녀를 다 구조하려고 할 것이다. 그러나 필리핀인은 어머니만 구조할 것이라고 한다. 이론적으로보면 당신은 재혼할 수도 있고, 자녀를 더 낳을 수도 있다. 그러나 당신은 친 어머니를 얻을 수 없다. 이것이 필리핀 문화와 서구 문화의 다른 점이다.

　가족은 필리핀인들의 인생의 전부이다. 그들은 인간과의 교제를 가장 중요하게 여긴다. 그들은 가족과의 연합, 친척과의 연합이 그들 삶의 목표의 중요한 영향을 미치게 한다고 생각한다. 이 연합을 기초로 하여 그들은 직업을 선택하고 아내와 함께 터전에 잡고 생활한다. 연합을 유지하면 서로 타협을 하고 서로 친밀한 관계를 유지할 수 있으나 때로는 서로 속일 때도 있다. 그러나 서구인들은 대인 관계에 많은 영향을 받지 않는다. 그들은 독립성을 유지하며 가족의 어떤 결정에 큰 관심과 필요성을 느끼지 않는다. 그러므로 서구인들은 필리핀이 독립성이 없고 너무 의존적이기 때문에 연약하게 본다. 필리핀인들은 서구의 냉정하고 냉혹한 것에 대해 충격을 받고 있다. 서구 사회는 개인주의적이다. 필리핀은 사회적이고 가족적이다. 서구인들은 사회적인 구조에 너무 약하다. 서구인들은 가족에 관하여 특별한 관심을 갖지 않는다. 개인적인 것에 관심을 갖는다. 그들은 공격적이다. 그들은 독창적인 그들의 개성대로 삶을 살아가고 있다. 그들은 자녀가 자랄 때 그들 스스로 독창적으로 자라나길 그들은 원한다. 그러나 필리핀인들은 그와 반대로 외로이 홀로 서

있는 독창적인 것을 싫어한다.

　필리핀인들은 종속적인 권위주의의 문화인들이며 개인주의적인 문화를 받아들이지 않는다고 한다. 필리핀의 노동자들을 예를 들면 그들은 지도자의 독재적인 지도력을 즐겁게 받아들이고 있다. 아마 그것은 가족 중심적인 문화의 관습의 전통에 의한 것 때문인 것으로 보인다.

　필리핀인들은 인척 관계에 많은 관심을 가지고 있다. 그들은 친족관계에 의하여 많은 영향을 받는다. 필리핀의 가치관은 서구인보다 좀 더 인격적이다. 필리핀인들은 개인적으로 자기 자신이 결정하고 일을 책임적으로 진행시키는 것을 주저한다.

정적인 가치관

　필리핀인은 개인적인 교제에 의하여 많은 영향을 받는다. 만일 그들이 인격적으로 어떤 모욕이나 중상을 당하면 어떻게 할 줄을 모른다. 거친 말이나 무례한 행동을 하면 필리핀인은 격렬하게 덤벼든다. 이 경우에는 자기의 생각과 사상을 충분하게 전달할 수 없기 때문이다. 그들은 친구 간에도 마찬가지이다. 기질 면에서 서구인들은 보스적인 기질이 있다. 그러나 필리핀인들은 종속적인 하부 구조의 보수적인 기질로서 서구인과는 명백한 차이점이 있다. 그러므로 필리핀인들은 새로운 일을 창출하고 독창적으로 개발하는 일을 좀처럼 할 수 없다. 그들은 고난이 다가올 때는 다른 지도자나 다른 사람에게 쟁의 행위를 하기를 좋아한다.

　필리핀인들은 공격적인 일을 하여 위험스럽고 고난스러운 일을 당하면 격분하여 남을 공격한다. 서구인들은 자기들의 정당한 인격이 유린당하면 그들은 처음부터 반격을 가한다. 그러나 필리핀인들은 결코 그러한 일들을 하지 않는다. 왜냐하면 문화적으로 필리핀은 화해를 좋아하는 민족이기 때문이다. 만일 필리핀인들이 남의 인격을 짓밟는다면 그들은 친구 간에 서로 밀접하게 대면하여 서로 감정을 짓밟지 않으며 화해할 것이다. 그 후 친구로서 모든 잘못을 뉘우치고 우정의 친구로서 지낸다. 그들은 처음 서로 교제를 나눌 때에도 격렬한 분쟁을 좀처럼 하지 않는다. 서로 사랑하고 인정있게 우정을 나눈다. 그러나 만일 그들은 수치나 모욕을 당하면 그들은 격렬하게 덤벼든다. 그들은 친구 간에 서로 의리를 지키고 신뢰를 한다. 그러나 서로 의심하면 정당한 일일지라도 보복적인 행위를 할 수 있다.

서구인들은 개인주의적인 삶을 살아간다. 그들은 옳건, 그르건 공동체나 조직을 위하여 존재하는 것이 아니라 개인 자신들을 위하여 법이 존재한다고 생각한다. 필리핀인들은 수치심, 불명예, 조롱, 부정 등을 당하는 것을 싫어한다. 필리핀인은 진리보다는 명예를 더 중히 여긴다. 그러나 서구인들은 진리의 행위를 하였을지라도 어떤 잘못이 드러나면 모든 것을 들추어낸다. 그러나 필리핀인들은 그렇지 않다. 어느 정부 관리가 현저하게 잘못을 저질렀어도 그 사건을 들추어 내지 않는다.

정의의 개념에 관해서 필리핀인들은 추상적이 아니다. 바로 보이는 어떤 것에 전념한다. 그들은 어떤 동정과 연민의 정으로 도움을 준다. 필리핀인들의 정의의 관념은 조화를 근원으로 정의를 이루어 나간다고 생각한다. 필리핀인의 정의는 개인적인 것이 아니라 단체적, 연합적이다. 개인주의의 전형적인 표본은 서구 사회, 특별히 미국을 들 수 있다. 미국의 2, 3대 이주자들의 예를 들면 그들은 아직도 천한 직업을 경시한다고 한다. 사람의 인격을 측정하는 데도 경제적 수준, 외향적인 견지에 의하여 사람을 판단한다. 그러나 필리핀인들은 외부적인 것에 의하여 인격을 측정하는 것이 아니라 내면적인 것에 의하여 인격을 측정한다.

필리핀인들은 공동체에 소속하면 걱정하거나 고민하지 않는다. 그 대신 그들은 위엄이 없고 수치심을 느낄 때 마음에 내키지 않게 여긴다. 필리핀인은 비록 그들이 가난할지라도 위엄과 자부심을 가지고 있다는 것을 인식하고 있다. 비록 그의 집은 대나무로 짓고 누더기 옷을 입었더라도 그들 자신들은 자부심 있고 품위 있게 자라는 것을 인식하고 있다. 필리핀인의 내부적인 가치관을 정의한다면 모든 것은 동등하다고 생각하는 것이다.

도덕적인 가치관

윤리학자 Jocano에 의하면 필리핀인을 문화적인 관점에서 관찰하면 보통 어떤 사람들에 비하여 도덕적이라고 말하였다. 도덕적 가치는 계속적으로 필리핀인의 행위에 의한 것은 아니다.

필리핀인들의 행동에서 도덕적 잠재력을 관찰하여 보려고 한다. 가장 힘있고 긴요한 필리핀문화는 감사에 대한 빚이다. 감사의 빚은 충실하게 단체의 중요한 가치에 대하여 강하게 언급할 수 있다. 단체는 집단, 마을 동료, 학교, 친척, 사무실 동료 등의 단체 조직이 될 수 있다. 기계주의 조직 집단에 의하여 친밀하게 살아가고 있는 종교 예식, 세례, 서품식, 성직의 수여 등을 단체의 집단으로 행한다.

개인 생활을 극복하며 이겨나감으로, 단체 생활을 극복하며 이겨나감으로 단체 생활을 한다. 개인 생활에서 단체 생활 상호간의 서로의 교제를 나누어 나간다. 필리핀인들은 개인 생활에서 단체 생활의 의무를 이행하며 나간다.

5. 필리핀인의 전달 매개체

　인간의 전달 매체는 빈번한 인간 상호간의 접촉을 통하여 이뤄진다. 복잡한 경로로는 사람을 보내고 또한 만나서 말을 받아들이는 사람에게 동기 부여를 한다. 다양한 메시지를 전달 매체를 통하여 보내고 빈번한 접촉을 통하여 사람들에게 효과적인 전달을 하게 된다.
　가장 중요한 전달 체제에 있어서 확인하여야 할 것은 현 상황의 대인 관계나 단체 상황에 있어서 전달 매체가 많은 영향을 준다고 하는 것이다. 전달 매체는 단지 혼자의 말로만 되는 것이 아니다. 음성의 폭, 단어의 선택, 신체적인 움직임의 모든 다양한 자세의 매세지 등이다.
　두 사람이 말한다면 아침 인사에도 각기 다양한 다른 말이 전해진다. 한 사람은 Good morning으로 인사하는 경우, 또 한 경우는 손아랫사람이 간청하면서 인사하는 경우도 있다. 이 경우 어떻게 인사를 받아야 할지 걱정이 된다. 다른 경우로는 겸손하게 거부하는 모습으로 또는 적의없는 모습으로 해야한다.
　인간은 전달 매체로 자신의 행동을 상대방에게 전달한다. 이 행동의 결과 다른 사람에게 필요한 말을 할 것을 인지할 수 있다. 다른 사람이 무슨 행동을 했는가에 따라서 다른 사람에게 필요한 말을 인지하고 전달

할 수 있다. 전달 매체는 효과적으로 다른 잘못된 문화를 퇴보시키기도 한다.

어떻게 전달 매개체를 발전시킬 수 있는가를 인지할 수 있어야 한다. 전달 매개체는 단지 사람만이 그 매개체를 발전시킬 수 있는가를 인지할 수 있어야 한다. 전달 매개체는 단지 사람만이 그 매개체가 되는 것은 아니다.

지각한다는 것은 우리의 심정과 문화 간의 매체가 될 수 있다. 모든 사람은 모든 환경 속에서 이와 같이 사고하고 인지한다. 매개체가 지적인 진실을 알릴지라도 그것은 매일 살아가는 삶에서 사건을 신뢰할 수 없을 경우도 있다. 그것은 항상 보이는 것이 아니다. 무엇을 인지할 수 있으면 선택을 하게 된다. 대부분 보고, 듣고, 냄새 맡고, 맛을 보고 하는 것은 어떤 순간에 보고 느끼는 것이다.

듣기

가장 높은 비율로 잘못 전달된 매개체에서 일어난다. 왜냐하면 듣는 자가 잘못 듣게 되고 잘못 해석하기 때문이다. 우리가 다른 나라의 문화를 듣고 이해하는 것은 매우 중요하다.

서구인들이 그들의 문화에서 표현하는 것을 살펴보면 모션을 쓰고 얼굴 표정, 신체의 행동, 눈의 깜빡임, 억양 등 모든 부분에서 서양인들은 사심없이 직접적으로 자기의 의사를 표현하고 전달한다. 반면 필리핀인은 그렇지 않다. 정교한 방법으로 말하지 않는다. 서구인들은 사실을 확인하기 위하여 두세 번씩 듣는다. 다른 방법으로 서구인들과 어떤 전달 매체에서 직접 얻는다. 만일 그들이 메시지 내용의 사실을 인지하였다면 그들은 무엇을 어떻게 할 것인가를 확인한다.

전달 매개체는 교제 문화를 이루는 중심점이 된다. 필리핀인들은 자신의 표현을 말보다는 침묵으로 표현하는 것을 좋아한다. 심리학자들은 저속한 환경 문화와 높은 환경 문화의 두 문화로 구별한다. 높은 환경 문화는 대개 정보 문화를 소유하고 있으며, 전달 매개를 물리적 상황에 의하여 받아들이는 것을 말한다. 낮은 문화는 다양한 정보를 명확한 법전에 의하여 받아들이는 것을 말한다.

필리핀문화는 높은 환경 문화에 속한다. 서구인은 무엇을 찾고 무엇을 말하고 그것을 이해하려고 한다. 그러나 필리핀인은 무엇을 말하지 않는다. 필리핀인은 서로가 함께 침묵하는 자세로 메시지를 전달한다. 낮은 문화의 서구인들이 강조하는 것은 정보를 보내고 정확한 메시지 내용을 전달함으로 명확한 것을 얻는 것이다. 그러나 필리핀인은 직접 말하지 않는다. 서구인들이 직접적인데 비하여 필리핀인은 간접적으로 전달한다. 서구인들은 굽신거리는 행위에 대하여 무섭게 다루며 그들을 당황하게 한다. 서구인들은 거칠고 그 나라의 관습을 잘 적용하지 않는다. 그러나 필리핀인은 대인 관계에서 서구인과 현저한 차이를 나타낸다.

서구인들은 어떤 사람에게 이야기할 때 그들은 말을 하며 동시에 듣는다. 그러나 필리핀인은 이것을 중요하게 생각하지 않는다. 그들은 사람들에게 말을 들을 때 그들은 직감적인 반응을 일으킨다. 말하는 사람의 신분과 함께 그가 어떤 사람이며 어떤 모습으로 말하고 있는가 등등, 그들은 말하는 사람을 이해하는 것을 더 좋아한다. 이해하는 것을 신뢰성 있게 하려 한다. 동일한 상황에서 자주 사람들에게 다른 해석을 할 수도 있다.

간접적인 전달 매개체의 방법으로는 괴롭히는 사람과 친숙해지는 것이다. 다갈록 속담에 괴롭히는 것은 실수를 한 것이다. 필리핀인들은 괴롭히는 자들에게 닉네임을 부여하는 경향이 있다. 서구인들은 닉네임 부여하는 데 친숙하지 않다. 어린 시절에도 필리핀인들은 닉네임을 부르는 관습이 있다. 학교 급우, 친구, 동료들에게 닉네임을 부여한다. 예를 들면 흑인 니그로 Insik 또는 Sinkit은 중국 사람같이 보이는 사람, Taba는 뚱뚱한 사람, Payat은 날씬한 사람, 서구인들은 필리핀의 문화를 즐겁고 재미있는 문화로 평가한다.

필리핀인들의 문화는 호기심 있게 개인 삶에 관하여 교제하는 것을 좋아한다. 그들은 어린 시절에도 이와 유사한 교제를 좋아했다. 교제에 관하여 언급하는 데서 그들은 매우 솔직하기도 했다. 다른 사람으로부터 슬픈 감정이 표출되어 표현할 수 없는 인간의 감정이 눈물로 나온다. 불유쾌한, 슬픈 전달 매개체의 수단이다. 필리핀인에게 엄격한 금기 사항은 그리 많지 않다. 어떤 문제를 적당하게 토론하고 계획한다. 필리핀인은 비평하고 책망하고 남을 조롱하는 것을 좋아하지 않는다. 그들은 어떤 방법으로든 좀처럼 남의 자존심에 상처를 주는 명예 훼손을 하지 않는다.

필리핀인은 남과 교제하며 대화를 할 때 다른 사람의 인격을 존중히 여기며 본능적으로 위험스러운 대화를 하지 않는다. 그러나 그들은 어떤 사람으로부터 공격을 당하는 느낌이 들면 본능적으로 방어하며 저항을 한다.

필리핀인은 어떤 경우 기만적인 대화를 할 경우도 있다. 그들은 자기들이 어려운 상황에 있을 경우 그들의 신변의 안전을 보호하기 위해서 어떤 기만적인 말을 한다. 필리핀인은 자주 공공 사무실에서 교회, 학교, 또 다른 공동체에서 어떤 다른 사람을 평가하고 판단하기 위하여 그들을 주시하고 관찰한다. 그 경우 지도자들은 민감한 자세로 그들의 업무를 처리한다. 그들은 편안한 자세로 능동적으로 대처하여 나간다.

필리핀의 문화는 폭넓고 밀접하게 인간관계를 유지하여 나가는 우정의 문화이다. 가족 관계, 친구 관계, 사회관계 등 모든 관계에서 서로가 사랑과 우정을 나누는 문화라고 볼 수 있다. 언어 매체에서 필리핀의 상류층과 중산층의 전달 매체는 다갈록과 영어를 혼합하여 사용하고 있다.

많은 필리핀인은 학교에서 영어를 배운다. 영어는 필리핀의 중심도시 마닐라에서 유용하게 사용되고 있다. 다갈록의 표현 중 일부는 말하는 기법이 부족해 보인다.

필리핀에서 쓰이는 영어에서 Colgate는 Toothpaste(치약)의 뜻이고, Frigidaire는 Refrigerator(냉장고)의 뜻이다. Dear의 뜻은 Expensive(비싸다)의 뜻이고 Comfortroom은 Restroom(화장실)의 뜻이다.

6. 필리핀인의 특성

　필리핀인들의 개인적 특성을 연구하려면 그들이 싫어하고 괴롭게 생각하는 행위를 아는 것이 매우 중요하다. 필리핀인이 내면으로 그들이 무엇을 싫어하는가 알아보는 것은 매우 흥미로운 일이다. 필리핀들이 가장 싫어하는 행위를 열거하여 보면 다음과 같다.

- 어떤 사람이 회의에서나 토론하는 중에 그의 의견을 강력하게 내세워 반대하는 것.
- 말을 할 때 미국식의 발음을 사용하는 것.
- 다른 사람을 무시하는 것.
- 외국인이 필리핀인을 무시하는 것.
- 낮은 신분의 사람이 높은 사람인 체 하는 것.
- 어떤 사람이 다른 사람을 종과 같이 다루는 것.
- 관여할 필요가 없는 사람을 비평하는 것.
- 어떤 사람이 누가 직장에서 어떻게 일하고 있는가를 다른 사람에게 말하는 것.
- 다른 사람에게 감정적으로 지각없는 행동을 하고 있는 것.
- 인간과 인간과의 차별을 하는 것.

- 신체에서 냄새가 나는 것.
- 여자의 머리가 빠져 있는 것.
- 급하게 말하는 것.
- 사람들에게 잘난 체 뽐내는 것.
- 부자가 거만한 행동을 하는 것.
- 외국인 작가가 필리핀에 관하여 글을 쓸 때 아무런 정보없이 글을 쓰는 것.
- 사람들에게 Yes, No의 대답을 한정시켜 요구하는 것.
- 사람들이 실제적인 민주주의를 시행도 하지 않고 민주주의 정치 연설하는 것 등.

위에 열거한 필리핀인이 싫어하는 행위를 통하여 필리핀인의 중요한 특성을 볼 수 있다.

첫째는 개인주의이다. 이 개인주의에서 상세하게 묘사할 수 있는 것은 그들은 그가 누구이며, 그가 무슨 일을 하는가를 상관하지 않는다. 누가 그를 알고 있으며, 누가 그에 대한 모든 것을 알고 있으며, 그가 무엇을 하고 있는지, 그가 어떤 사람인지 모른다. 사실적으로 알고 있는 것뿐 아니라 객관적인 사실도 마찬가지이다. 필리핀인들은 자기들의 내면적인 어떤 접촉과 교제 없이는 다른 사람을 억제하거나 억누르지 않는다. 필리핀인의 행동에 대해서 설명한다면, 그들은 자기와 관련이 없는 사람들에게 개인적인 감정으로 관계하는 것은 아무런 의미가 없다고 생각하기 때문이다. 결혼 예식 초대에 관하여 그 예를 들면 결혼 대상자 부모의 초대장이 사람들에게 많은 영향을 주지 못한다. 이는 필리핀의 싫어하는 종과 같이, 부자가 사람을 다루며 다른 사람의 말을 무시할 때, 난폭하게 다른 삶에 대하여 참견하는 예에 속한다고 볼 수 있다. 필리핀인에게 중요한 것은 그들은 다른 사람을 공격하거나 침범하지 않는다는 것이다.

개인주의가 발달된 것을 예를 들어 보면, 실제로 교섭한다. 구매자는 고정 가격을 정하기 위하여 판매자와 교섭을 한다. 사는 사람은 한정된 파는 사람을 선택하여 규칙적으로 물건을 할인하여 산다. 주변에서 교섭하여 물건을 사는 것을 좋아한다. 친절한 호의에 감사의 빚을 인정한다. 사람들은 호의로 대하여 준 신성한 특성을 실제적으로 생각한다.

두 번째 특성은 권위주의이다. 권위적인 사람을 높은 지위에 일하는 사람으로 생각한다. 필리핀인은 자신보다 더 많이 알고 유능한 사람을 따르는 안전한 욕구를 그들은 원한다. 필리핀인은 그 자신들이 어떤 외부적 불능자에게 집착하는 경향이 있다. 가족의 가문이나 사회적인 지위로 사회의 권위에 의존한다. 이는 그 자신의 행동을 정당화하기 위해서이며 또한 그 자신이 인정받기 위해서이다. 평범한 필리핀남자의 예를 들면 그들은 팬스 뒷주머니에 그들의 이름을 재단하며 내보이게 한다. 동일한 재단을 한 공동체와 조직은 한 후원자 권위를 인정한다.

필리핀의 권위주의는 가혹하지 않다. 게르만주의적인 온정주의이다. 필리핀인은 권위적인 사람에게 의존하는 경향이 있으며, 그들은 아버지와 같은 손윗사람을 존경한다. 그들은 매우 권위적인 능력에 의존하는 경향이 있다. 어떤 사람의 능력이 있을 때 그들은 호의적으로 우대한다. 다른 말로 그 자신이 능력이 있을 때 그는 지배자가 된다. 필리핀인의 큰 결점은 그들이 권위적인 사람으로 되고자 하는 것이다. 그들은 높은 지위에 있으면 권세자와 능력자가 된다고 생각한다. 그러나 특별한 특성은 그들이 대표로 일하는 것을 힘들어 한다는 것이다. 반면에 그가 필요한 것이 있을 때는 개인적으로 높은 지위에 참여할 때 모든 것을 손쉽게 할 수 있다는 것이다.

세 번째의 특성은 소집단의 중심이다. 각 개인들은 소집단의 구성원이다. 구성원들은 사회적 도덕적 규범의 행동에 따른다. 이것을 소집단의 이면이라고 한다. 필리핀의 소집단은 개인적으로 모든 문제를 결정하는 것이 아니라 소집단의 구성원이 어떤 결정을 한다.

필리핀의 문화

필리핀인의 대표적인 특성

필리핀인들은 그들의 특성이 있다. 그들의 특성을 열거해 보면 첫째, 'Amor Prorio', 스페인어로 뜻은 이기주의, 자애, 자존심이라는 뜻이다. 이 뜻은 감정적으로 모욕하고 공격하는 뜻도 포함이 된다. Amor Prorio는 동작으로 공격을 하고 행동하는 것이 아니다. 간접적으로 정신적으로 다른 사람에게 타격을 주는 것이다. 필리핀에서 가장 최상적으로 자극을 주는 행위는 차는 것이다. 그의 예를 들면 남편이 아내를 버림으로 아내에게 타격을 주는 것이다. 버림받은 아내는 정신적으로 큰 타격을 받는다. 필리핀인들은 자존심이 강하다. 비록 가난하고 어려운 환경에 살아도 그들은 인생을 자긍심 있게 살아간다. 남에게 굽신거리지 않는다. Amor Prorio의 의미는 자기 방어의 뜻도 있지만 자부심, 자존심이라는 의미도 있다.

둘째, 필리핀인의 중요한 특성은 Pakikisama이다. 이것의 뜻은 가정에서와 같이 이 가정 밖에서도 서로 화목한 교제를 하므로 다른 사람들에게 좋은 관계를 유지한다는 뜻이다. 친구를 위하여 열심히 봉사한다면 그 후에는 친구로서 영원한 우정을 나눌 것이다.

셋째로 필리핀인들은 가족적인 문화권에 살고 있기 때문에 사람들에게 서로 의존하는 경향이 있다. 이것은 필리핀인들의 타고난 본성이다. Pagsasarili의 뜻은 홀로 있는 외로운 것을 싫어한다는 뜻이다. 그들은 좀처럼 많은 말을 하지 않는다. 가끔 그들은 자신들이 소원하고 있으며, 알고 있는 것조차도 말하지 않는 경향이 있다. 그러나 그들은 좀 더 나은 생활과 좀 더 좋은 교육 기회를 얻는 것에 애쓰고 힘쓴다. 그들은 삶을 영위하기 위하여 돈을 버는 것에 자부심을 가진다.

넷째로, 필리핀인들은 무례한 행위를 하면 매우 민감한 반응을 보인다. 자기 자신이 위험하다는 인식을 하면 자기 자신이 단독으로 하지 않고 사회적으로 저명한 자와 관계를 통하여 자기 고통스런 감정을 말하며 그 문제를 해결하려 한다. 어떤 걱정과 두려움을 느끼지 않는다. 두려움을 전능자에게 맡긴다. 그들은 자기 자신의 삶보다 더 귀중한 가치 있는 것을 깨달으면 그의 삶을 변화시켜 더 가치 있는 귀중한 것에 전념한다. 필리핀인들은 정상적인 규정을 위반하고 위법 행위를 하였을 때 그들은 일반적으로 수치심을 느끼고 사회인으로 살아가는 데 자신이 실패했다는 것을 인식한다. 필리핀인들은 다른 사람이 초조하고 당황한다고 해서 그들 자신도 당황하고 난처해하지 않는다.

이에 대한 예를 들면, 공격자가 나타나서 그들을 직접적으로 공격하지 않는다. 항상 침착한 모습으로 공격자를 대한다. 필리핀인들은 호의에 대한 감사를 한다. 그들은 친절한 행위에 감사하지 않는 것은 인간으로서의 정당한 의무를 이행하지 않는 것으로 생각한다. 필리핀인의 중요한 특성은 만일 당신이 나를 사랑하지 않으면 당신은 나와 아무런 상관이 없다. 서로 주고받는 사랑과 우정의 교제가 필리핀 문화의 가장 중요하고 핵심적인 원천이라고 볼 수 있다.

다섯째로, 대부분의 필리핀인들은 완곡한 표현을 한다. 완곡하다는 것은 불유쾌한 사실을 예술적으로 미화하여 말하는 것을 말한다. 필리핀 사회에서는 옛날부터 즐거운 마음으로 의견을 제시하고 의견을 말하는 문화를 이어왔다. 필리핀인은 좀처럼 거칠고 무례한 말을 하지 않는다. 필리핀인은 거절하고 부정하는 말 대신에 좀 약하게 찬성하고 긍정하는 대답을 일반적으로 한다. Maybe, Perhaps 또는 Try 보통 서구인들은 '아니오'라고 답변하는 말들이다. 이 특성은 그들이 어떤 사람을 공격하는 말이 아닌 상대방을 위하여 기쁘게 즐겁게 말하여 주길 원한다.

여섯째로, 필리핀인들은 일반적으로 청결한 민족이다. 모든 필리핀인은 자녀 때부터 청결하도록 훈련을 받는다. 집에서 학교에서 자녀들은 항상 청결을 유지하도록 하는 것을 배운다. 도시의 가난한 사람들이 어떻게 매일 빈민가 무허가 판잣집에서 목욕을 할 수 있는지 의문스럽다. 그러나 가정에 목욕탕 시설이 없다 하더라도 그들은 집앞에서나 다른 장소에서 목욕을 한다. 필리핀인들은 항상 가정 집 주변을 깨끗이하여 청결하게 한다. 그러나 그들은 공원이나 극장과 같은 공공장소에서는 청결을 유지하지 않는 편이다.

상호간의 관계 원칙

필리핀 사회는 상호 의존적으로 개인 관계에서 서로가 호의적 관계를 넓혀 나간다. 그들은 원활한 관계를 유지하면서 개인 관계를 서로 발전시켜 나간다. 상호 관계로 어떤 교환의 문제나 동료 관계의 문제 등이 해결되고 결정이 된다. 이 모든 것은 규정과 규칙에 의하여 상호간의 원칙에 의하여 이루어진다.

세 분류의 상호간의 원칙으로는 계약상의 원칙, 준 계약상의 원칙, Utang-Na-Loob의 원칙이 있다.

첫째로, 계약상 원칙의 상호 관계, 미래의 시점을 명시하여 두 사람 사이의 행위를 서로 자의적으로 일치시키는 것을 말한다. 상호간의 서로 미리 협정을 한다. 참가자는 그들이 상대방에게 무엇을 기대하는가를 알고 있다. 예를 들어 설명하면 일을 완성하면 노동자는 얼마의 돈을 지불받는 것을 동의하고 상호간의 관계를 종결시키는 것을 말한다.

둘째로, 준 계약상의 원칙, 어떤 환불 관계에서 명확하게 말하지 않는다. 그들은 모호한 상황이면 그렇게 부른다. 준 계약상의 원칙은 이전에 명확한 협정 없이 자동적으로 상호 관계를 유지하는 것을 말한다. 예를 들면 어떤 사람이 죽으면 공동체 사람들은 장부에 기록하고 유족에게 돈을 기부한다. 인간 상호 관계에서 가족이 사망하면 기부금을 준다. 상호 참가한 사람들이 기부함으로 유족 측에서는 감사를 느낀다. 필리핀의 문화는 인간 상호관계에서 감사의 빚을 인정한다. 가족 공동체, 소집단 등의 구성원들이 서로 협력하고 도와줌으로 원활한 인간관계를 이루어 나간다.

UTANG-NA-LOOB

세 번째로는 Utang Naloob의 원칙이다.

고대 필리핀인들의 경영 원칙이다. 개별적으로 두 다른 집단에 속하는 조직 사이에서 서로 이사할 때나 다른 일을 할 때 서로 봉사하여 줌으로써 상호 관계를 긴밀하게 유대하여 나가는 것을 말한다. 집단의 봉사는 일반적으로 어떤 호의나 이익을 바라며 하는 것은 아니다. 친절한 봉사는 마땅히 하여야 할 의무감에서 한다. 이런 봉사는 다른 사람에 대하여 은혜를 갚기 위한 행위가 아니다.

은혜에 감사해서 상호간 서로 좋은 관계를 이루어 나가기 위해서이다. 다갈록에서 말하는 감사의 빚은 필리핀 사회에서 매우 귀중한 역할을 한다. 감사의 빚은 은혜 받은 정도에 따라 확장되어 나간다. 예를 들면 아픈 어린이가 의사에 의하여 치료되면 이 어린이는 정당하게 돈을 지불하여서 치료되었다고 생각하지 않는다. 이 경우 사실상 의사에게 은혜를 입었으며 부모에 의하여 치료된 것이다. 필리핀인들은 자녀가 그들의 삶에서 부모에게 은혜를 입고 성년 때 은혜를 갚지 못하면 그들은 부모에 대하여 배은망덕한 행위를 한 것이라고 생각한다.

필리핀인은 보통 다른 사람으로부터의 감사나 호의를 거절한다면 수치심(napapahiya)이 있는 것으로 생각한다. 호의적인 것으로 생각하지 않는다. 그들은 해석하기를 그 사람과의 교제를 청산하고 다른 사람과의 교제를 원하는 표징이라고 생각한다. 감히 다른 사람의 호의를 받아들이지 않는 것은 있을 수 없는 일이다. 다른 사람에게 받은 은혜는 무한하다는 뜻이다. 필리핀인은 서구인처럼 비인격적으로 업무를 하지 않는다.

수많은 사무소에서 서류를 제출할 때의 예를 들면 필리핀인들은 그들 직원들에게 은혜를 받았다고 생각한다. 그들은 은혜를 받음으로써 은혜를 베푼 사람에게 사례를 한다. 과일, 식물, 계란, 쌀 등을 즐거운 마음으로 준다. 이것은 은혜에 대한 대가로 받는 것이 아니다. 만일 돈을 주는 것을 은혜를 주었기 때문에 돈을 주었다고 한다면 이것은 모욕적인 행동이라고 생각한다.

서구인들은 간단히 사용하는 '감사합니다'로 은혜 받은 것을 다음에 은혜를 갚아야 할 것으로 생각한다. 그러나 필리핀인은 은혜받은 것을 빚진 것으로 생각하지 않는다. 은혜를 갚기 위하여 기회를 기다린다. 실례적으로 은혜의 감사가 크건 작건 모든 것을 갚지 않는다.

죽은 사람 존경

필리핀인들은 그들 죽은 영혼들을 존경한다. 그들은 믿음으로 살다가 죽은 사람에게 다채로운 장례 의식을 치른다.

긴 시간 밤을 철야하며 3일, 5일, 7일 사망 기사를 통하여 친구나 친척들이 죽음을 애도한다. 그들은 가족의 유족들을 위로하고 유족에게 돈을 기부하고 시체가 매장될 때까지 밤새워 지킨다.

집에서의 장례

보통 시체는 매장하는 날까지 집에서 장례한다. 유족들은 집에서 친척 친구들을 영접한다. 사람들은 장례방에 항상 마련되어 있는 등재책에 싸인을 하고 돈을 기부한다. 싸인은 형식적으로 하며 주소와 이름을 적는다. 사망한 사람을 개인적으로 알지 못하면 그들의 친척에게 꽃을 보내고 카드에 주소를 적어 가족에게 보낸다. 동정심 있고 깊은 애도의 뜻을 적어 보낸다.

집에서의 철야

필리핀의 모든 지방과 도시 지역에서는 가족들이 그의 집에서 죽은 영혼을 위하여 철야를 한다. 매장할 때까지 철야하며 머무른다. 그들의 가족들은 음식을 준비 그들의 친척과 친구 및 손님들에게 정성껏 준비하여 준다. 손님들은 철야하는 동안 유족들을 위로하여 준다.

장례 봉사

매장하기 전 죽은 시체는 교회에서 마지막 의식을 한다. 카톨릭 예식으로는 미사 예식으로 한다.

개신교에서는 목사의 주도하에 예식문이 낭독되고 기도와 찬송의 순서로 예식을 개최한다. 모든 가족 친구 친척들이 장례 예식에 참석한다. 예식을 마친 후 그들은 모두 시체 매장지까지 행진한다.

조 의

보통 1년 동안 과부들은 검정 옷을 입고 지낸다. 남성은 그들의 셔츠에 간단한 검은 핀을 착용하고 조의를 표한다. 현재에도 조의를 표시할 때 검정옷 대신 다른 희미한 색깔의 검푸른 옷을 입는다. 카톨릭 교회에서는 예식을 마친 후 9일 동안 죽은 영혼을 위하여 밤마다 기도를 한다. 9일째 되는 밤 가족들은 온 친척 친구가 함께 모여 성스러운 잔치를 벌인 후 9일간의 기도를 마친다. 그 후 1년 동안은 결혼식, 생일 축하 등 다른 사회 모임 축제에 참여하지 않는다.

7. 필리핀인의 결혼과 구혼

　필리핀인은 수 세기를 통하여 불안정한 문화권에서 살아 왔다. 필리핀은 이에 따라 성에 관해서도 간접적인 영향을 받았다. 수 세기 동안 불안정한 생활 환경에서 살아 온 필리핀인들은 그 사실을 깨닫고 좀 더 안전한 생활을 추구하기 위해 노력하였다. 가족의 번영을 위하여 필리핀인들은 수많은 자녀들을 출산시켜 그 자녀들로 하여금 더 많은 농작물을 수확하고, 좀 더 집에서 자녀들에게 허드렛일을 하게 하여 집을 돌보게 하며, 적이 공격할 경우 가족을 보호하기 위해서이다. 이러한 이유로 필리핀인들은 서구 가족계획주의자들의 의견을 받아들이지 않고 있다.

　필리핀 남성들은 여성과 결혼, 자녀를 출산하면 남자로서 능력을 인정받는다. 새로 결혼한 필리핀의 남성이 만일 그의 아내가 수 개월 내에 임신하지 못했다면 그들은 괴로워한다. 여성은 만일 그녀가 임신할 수 있다면 여성으로서 만족하게 생각한다. 여성은 결혼 후 남편과 그의 친척이 돌보아 줄 뿐만 아니라 특별히 신랑의 가족들이 돌보아 준다. 신부는 신혼 생활 중 삶이 괴롭다고 해서 그녀의 친정에 되돌아가는 것을 합리적인 것으로 생각하지 않는다. 필리핀의 여성들은 남편을 극진히 사랑하고 자녀들을 위하여 희생하고 친척들에게 우애를 잘하는 여성들이다. 하나님은 특별히 필리핀 여성을 사랑하셔서 그들에게 많은 축복을 하여 주셨다.

남 성

필리핀의 남편들은 가족들에게 권위적이다. 그로 인해서 딸과 아내들은 순종하게 된다. 남성들은 우월적인 권위를 가족들에게 행사한다. 남성과 다르게 필리핀 여성들은 아내로서 남편을 극진히 사랑하고 믿음으로 하나님을 가까이 하며 살아간다. 만일 자녀가 출산되면 진실한 여성의 참된 의무로 생각하고 자녀들을 충실하게 키운다.

결혼 전 필리핀 여성들은 처녀로서 결혼하는 것을 기대한다. 그러나 남성들에게는 그것을 기대하지 않는다. 필리핀 남성들은 사실상 성의 자유를 인정한 것으로 볼 수 있다. 필리핀인들은 사실상 아들이 없고 딸이 많을 때, 딸보다 아들이 더 적을 때, 그들은 보통 말하기를 남성들은 여성에게 빚을 지불하여야 한다고 말한다. 간단히 말해서 여성들이 결혼하기 전 성관계한 것을 필리핀 남성들이 그에 대한 책임을 물을 수 없다는 것으로 말할 수 있다. 이것은 다른 사람과 이성관계를 하여도 이에 대한 책임을 질 수 없으므로 그들의 딸들을 보호받을 수 있다. 필리핀 여성은 처녀로서 그들 자신 순결을 지키는 것을 기대하고 있다. 결혼 후에도 무슨 일이 일어나도 남편에게 충성하고 사랑할 것을 기대하고 있다. 만약 그녀의 남편이 불성실하다 하여도 필리핀 여성들은 결혼 생활의 고생스러운 경험을 통해서 남편의 부족한 점을 이해하고 남편에게 충성한다.

필리핀 여성은 서구 여성처럼 성적인 면에서 공격적이며 능동적이 아니다. 필리핀 문화는 역사적으로 다양한 문화와 접촉하였음에도 불구하고 필리핀 여성은 수줍어하고 점잖고, 정숙하고, 겸손하며, 보수적인 여성의 기질을 가지고 있다.

결혼 전 금기 사항

필리핀 여성은 자유 연애를 통한 혼전 성관계를 받아들이지 않는다. 혼전 성관계에 대하여 사회적으로 강력하게 압력을 가한다. 이것은 아마 기독교 문화의 영향 때문인 것으로 추측된다. 이와 더불어 혼전 금기 사항에 대하여 열거하면 다음과 같다.

소녀가 임신하면 피할 수 없는 위험에 부딪히게 된다.
성병에 걸리기 쉽다.
소녀는 아주 나쁜 평판을 얻게 된다.

일반적으로 필리핀의 부모들은 소년과 소녀들의 약혼 기간에 성관계를 반대한다. 그러나 필리핀의 젊은이들은 부모의 반대에도 불구하고 독단적으로 그들은 결혼하기 전에 젊은 남녀 연인들이 서로 만나 사랑을 속삭이며 서로 은밀하고 친밀한 관계를 나눈다. 필리핀인들은 문화적으로 볼 때 남녀 교제 관계에서 남녀가 서로 키스하는 것은 결혼을 서로 약속한 것으로 해석한다. 오늘날에도 도시에서나 시골에서는 남녀가 보통 키스를 한다.

필리핀의 아내

필리핀 남성들은 소수의 사람들이 둘째 아내를 둔다. 필리핀 남성들

필리핀의 문화

이 결혼하여서 두 아내를 거느리고 살아가는 방법은 두 집을 거느리며 생활한다. 필리핀의 기혼 남성은 둘째 부인에게 생활 보장을 하여 주며 본처가 모르게 은밀히 관계를 유지하여 나간다. 만일 둘째 부인이 어린이를 출산하면 그는 어린이의 아버지로서 자녀를 양육하여 나가야 한다. 그리고 이 사실을 본부인에게 감추어야 한다. 왜냐하면 만일 본부인이 정부 관공서 직원이나 시민 단체의 고위 직원이라면 이 불법적인 사실을 고소하기 때문이다. 이러한 남성들의 행위를 필리핀인들은 남성다운 행동이라고 생각한다. 필리핀 남성들은 어떤 복잡한 문제에 대해서 용기있게 처신할 수 있는 남성들이다. 만일 둘째 부인과 본부인의 남편으로서 수많은 사건이 일어나는 경우 동료들의 도움으로 일을 순조롭게 잘 처리하여 나간다. 사실상 어떤 필리핀 지프니 운전기사는 매달 3,000페소의 임금을 받고 부인을 2~3명씩 거느리며 사는 사람도 있다. 이 적은 수입으로 살아간다는 것은 놀라운 일이 아닐 수 없다.

본부인이 아닌 필리핀의 여성들은 자녀가 그들의 가장 귀중한 재산의 원천이라고 생각한다. 남편이 후원하지 않아도 그녀들의 자녀에 의하여 후원받을 수 있다. 어떤 부인은 일시적으로 자녀 없이 젊은 날을 살아가지만 그 후 나이가 들면 동정받을 상황에 처하게 된다.

필리핀 문화에서는 남성들이 장난삼아 연애하는 것을 경멸하지 않는다. 왜냐하면 자유로운 성개방을 하여 그런 행위를 용서할 수 있다. 그 사람은 남성다운 사람이 되는 것을 원한다. 그와 반대로 필리핀 여성은 남편을 위하여 희생하고 봉사하는 것을 기쁘고 즐겁게 받아들이고 있다. 그러나 만일 품행이 좋지 않으면 부정한다.

어린이

필리핀 어린이들은 매우 즐기는 것을 바라고 있다. 시골 지역에서 어린이가 우는 소리가 들리면 남편과 아내가 서로 어린이를 달랜다. 어머니의 아름다운 자장가 소리로 아버지는 어린이를 흔들어 대며 재운다. 도시에서 아침 일찍 어린이를 껴안고 있는 것을 볼 수 있으며, 오후 늦게 거리에서 다정하게 자녀와 함께 있는 것을 볼 수 있다. 부모들은 자녀들을 항상 귀여워한다. 필리핀의 자녀들은 부모들에게 즐거운 얘기를 들으며 가정교육을 받는다. 더구나 이 자녀들은 가장 중요한 어린 시절에 좋은 교육을 부모들에게 전수받고, 그들의 능력을 키워 나간다.

자녀들이 극도로 장난꾸러기가 되어서 말썽을 부리면 매를 때린다. 필리핀의 부모들은 자녀들에게 어렸을 때 훈련을 시킨다. 더불어 대부분의 필리핀 부모들은 자녀를 부드럽게 대한다. 그러나 자녀가 너무 심하게 잘못되어 가면 벌을 가한다. 필리핀인들은 자녀들을 하나님이 주신 선물로 생각한다. 하나님의 축복으로 은혜를 받음으로 결과적으로 순결하고 정직하게 살아가기를 원한다. 필리핀의 부모들은 그들 자녀들이 어린 자녀로만 되는 것은 원치 않으며 어려운 고행을 하여 나가 좀 더 성숙한 아이로 성장하기를 원한다.

자녀들을 사랑의 징표라고 생각한다. 자녀들은 남편과 아내의 기본적 관계를 유대시키는 산물이라고 생각한다. 필리핀인들은 자녀를 출산할 때 남자와 여자 균등하게 자녀들이 출산되기를 원한다. 만약 똑같이 남자만 아니면 여자만 출산되면 불완전한 출산이라고 생각한다. 똑같은 성의 자녀만 출산할 때 양자를 들여온다. 모든 가정이 양자를 들여오는 것은 아니다. 그들은 자녀들은 미래의 희망적 성공적 소산으로 자녀들이 가정을 위하여 민족을 위하여 노력하는 자녀가 되기를 원한다.

구 혼

필리핀 남성들은 어머니와 같은 여성을 좋아한다고 한다. 다갈록에서 구혼을 부르는 말은 Maniulu Song이라고 부른다. 남성들이 일을 할 때 여성 부모들은 남성들의 진실한 특성들을 관찰 할 수 있다.

만일 남성들은 부모들이 승낙하지 않으면 구혼은 일반적으로 성사가 안 된다. 가족이 서로 협정하여 결정하기 때문에 부모님의 결정은 하나님의 말씀과 같은 권위가 있다. 종교도 부모의 뜻에 따라 신앙을 결정한다. 남녀가 부모에게 불복종하여 남녀가 만일 달아나면 그들은 하나님의 은혜를 누릴 수 없다고 생각한다. 남녀가 부모의 결정을 무시하면 부모의 저주가 내린다고 생각한다. 사람이 모여서 나무를 자르고 어머니와 아버지가 농장에서 집에 들어올 때까지 물을 길어 오면 그의 가족은 행복한 가정이 될 것이다. 사실상 다갈록 지역의 구혼 중 증거되는 사랑의 표시로는 수고와 인내로써 구혼자에게 보답을 하여 준다.

섬사람 민도로 비사얀인들은 사랑의 표시로 세레나데의 낭만적인 음악을 부르며 사랑을 표현한다. 달빛 비치는 초원에 젊은 남녀가 기타를 치며 홀가분한 감정으로 노래를 부른다. 소녀는 세레나데로 일깨워 노래를 부른다. 참된 사랑의 표시로 달콤한 사랑을 속삭인다. 여성은 남성에게 사랑을 고백한다. 사랑을 고백할 때 여성은 매우 수줍어한다. 남성은 여성이 사랑을 고백할 때 여성의 아름다운 머리를 쓰다듬으면서 포옹을 하며 여성의 사랑의 고백을 받아들인다. 아름다운 달빛이 사랑하는 남녀의 얼굴을 비친다. 사랑하는 두 눈동자가 서로 마주친다.

전통적으로 필리핀의 옛날 구혼의 관습은 신랑이 신부 부모에게 지참금을 지불한다. 이 지참금은 양가의 장자의 대표가 서로 수완있고 재치있게 지참금에 대하여 서로 의논하여 결정한다. 통례적으로 현명한 양가의 부모들은 자녀들이 결혼하면 지참금으로 결혼 비품을 준다. 그러나 만일 신부가 결별하여 부모에게 되돌아오면 장자는 결혼의 실패를 꾸중하고 장자가 결혼 지참금 처분을 결정한다. 필리핀의 결혼 관습에서는 아직도 결혼 지참금을 준비하고 있다.

다른 서구 사회와 아시아 사회와는 다르게 필리핀인은 결혼에서 신랑은 모든 결혼 예식의 결혼 품목 중 모든 것을 책임지고 있다. 서구 사회와 비교하여 보면 서구 사회는 신부의 부모에 의하여 준비된다. 서구 사회의 어떤 신부 결혼 비용을 신랑이 자유스럽게 구입하는 것을 사회적으로 수치스럽게 생각한다. 필리핀의 어떤 신부는 결혼 비용을 신랑과 신부가 나누어 분담하는 것을 충격적으로 받아들인다. 많은 시골 지역에서는 간접적으로 구혼 선물을 신부 가족에게 주는 중재에 의한 협정을 맺는다.

가끔 시골 젊은이들은 가능한 신랑 부모 사이에 서로 만남으로 부모의 주선에 의하여 이루어진다. 만일 할아버지가 살아 계신다면 할아버지와 상의하여야 한다. 결혼은 개인적으로 노력에 의하여 이루어지는 것이 아니다. 두 가정의 가족적인 협약에 의하여 이루어진다. 마지막에는 모든 친척이 서로 의논하여 결정한다. 필리핀 도시 지역은 그 자체가 개인적인 이익 사회로 되어가는 경향이 있다.

여기에는 가족은 매우 중요한 영향을 미친다. 그러나 젊은 필리핀인들은 선택의 기회를 가져다 준다. 어떤 여성 사교 단체에서는 부모의 어려운 고통을 덜기 위해서 그들이 데이트 단체를 만들어 부모의 하는 역할을 대신하기도 한다. 결혼 전의 잘못된 행위도 못하게 하는 단체이기도 하다. 필리핀 사회는 순결한 신부는 위대한 덕 있는 사람이라고 여긴다. 개인적인 낭만적 충동적 생각은 가족이 안전한 결혼 대상자를 선택하는 것보다 덜 중요하게 생각한다.

데이트

구혼은 여러 단계의 순서로 진행된다. 첫 단계로 데이트이다. 필리핀인의 데이트로는 제각기 다른 사람들이 개인적으로 한다. 필리핀인의 데이트하는 개념은 서구인들이 데이트하는 사상과 비슷하다. 서구인들은 보통 데이트하는 것은 결혼하는 마지막 단계라고 생각한다. 정적으로 휩싸이게 함을 보여 주지 않는다. 데이트는 사랑하는 사람과의 만나서 서로 대화를 나누고 그들의 사상관을 나눔으로써 결혼대상자를 선택하는 기본적인 단계라고 볼 수 있다. 필리핀인들은 서구인들의 영향을 받았음에도 불구하고 아직도 데이트 개념에 대하여 다양한 견해를 가지고 있다. 오늘날 남녀가 데이트를 시작하면 두 사람 사이에는 정적인 관계가 이뤄어졌다고 볼 수 있다.

서구인들의 데이트 문화는 부모가 조금도 간섭하지 않는다. 필리핀인의 부모들도 자녀의 데이트에 관하여 간섭하지 않는다. 그러나 부모들은 그들이 데이트하면서 성관계하는 것을 적극 반대하며 이에 대하여 사전 교육을 시킨다. 필리핀의 부모들은 자녀들이 데이트하러가면 부모들이 그들의 인도자가 되고 조력자가 된다. 보통 사람들은 말하기를 이미 두 사람 사이에는 정적인 관계가 성립되었다고 말한다.

서구 여성들은 여러 사람과 데이트하는 것을 개의치 않는다. 그러나 필리핀 여성은 많은 사람들과 데이트하는 것을 허용하지 않는다. 그들은 만일 그렇게 한다면 평판이 나쁜 여성, 값싼 여성이란 말을 다른 사람으로부터 들으면서 잘못된 여성이라는 비평을 듣게 된다. 필리핀 여성들은 한 사람의 남성과 착실한 데이트를 하여 배우자를 결정한다. 데이트를 여러 사람들과 함으로써 좋은 배우자를 선택하는 사람들을 필리핀인들은 경멸한다.

필리핀에서 보통 구혼의 단계로 이해 될 수 있는 것은, 남성이 여성과 결혼하기를 원하고 남성이 그 여성에게 사랑을 고백할 때 확실한 결혼으로 성립되어 가는 과정으로 볼 수 있다. 서구 여성들은 여기에서 필리핀 여성들이 직접 응답하지 않고 구혼하는 것에 대하여 무척 놀란다. 필리핀 여성들은 적극적이건 소극적이건 어떤 말의 응답을 상대방에게 하여 주지 않는다. 필리핀의 이런 관습에 의하여 필리핀 남성들은 여성에게 어떤 응답을 기대하지 않는다. 필리핀 남성들은 기술적으로 여성을 집으로 초대, 데이트한 후 구혼을 선언한다. 필리핀 여성들은 남성들의 애원스럽고 사랑스럽게 그들을 초청한다면 그의 초청을 승낙, 여성은 명쾌하게 남성의 결혼 제안을 받아들일 것이다. 이전 교제는 사랑하는 두 남녀에 의하여 비밀적으로 관계를 유지하여 나간다.

필리핀인들은 아직도 양가 부모의 승낙에 의하여 약혼을 하고 결혼을 한다. 이것은 시골 문화 관습에 따른 것이다. 만일 결혼 전 약혼기간에 임신하였다면 필리핀의 문화에서는 말할 수 있는 것을 결혼을 허락한 것으로 여긴다.

필리핀인의 결혼은 영구적인 신성불가침한 계약이라고 시민법 14조에 명시하고 있다. 필리핀인은 토속 원주민과 모슬렘 족을 제외하고는 이혼이 허용되지 않는다. 법률적으로 별거는 허용되지만 초혼한 배우자를 두고 두 번 결혼할 수 없다. 이는 법률적으로 분규가 일어나기 때문이다. 법적으로 부부가 별거하고 부모가 처첩을 두는 것은 자녀들이나 다른 가족들로부터 잘못된 오명을 받게 된다. 그러나 법률적인 죄가 없이 별거한 부부들이 도시에서나 시골에서는 흔히 있는 일이다.

필리핀인은 결혼을 결연의 형태로 이루어진다. 많은 필리핀 시골지역에서는 결혼은 신랑과 신부의 친척과 부모의 주선에 의하여 결정된다. 서구인들과 다르게 결혼은 남자와 여자의 사랑의 결합에 의하여 성사되는 것이 아니다. 필리핀인은 가족과 친척의 내부적인 결속과 경제적인 문제 등 모든 것을 고려하여 이루어진다. 부부간의 결합을 나타내는 상징으로는 최초의 어린이가 태어났을 때 확증이 된다.

　필리핀인들은 결혼식을 하기 전 많은 친척들이 모여 봉사를 한다. 어떤 필리핀 지역에서는 신부의 아버지 어머니는 자기 딸을 시집보내는데 구혼자에게 시험을 통과시킨 후 딸을 신랑에게 시집보낸다고 한다. 이 기간이 되면 여성의 부모는 젊은 신랑에게 그들이 좋아하며 소원하는 것을 알린다. 구혼자 남자의 부모는 친척들과 친구와 함께 하여 신랑 집에서 음식과 먹을 것을 가져다준다. 이 기간에 신부의 부모는 그들의 원하는 조건을 말하고 결혼식 비용을 신랑의 부모에게 요구한다. 신랑의 부모와 신부의 부모 사이에 은밀하게 의논을 한다.

　신랑의 지참금은 다양한다. 어떤 부모는 토지, 돈, 집, 가축을 요구한다. 모든 결혼 비용은 신랑의 부모가 모두 부담한다. 여러 종류의 음식과 돼지, 닭, 소 등을 요리하여 모든 사람을 초대하여 잔치를 벌인다. 초대받지 않는 방문자로 파티에 참석하게 하여 대접한다. 많은 친척들이 찾아와 결혼한 부부를 흥미있게 지켜보아 그들 신혼부부를 축하하여 준다. 모든 친척과 친구들이 찾아와 기부금을 준다.

　필리핀의 신혼부부의 결혼 생활에 친척들이 지속적으로 간섭하지는 않는다. 경제 생활을 영위하기 위하여 가족들은 경제적으로 결속하여 가정을 꾸려 나간다. 필리핀의 시골 가정 구성원들은 특별히 열심히 일을 한다. 가족은 함께 공동으로 행복한 삶을 위하여 노력한다. 매우 특징적인 사실은 필리핀 가족 구성원들은 서로 결속하여 서로 협동하며 살아간다는 사실이다. 법률적으로 남편과 아내는 성스러운 계약 결혼을 한 것임으로 각 배우자는 마음과 몸을 다하여 서로 사랑하고 이해하며 희생하고 봉사하는 정신으로 살아간다.

결혼식

필리핀 남성은 보통 20~25세에 결혼을 하고 여성들은 18~23세에 결혼을 한다. 그들 부모가 동의함으로써 결혼을 한다. 만일 부모가 동의하지 않는다면 결혼 승낙 관서에 신청 공고한 후 3개월이 지난 후 결혼할 수 있다. 비록 부모가 결혼을 거부하였다 하더라도 결혼 선서를 한 효과가 있다.

필리핀의 결혼식은 대부분 교회에서 거행하며, 신랑과 신부가 사랑스럽고 평화스럽게 예식에 참여한다. 결혼 예식에는 결혼 주례사의 참여 하에 신랑의 부모와 신부의 부모가 참여한다.

Despedida De Soltera는 다갈록으로 문자적으로 해석하면 독신 생활 청산하다는 뜻이다. 결혼 전날 신부는 혼례품을 준비하여 참석한다. 신부는 보통 참석자에게 좋은 것을 보여 주기를 원한다.

The Shower 파티는 신부의 친구에 의하여 열리며 신부에게 경의를 표시한다. 여기에서 그녀들은 선물을 선사하며 선물 내용으로는 주로 신혼살림 도구를 선사한다. 그러나 오늘날 실제적으로 이를 방관한다. 파티에서는 신부를 고통을 준다.

결혼 준비와 비용은 일반적으로 결혼식 준비는 신부측에서 준비하지만 비용은 신랑의 부모가 부담한다. 반면 신랑의 부모는 신부와 신부의 부모와 좋은 관계를 유지하기를 원한다.

결혼 초대는 일찍부터 미리 준비한다. 정확을 기하기 위하여 결혼 초대장을 만든다. 모든 필요한 기재 사항을 날짜와 이름, 시간, 장소를 적어서 일찍 도착할 수 있도록 충분한 시간을 이용하여 발송한다.

필리핀 결혼 예행연습을 규정적이 아니다. 가족과 친구와 신부와 신랑이 교회의 결혼 준비에 관해서는 염려하지 않는다. 그들은 결혼 예식에 충분하게 참여할 수 있다. 교회의 도움으로 예식에 참가한다. 보통 교회 관리인은 무엇을 그들에게 할 것인가를 가르친다. 그러나 현대 교회 교구 조직이 잘 되어 있으므로, 결혼하기 2일 전 교회 관련 측근자들과 함께 결혼 예행연습을 할 수가 있다.

결혼 만찬회는 보통 결혼 예식 장소에서 행하여진다. 전통적으로 결혼 만찬회는 신부의 가정에서 개최된다. 그들은 소수 손님을 선택하여 초청하는 것이 아니다. 전체 모든 사람을 초청한다. 결혼 만찬회로 신랑 부모의 경제생활을 가중시키게 한다. 오늘날에는 결혼 예식 후 시내의 식당에서 하는 경향이 있다.

결혼 예식이 끝나고 만찬이 끝난 후 즉시 신혼여행을 간다. 필리핀의 도시에서는 신혼여행을 허니문이라고 부른다. 그들은 바기오나 따가이따이, 보라까이로 간다. 생활이 좀 더 윤택한 신혼부부는 하와이, 싱가폴, 홍콩 등으로 간다. 시골에서는 실제적으로 신혼여행을 가지 않는다. 그 대신 그들 신혼부부는 그들의 집에서 새로운 생을 시작한다.

결혼날

결혼식 1시간 전 안내인이 교회에 도착한다. 그들은 꽃을 신랑에게 선사하고 대기실에서 기다린다. 안내인은 대부분 신랑의 친구이거나 신랑과 신부의 귀성원들이다. 안내인은 신랑과 신부의 어머니를 호위한다. 교회 통로의 양편에 신부와 신랑의 가족이 참석한다. 왼편에서 신랑, 오른편에서 신부측이다. 결혼 행진곡이 울리면서 결혼식이 시작된다. 신랑은 신부의 왼손을 잡고 천천히 제단에 올라 간다. 신랑은 오른편에 신부는 왼편에서 경건한 모습으로 정중하게 걸어간다.

로마 카톨릭 결혼 예식도 신부의 아버지가 그의 부인과 함께 그의 딸의 손을 잡고 신랑에게 간다. 카톨릭 예식은 보통 결혼식 미사를 중요하게 여긴다. 여기에서 결혼식에 참여한 가족들과 카톨릭 교인들이 함께 성례 예식에 같이 참여한다. 결혼 예식의 비용은 결혼 부부가 원하는 예식의 종류에 따라 교회마다 그 비용이 다르다.

결혼 예복

여성들은 긴 스커트를 입고 남성은 양복에 넥타이를 한다. 결혼 예식에는 검정옷을 절대로 입지 않는다. 왜냐하면 검정색은 슬픔을 상징하기 때문이다. 여성은 짧은 드레스와 페트 슈트를 입지 않으며 남성은 티셔츠를 결혼 예식에 입지 않는다. 여성들은 정숙한 옷을 입는다. 긴 스커트가 무릎을 가리는 옷과 긴 소매 블라우스를 입는다.

8. 필리핀인의 다양한 일

필리핀의 많은 사람들은 운송 수단으로 지프니, 버스, 트라이시클 등을 이용하여 관공서, 학교, 직장, 시장 등에 간다. 오직 소수의 사람들에게 자가용차가 있다. 지프니는 가장 대중이 많이 이용하는 교통수단이다. 시내 기본요금이 1.5페소의 적은 요금이며 더 멀리 갈 때마다 요금이 더 붙는다. 전형적으로 지프니 운전사들은 지프니 차에서 가끔 음악을 튼다. 라디오와 스트레오 전축, 레코드 등의 음악을 틀어 승객을 즐겁게 한다. 어떤 운전사는 한산적인 음악에 만족해하지 않는다. 더 좋은 음악으로 즐기며 운전을 한다.

승객들은 운송 수단으로 버스나 지프니를 탄다. 차에서 승객이 내릴 때 큰 소리로 Para라고 하면, 승객은 차가 완전히 멈출 때까지 기다리고 있다가 안전하게 내린다. 버스는 혼잡하나 특별히 아침 7시에서 8시까지의 시간과 저녁 5시에서 7시까지의 러시아워 시간에는 매우 복잡하다. 일부 승객들은 서서 버스를 타야 한다. 일부 소수의 신사들은 숙녀들에게 자리를 양보하여 준다. 자리를 양보하면 감사의 표시를 한다.

교차로와 거리에는 언제든지 보행자들이 걸어다니는 것을 볼 수 있다. 교통 법규를 위반하고 횡단보도를 건너면 정당하게 교통 벌로 처벌할 수 있다. 그러나 보행자들은 경찰의 눈을 피하여 안전하게 걸어다니는 것을 흔히 볼 수 있다.

지프니를 타면 승객들은 차장이 없기 때문에 운전사에게 직접 요금을 건네준다. 지프니 안에서 큰 소리로 이야기 하거나 성난 소리로 얘기하면 승객들은 그 승객을 경멸한다. 목청을 낮추어서 여행 중에는 조용하게 이야기하거나 침묵을 지키며 조용히 앉아 있는 것이 바람직하다.

택 시

필리핀의 대도시에 많이 있다. 각 택시에는 매터기가 있다. 운전사는 차가 출발할 때 매터기를 켠다. 대부분의 운전사들은 승객들이 각 필요한 지역을 상세하게 알고 있다. 운전사는 여행자들의 최고의 안내자들이다. 어떤 택시 운전사는 못된 짓을 하여 승객들에게 가능한 오랫동안 차를 타게 한다. 그러나 만일 그의 승객이 목적자가 어디인지 모르면 그 둘레 주위를 돌게 하여 많은 요금을 징수한다. 어떤 도시에는 택시에 매터기가 없어도 운전사는 목적지까지의 요금을 정확하게 계산하여 준다.

이 택시 요금은 법적 공공요금이다. 택시 운전사는 법적 공공요금을 어긴다면 경찰로부터 조사를 받게 된다. 그러므로 택시 운전사는 정확한 요금을 승객으로부터 받아야 한다. 정상적인 택시 운전사는 부당 요금을 받지 않는다. 만일 택시 승객이 어떤 물건을 택시에 놓아두고 내렸을 때 분실자는 라디오 방송국이나 언론사에 분실 사실을 공고한다. 필리핀의 택시 운전사는 보통 라디오를 가지고 있으므로, 그들은 라디오 방송을 들으면 대부분의 운전사는 분실물을 수취인에게 돌려주게 될 것이다.

승객들은 택시 운전사에게 어떤 문제가 있으면 그들은 택시 번호와 운전사의 이름을 적어서 가까운 경찰관서에 보고한다. 지방 관서에서도 많은 관광객을 상대하고 있다. 외국인들은 필리핀 택시 운전사들에게 대우를 잘 받는다.

필리핀인들의 파티 참석

필리핀인들은 파티하는 것을 좋아한다. 유아의 세례, 딸의 취업, 자녀의 결혼식, 직장에서 승진을 하여도 취업 시험에 합격을 하였어도 그들은 먹고 마시며 흥청거리며 파티를 즐거한다. 동양과 서양인은 파티에서 예의를 서로 지킨다. 필리핀인들은 파티에서 독특한 그들의 관습을 지킨다. 외국인들은 그들의 관습을 보고 그들의 문화를 알게 된다.

필리핀의 주부들은 그들의 집에서 파티를 가질 때 정확한 손님의 숫자를 알지 못한다. 이것은 그들의 친구가 그들의 가족이 자유로이 초대하기 때문이며 초대하기 위해서 초대장을 보내는 것이 아니다. 서구인들은 정확하게 20명의 손님을 초대한다면 그 사람만 초대하며, 다른 사람은 초대하지 않는다. 필리핀 주인들은 예정 인원의 손님보다 더 많은 손님을 올 수 있도록 준비를 한다. 파티에는 20명의 예정 손님보다 더 많은 40명 손님이 참석하여도 손쉽게 준비한다.

필리핀인들은 모든 사람을 파티에 다 초청하는 것은 아니다. 선별적으로 파티에 초청한다. 그러므로 그들은 소수의 교활하고 잘못된 사람은 초대하지 않는다.

필리핀인들은 파티를 열면 주인은 지나치게 손님을 염려해 주고, 걱정하여 주며 친절히 한다. 주인은 손님에게 집에 관하여 주위 환경을 말하며 집이 너무 비좁고 너무 덥다며 죄송스럽게 생각한다. 주인은 집에서 최선을 다한다. 마루를 잘 닦고 벽을 문지르고, 새로운 커튼을 하고, 방문하는 손님들에게 좋은 인상을 주려고 한다. 서구 방문자들이 초대될 때는 그들은 위대한 자의식을 갖는다. 유럽인들이나 미국 사람들의 잡지에서 좋은 살림살이를 본 후 필리핀인은 미국인과 유럽인들은 달리 초대할 수 있을까?

여주인들은 보통 요리를 하고 음식을 준비하기 때문에 손님을 접대하기 힘들다. 그러한 이유로 자녀들, 특별히 딸들에게 손님을 접대하기를 기대한다. 만일 딸이 피아노나 노래를 할 줄 알면 손님들을 위하여 즐거운 노래를 부르고, 경쾌한 피아노를 치게 할 것을 기대한다. 서구인들은 손님들에게 즐겁게 하는 것을 기대하지 않는다. 조용하게 있는 것을 원하지 않는다. 노래하고 피아노 치며 딸이 분투하고 있는 동안 손님은 대화를 하고 시끄럽게 웃으면서 즐거워한다. 아마 손님들은 손뼉을 치며 제청을 청하려 할 것이다.

음식이 준비되면 주인은 손님을 오시게 하여 정중하게 대접한다. 주인과 여주인은 보통 손님과 함께 식탁의자에 앉지 않는다. 손님들은 정중하게 식탁에 앉는다. 그러나 서구인들은 자연스럽게 여주인이 식탁 중앙에 손님은 그의 오른편에 정중하게 앉는다. 서구인들은 필리핀 여주인들이 식탁 의자에 앉지 않고 배회하며 다니는 것을 불편하게 생각한다.

먹는 음식이 떨어지면 여주인은 손님에게 음식을 다시 가져오며, 손님이 좋아하는 음식을 선택하여 가져 온다. 주인은 손님이 많은 음식을 먹을 것을 기대한다. 만약 음식이 준비되어 있지 않으면 주인은 충분한 음식이 준비되지 않아서 죄송스럽다는 표현을 할 것이다. 손님은 접시에 있는 음식을 전부 먹지는 않는다. 왜냐하면 배가 고파서 모든 음식을 다 먹어 버렸다는 인상을 주지 않기 위해서다.

9. 필리핀의 이주자

외국인으로서 이주자들이 필리핀에 와서 살아가고 있다. 외국인들은 이 나라에 거주하면서 본국을 생각하며 살아간다. 그들은 이곳저곳 옮겨 다니면서 살아가는 외국인들도 있다. 그들의 생활 방식은 이주자의 생활 방식으로 살아가면서 그들은 외국인으로서 문화적인 충격을 받고 살아간다.

그들은 외국에 살아가면서 어떤 문제에 부딪칠까, 그들은 쉽게 문화적 충격을 극복할까, 그들은 이민 사회의 삶 속에서 어떤 즐겁고 유쾌한 삶을 누릴까?

이주자의 문제

이민자들은 외국에 살면서 여러 가지 문제에 부딪치게 된다. 처음으로 부딪치는 문제는 정신적인 문제이다. 이민자들은 처음에는 정신적으로 우울해지고 걱정, 방향 감각의 상실, 정신이 흐려지고, 짜증이나고, 향수병에 걸리고, 고독하여지는 정신적인 문제가 있다.

외국 문화의 접촉으로 이주자들은 이런 어려운 상황에 부딪히게 된다. 이런 정신적인 문제를 극복하기 위해서 어떤 사람은 과도한 술을 마셔 문제를 일으키는 경우도 있다. 다른 이주자의 문제로는 생활 방식에 관계되는 문제점들이다. 문화가 다른 상황에서 걱정을 하게 되고 외국 기업과 경쟁함으로 직면하는 문제점, 가족과 별거하여 살아가므로 많은 문제점이 있다.

그들은 지방 문화에 대해서도 이해하여야 하는 문제에 직면하기도 한다. 그들은 자주 새로운 이질 문화에 접촉하므로 그 자신이 무능하여지고 고통스러워지는 것을 경험한다. 그들은 기업가로서 외국 기업인과 상대하다 보면 불리한 상황에 놓일 때도 있다. 그들은 성공적으로 외국인을 고용해서 일을 처리하는 능력도 부족하다. 부부간의 문제에서도 역시 그 나라 문화에 친숙하지 않기 때문에 많은 문제점이 대두되고 있다. 어떤 이주자는 아내와 함께 정착 할 수 없는 경우도 있다. 아내와 서로 화합하지 않을 때 가정의 문제가 발생하며, 이로 인하여 남편의 사업이 망치기도 한다. 어떤 이주자는 가족이 서로 별거함으로 고독한 처지에 빠지게 된다. 문화적인 큰 충격으로 그들 가족이 상처를 받게 된다.

모든 이주자의 아내들의 생활 방식은 외국에 들어오면 갑자기 변화된다. 그녀는 본국에 있는 동안 안락한 중산층 생활을 하였다. 그러나 그녀는 새로운 환경에 중상류층이나 상류층의 삶을 살아가길 원할 것이다. 가정생활과 일하는 시간을 분리하여 살아가는 동안 지금 그녀는 실제적인 주부로서 사회생활의 일익을 수행하면서 즐거운 생활을 누리려 할 것이다. 그녀는 개인적인 행위로 인하여 남편의 회사의 일이나 남편의 사업상의 일에 더 이상 집착하여 일할 수 없다. 만일 남편이 먼 여행을 한다면 부인은 지루하여지고 고독하여지게 되며, 그들은 그곳에 거처하면서 그 지역에서 불안정한 생활을 하게 될 것이다.

어떤 이주자는 본국에서 보다 더 큰 돈을 벌 수 없기 때문에 재정적으로 독립하는 데 어려움을 겪는다. 필리핀인에게 도움이 필요한 정원사, 운전사, 요리사, 식모를 고용하여 일을 시키게 하는 동안 사실상 그들이 일을 지루하게 함으로 피곤을 느끼게도 한다. 본국에서 같으면 그들에게 힘들게 일을 시킬 수 있는 마음이 들지만 지금 이곳은 외국이기 때문에 힘들게 시킬 수 없다. 많은 시간 이런 문제를 직면하게 된다. 어떤 여성은 식모를 어떻게 다루어 나가야 할 것인가 이 문제에 직면하는 여성도 있다.

자녀들은 어떤 문제에 부딪히는가 그들은 새로운 곱습과 습관을 배우고 이민자로서 새로운 문화를 배운다. 그들은 새로운 환경 속에서 새로운 사회생활, 새로운 학교생활에 익숙하여지기 위하여 맞서 나가야 할 것이다.

앞으로 전진

가능한 이주자들은 현지 문화를 빨리 이해하고 그 문화를 수용하며 나가야 한다. 그들은 살아가는 사회의 제도에 따라 개인적으로 그들 문화와 그들 기술을 습득 발전시켜 나가야 한다. 유사한 것은 수용하여 받아들이고 습득하여서 나의 것으로 만들어 나가야 한다.

이민자들은 본국의 생활 방식으로는 살아갈 수 없다. 그 나라 환경을 통하여 그 나라 문화를 이해하며 살아가야 한다. 최전선에서 일하면서 살아가는 사람과 접촉하여 살아가는 적극적인 자세를 취하여야 한다.

우리는 개인적으로 기술과 능력을 수용 발전시켜 나가는 이주자가 되어야 한다. 나는 완전한 경험자라고 말할 수 있는 사람이 되어야 한다. 나는 완전한 경험자라고 말할 수 있는 사람이 되어야 한다. 이것을 관찰하여 보면 이주자는 다른 제도 다른 사회를 측정하고 평가할 수 있다.

그는 다른 사람의 상황을 지배하고 조절할 수 없지만, 의도적으로 자기 개인적인 상황은 조절해 나가야 한다. 그들은 필리핀의 관습과 문화, 생활 양식, 예절, 필리핀의 특성에 관하여 주의를 기울이고 배워야 한다. 문화적인 충격으로 고통을 당하는 요인은 외국의 관습과 문화에 적응하지 못하기 때문이다. 그들 자신들이 문화를 배우고 이해하여서 문화적인 충격에서 벗어나야 한다. 우리는 가능한 언제라도 이 나라의 언어와 문화에 접촉하여 이 나라를 배워야 한다. 대학에서 언어 훈련 센터에서 필리핀 관광 센터에서 이주자들은 가능한 지방 언어를 배워야 한다.

서구인들은 필리핀에 처음 오면 즐거운 비명을 지른다. 그들은 필리핀은 다른 이상한 나라가 아니라고 생각한다. 서구인들은 필리핀은 다른 유럽이나 미국, 캐나다, 호주, 뉴질랜드처럼 생각한다. 그들은 작은 키 검은 피부에 영어를 말하고, 서양 옷을 입고, 할리우드 영화를 보러 가며, 서양 음식을 먹고, 서양 음악을 듣고, 서구인들의 책을 읽는 필리핀인을 간단히 표현하여 필리핀인은 서구인과 같다고 한다.

필리핀 문화의 혼합

필리핀문화는 혼합 문화이다. 필리핀 민족은 세계 민족 중 혼합 민족에 속한다.

필리핀은 7,000여 개의 섬으로 둘러싸여 있다. 이 섬은 종교적으로 분리되고 언어적으로 분리되었다. 70여 종 이상의 방언이 필리핀 전역에서 말해지고 있다. 방언은 독특하여 각 지역마다 그들이 사용하는 방언이 서로 다르다. 예를 들면 Ibon의 뜻은 새이다. 그러나 Pampango에서는 계란으로 말해지고 있다. 다갈록에서 Wala의 뜻은 거기에 없다는 뜻이다. 그러나 Pangusinan지역과 루존 지역 섬에서는 거기 있다는 뜻이다. 여러 다른 예를 보면 필리핀 방언은 매우 재미있다. 흥미가 있다.

모든 문화는 단일성에서 각기 중요한 특성을 가지고 있다. 매우 밀접하게 문화는 각기 다른 다른 모양으로 나타난다. 가끔 우리는 새로운 다른 문화를 접촉하므로 다른 것을 발견하여야 한다.

문화의 충격

문화의 충격은 다른 문화, 즉 새로운 문화를 극복하므로 어렵게 처하여지는 것으로 말할 수 있다. 어떤 사람은 갑자기 외국에 이동하여 향수병에 시달린다. Craig은 묘사하기를 물 없는 고기와 같다고 문화의 충격에 대하여 비유하여 말했다. 문화의 충격을 극복하지 못하므로 새로운 환경에 사는 것이 어렵고 고통스러워진다.

외국 문화에 친숙하여지기 위해서는 의례적으로 생활환경을 극복하여 나가야 한다. 어떻게 그 나라 음식을 먹어야 하며, 어떻게 그 나라 사람에게 인사를 하며, 만일 음식을 제공한다면 음식을 거절 할 것인가, 음식을 먹을 것인가, 숙녀에게 자리를 제공하여야 할 것인가, 제공하지 않아야 할 것인가를 그 나라의 문화적 관습에 알맞게 적당하게 처리해 나가야 할 것이다. 다른 나라의 예를 들면 인도네시아인들은 손으로 신호를 하면 자기를 모욕하는 것으로 생각한다. 아라비아인은 말할 때 결코 왼손을 흔들며 말하지 않는다. 그들은 왼손이 불결한 것으로 생각한다. 우리는 다른 문화에 대하여 충분한 준비 없이는 그 나라 문화의 충격에 희생당하게 될 것이다.

문화의 충격은 그들 자신이 명확하게 다른 문화와 접촉하고 활동하여 움직일 때 대부분의 모든 사람들은 경험하게 된다. 다른 문화에 접촉하므로 어떤 행동을 하고는 좌절하게 되고 이를 이유로 어떤 상황에 부딪칠 때 떠나 버린다. 어떤 사람은 특별한 상황에서 모호한 일이 벌어지면 좌절을 한다. 실제적 상황에서 비현실적 목표를 세워 무엇을 할 것인가, 예견할 수 없게 된다. 결과적으로 잘못된 방법으로 목표를 세웠기 때문에 일을 성취할 수 없게 된다. 문화 충격이나 정신적으로도 마찬가지이다. 그러나 일반적으로 문화적 충격은 짧은 인생에 비유가 된다. 문화 충격은 친밀하게 그 문화를 알고 문화를 극복하여 나가야 한다. 우리는 정당한 가치 있는 행동을 실제적으로 의식하지 못했다. 우리의 생활은 위협하는 다른 문화를 귀중한 것으로 인지하고 정리하여 경험을 통하여 우리의 문화로 받아들여야 한다.

문화의 충격은 적은 사건부터 서서히 이루어져 충격에 벗어나야 한다. 모호한 환경의 상황에서 살아가는 동안 우리는 충격에 부딪치게 된다.

문화적 충격의 점차적 단계

최초 단계에서는 최초의 도취감을 느낀다.

명확히 다른 문화를 접촉하며 기대를 하며 일을 하게 된다. 모든 것에 새로운 흥미를 갖는다. 그러나 대체로 유사한 일을 견디어 나간다. 이 단계의 기간은 처음부터 2개월까지이다.

둘째 단계는 짜증이 나고 적대감을 갖는다. 이 단계의 초점은 다른 문화에 주의를 한다. 지각적인 변동이 일어나 쉬운 일도 어렵게 생각한다. 이 단계에서는 문화적 충격을 받게 된다. 이 증상으로는 향수병이 들고 지루함을 느끼게 되며, 많은 잠을 자게 되고, 술을 자주 마시게 되고, 짜증이 나고, 과도한 청결을 하게 되고, 가족이 긴장하게 되고, 서로 다투고, 극단적으로 배타적이 되고, 이 나라에 대하여 적대감을 가지게 되고, 효과적으로 일할 수 있는 능력을 잃게 되고, 정신적인 질병에 걸리게 되어 말할 수 없는 어려움에 봉착하게 된다.

세 번째 단계는 점진적인 동화 단계이다. 좀 더 이질 문화에 친숙하여져 문화적 충격을 극복하게 된다. 이 단계에서의 정점은 충격으로부터 회복이 된다. 문화의 고립으로부터 점점 그 문화에 안착하게 된다.

네 번째 단계는 이질 문화의 수용 단계이다. 이 단계에서는 충분한 회복을 하게 된다. 결과적으로 두 문화를 신뢰하고 수용하게 된다. 이 나라의 문화와 관습과 위대한 가치와 전통을 발견하고 이를 받아들이게 된다.

이질 문화의 적응과 동화의 지침

우리는 가장 행동적으로 문화의 충격을 극복하기 위해서는 가능한 그 나라의 모든 것을 알아내야 한다. 그 나라의 문화의 모든 것이 어렵고 곤란스럽고 이상하게 보이고 위험하게 보이므로, 우리는 의식적으로 빈틈없이 이질 문화를 조사 연구하여야 한다. 우리는 자국인과 서로 밀접한 관계를 유지하여 그 나라 문화의 표본을 발견해야 한다. 자국의 문화를 공감하고 명확한 태도로 자국의 문화를 쉽게 이해하고 깨달아서 논리적으로 설명할 수 있는 방법을 찾아낼 수 있어야 한다.

외국 문화를 결코 경멸하고 무시해서는 안 된다. 부정적 시각으로 자국 문화를 비판하면 그 자신에게 불유쾌한 감정을 더하여 주게 된다. 우리는 그 문화를 이해하고 동정어린 마음으로 그 민족을 사랑하고 교제를 나누어 얘기하여야 할 것이다. 우리는 경험적으로 확실한 성과를 얻어내어 이 나라 민족을 친절하게 믿음으로 받아들여서 그들과 함께 사랑의 교제를 나누어야 할 것이다.

이주자의 실상

　동료와의 표준을 거울삼아 당신은 이 나라의 문화를 분석하여야 한다. 당신은 본국의 문화를 어디에서 발견했는가. 당신은 자국 문화를 어디에서 알아내야 하는가. 자국 문화의 본질적인 것을 알아내는 방법은 그들의 속담을 수집하여서 그들의 귀중한 자료를 번역하여서 얻어 낼 수 있다. '일찍 자고 일찍 일어나면 건강하여지고 부유하게 된다.' 는 속담이 의미하는 뜻은 현명한 사람은 부지런하게 일하는 것을 중요하게 여긴다는 뜻이다. 당신은 자국 문화에서 살아가는 방법을 연구하고 공부하여 살아가라는 의미의 뜻이다. 시간은 돈이라는 의미는 배우는 시간은 돈이라고 의미할 수 있다.

　특별히 자국에서 살아가는 방식은 세계의 다른 민족이 사는 방법과 다른 차이점이 있다. 자국의 문화를 배우고 그 가치를 창출하여 나가야 한다. 그 나라의 문화의 영향받는 것은 과소 평가하지 말고 누구든지 우리는 필리핀 문화를 귀중하고 친밀하게 접촉하여 필리핀 문화를 이해하기를 시도하여야 한다.

　인간의 중요한 부분인 정신과 사상이 반응을 일으켜 행동하게 한다. 인간이 만든 문화는 환경에 의하여 만들어진 것이다. 인간의 정신은 실제적으로 외부적인 것과 생물학적인 것 사이에서 인간은 존재하고 결정을 한다. 우리는 외부적인 실제성에 대하여 인간의 마음을 묘사해 왔다.

10. 필리핀의 크리스마스

　필리핀은 세계에서 크리스마스 축제 기간이 상당히 길다. 200년동안 이 전통을 이어 왔다. 필리핀의 크리스마스는 필리핀의 열대 문화의 관습과 서구 전통적인 관습을 이어 받아 혼합된 문화의 크리스마스를 지냈다. 서구 문화의 전통적 관습으로는 크리스마스 트리를 세우고 크리스마스 카드를 사랑하는 사람에게 보내고 산타클로스 할아버지를 알고 찾집에서 크리스마스 캐롤송을 부른다. 필리핀인들은 징글벨, 화이트 크리스마스, 화라라라의 노래를 부른다.

　어린이들은 산타클로즈 할아버지가 오는 것을 믿고 있었다. 산타 할아버지는 친절하게 하얀 수염이 난 할아버지로서 어린이에게는 선물을 주고 나쁜 어린이에게는 선물을 주지 않는다고 믿고 있다. 필리린의 집들은 열대 가옥 구조이기 때문에 바기오를 제외하고는 산타 할아버지가 굴뚝을 통하여 집에 들어갈 수가 없다 한다. 필리핀의 부모들은 어린이들을 안심시키기 위하여 산타 할아버지가 들어오도록 현관문을 조금씩 열어 놓는다. 크리스마스 이브 저녁 8시에서 9시경, 모든 어린이들은 집에서 선잠을 자고 일어난다. 산타 할아버지는 크리스마스 트리와 창문 사이에 행운의 선물을 달아 준다.

필리핀의 열대 지방 크리스마스 관습은 크리스마스 9일 전 심방가비를 알려 주고 크리스마스를 알려 준다. 1,700여 개 마을에서 다가올 한 해의 은혜와 축복을 내려 주도록 감사의 축제 미사를 드린다. 실제적으로 계획을 세우고 9일 동안 기도가 시작되면 크리스마스가 다가오고, 그 예식은 끝난다. 축제는 일 년 동안 받은 은혜에 감사하고 다음 해에도 축복과 은혜가 넘치기를 기원한다. 이웃 마을과 온 마을 전체에서 이 행사를 한다. 새벽 4시에 종이 울리면 미사를 드리고 어떤 마을에서는 일찍 닭이 울면 미사를 드린다. 전통적으로 필리핀의 크리스마스는 9일 전부터 축제를 하는 관습을 이어왔다.

크리스마스 날에는 모든 필리핀의 가정에서는 가장 즐거운 축제를 하며 즐겼다. 대부분의 가정에서는 서구 크리스마스 트리 모형을 따라 아름답게 장식을 한다. 크리스마스에는 창문에 장식을 매달고 화려한 장식을 하고 즐거운 축제 분위기를 돋운다.

크리스마스에 필리핀인들은 선물을 선사하고 가족이 함께 모여서 즐거운 놀이를 한다. 어린이들은 친척집, 친구집, 대모집에 가서 축복인사를 나누고 선물을 선사받는다. 일반적으로 필리핀의 크리스마스는 실제적으로 돈을 서로 교환한다. 조카, 손자, 다른 친척들의 자녀에 돈을 준다. 보통 필리핀의 크리스마스 선물은 다양하여서 집에서 만든 과자, 파이, 밀가루로 만든 케이크 등을 선사한다. 크리스마스에는 손수건을 자수하여 선물을 선사한다.

크리스마스의 다양한 종교 의식

필리핀의 크리스마스 예식에는 다양한 방법의 종교 예식이 있다. 다갈록 지역, 특히 부라칸 지역에서는 크리스마스 이야기로 마리아와 요셉의 예수 탄생을 기념한다. 그 행사는 12월 16일부터 24일까지 밤중 미사 전에 기념을 한다. 젊은 남녀가 참여한다. 요셉과 마리아의 마음 밴드 행렬을 따라서 은신송을 부른다. 마을집 주인들이 함께 노래하고 그 행렬에 접근하여 집에 방이 없다는 얘기를 한다.

마라도스 부라칸 지역에서는 미사드리기 전 24일 저녁 이 예식을 한다. 젊은 남녀들은 대화와 연극을 한다. 다른 마을에서도 마리아와 요셉의 '축복의 예식'에 참여한다. 저녁 9시 30분 경 예식을 시작, 마을 사람들이 민속 축제를 드리며 밴드를 동원 축제를 하며 제등 행렬도 한다.

산 프란도 팜팡가 지역에서는 다른 어떤 축제에 비하여 화려한 축제를 한다. 특히 피난도에서는 제등을 대형 트럭으로 운반하며, 그 길이는 15~30피트이다. 비용은 1,000~2,000페소를 들여 거대한 제등을 디자인한다. 12월 16일 저녁부터 시작이 되는 축제는 8명의 젊은 사람이 춤을 추며 노래한다. 토속의 술을 먹고 흥을 돋운다. 8사람은 축제가 끝날 때까지 잔치를 계속한다.

크리스마스 잔치 축제는 족장 집에서 개최한다. 화려하고 장엄한 잔치를 한다. 해가 진 후, 열두 마리의 소를 잡아 요리한다. 춤을 추고 노래하기 시작하며 8시에 저녁 식사를 하고 축제를 끝마친다.

이크난 지방에서는 크리스마스가 다가오면 여러 가지 민속송을 한다. 그들은 12월이 되면 드럼과 기타를 치는 그룹들이 모인다. 그들은 민속송과 성경 이야기로 자연스럽게 이야기를 한다. 크리스마스 기간 동안 젊은 10대 소녀들은 캐롤송을 부른다. 그들은 성인 지도 아래 기타를 치며 노래를 부른다. 밝은 양초를 키고 집에서 세레나데를 부르며 크리스마스 즐거움을 한층 흥겹게 한다.

작은 섬으로 알려진 파나이 섬 동쪽에 있는 아누얀 섬에서는 크리스마스 축제를 신비롭게 한다. 어부들은 민속송을, 크리스마스 이브 축제에는 3부로 나누어서 부르며 바다의 축제를 한다. 100여명의 참가 후보들

10. 필리핀의 크리스마스

은 다양한 색깔의 종이 장식과 야생의 꽃으로 장식하고 바다의 축제를 한다. 각 보트에서는 여왕이 꽃으로 장식, 바다를 3시간 동안 행진한다. 저녁이 되면 섬 주민과 함께 모여 베들레헴에서 예수의 탄생을 기념하여 바다 축제를 한다. 참가자들은 크리스마스 이전부터 그 동안 만든 종이 복장을 입는다. 다양한 제동, 횃불을 화려하게 봉헌한다. 제등 횃불 행렬에는 수백 명이 큰 나뭇가지로 안전하게 동여 맨다.

마지막으로 이누얀 주민들은 여러 가지 게임을 즐긴다. 레슬링, 코코넛 가지, 닭싸움 놀이 등을 하며 마지막 방문자들에게는 즐거운 연회를 베푼다. 이 축제 기간 동안 주민들은 친구를 사귈 수 있는 가장 좋은 기회다. 축제 때 친구가 아닌 사람은 아무도 없다.

마닐라에서는 축제 때 다양한 잔치를 한다. 필리핀인은 천성적으로 음악에 재능이 있다. 밤낮으로 음악을 즐기며 큰 밴드를 준비하여 춤을 추고 재즈 음악, 록음악, 부르스를 부르며 즐긴다.